复旦大学本科教学研究与改革实践项目"金融法学逆向思维案例沟通法课程改革"（FD2021A107 ）成果

金融法精要

许多奇 主编
任愿达 副主编

Essentials of
FINANCIAL LAW

法律出版社
LAW PRESS · CHINA
北京

图书在版编目(CIP)数据

金融法精要 / 许多奇主编. -- 北京 : 法律出版社, 2023

ISBN 978-7-5197-8442-3

Ⅰ. ①金… Ⅱ. ①许… Ⅲ. ①金融法-研究-中国 Ⅳ. ①D922.280.4

中国国家版本馆 CIP 数据核字(2023)第 197380 号

金融法精要
JINRONGFA JINGYAO

许多奇 主编

策划编辑 沈小英
责任编辑 陈 妮
装帧设计 鲍龙卉

出版发行 法律出版社
编辑统筹 法治与经济出版分社
责任校对 张翼羽
责任印制 吕亚莉
经　　销 新华书店

开本 710 毫米×1000 毫米 1/16
印张 18.25 **字数** 396 千
版本 2023 年 11 月第 1 版
印次 2023 年 11 月第 1 次印刷
印刷 固安华明印业有限公司

地址:北京市丰台区莲花池西里 7 号(100073)
网址:www.lawpress.com.cn
投稿邮箱:info@lawpress.com.cn
举报盗版邮箱:jbwq@lawpress.com.cn

销售电话:010-83938349
客服电话:010-83938350
咨询电话:010-63939796

书号:ISBN 978-7-5197-8442-3
定价:79.00 元

凡购买本社图书,如有印装错误,我社负责退换。电话:010-83938349

序　言

金融是2023年党和国家机构改革的重点领域。金融体制改革回应了市场的迫切需求,针对金融监管协调机制的相关呼吁,建立了高于各部委的国务院直属机构国家金融监督管理总局,以及归属于党中央的中央金融委员会和中央金融工作委员会。前者统一负责除证券业以外的金融业监管,并统筹负责金融消费者权益保护,逐步走向有中国特色的"双峰监管";后者是为加强党的统一领导,将中央金融委员会设为党中央决策议事协调机构,而中央金融工作委员会则作为党中央派出机关。党的十八大以来,以习近平同志为核心的党中央高度重视金融法治建设。10多年来,在党中央坚强领导下,我国金融法治建设已迈上新台阶,金融立法取得历史性新成就,现代金融监管框架进一步统合与完善,金融执法更加健全和有效,金融司法体系逐步建立并不断优化。与此同时,金融法治依然面临金融权责不匹配、金融创新和金融诈骗难以区分、数字金融高速发展而数字金融法治滞后等一系列新挑战。

解读《中共中央关于制定国民经济和社会发展第十四个五年规划和二〇三五年远景目标的建议》①表明,我国经济发展仍处于重要战略机遇期,面对的国内外环境正在发生深刻而复杂的变化,必须构建金融有效支持实体经济的体制机制,推进金融健康有序发展,切实保护金融消费者合法权益。本书紧紧把握时代脉搏,力图围绕"金融法治"这一重要主题,在归集金融法相关知识体系之时,"一站式"地展现其现代化和创新性的新特点,具体表现有:

首先,完善现代金融监管体系,平衡金融发展与金融规制之间的关系。随着金融法治的普及与深入人心,我国逐步建立起较完善、科学、理论和实践有机结合的金融法律体系。继续大力普及金融法治观念教育是构建中国特色社会主义法治体系的重要

---

① 参见韩洁等:《解读中共中央关于制定"十四五"规划和2035年远景目标〈建议〉:向第二个百年奋斗目标进军的行动指南》,载中华人民共和国中央人民政府网,https://www.gov.cn/zhengce/2020-11/04/content_5557125.htm。

举措。1995年伊始,我国制定了一系列规范金融工作的法律法规,形成了一个以《中华人民共和国中国人民银行法》(以下简称《中国人民银行法》)为核心,以《中华人民共和国商业银行法》(以下简称《商业银行法》)、《中华人民共和国保险法》、《中华人民共和国证券法》(以下简称《证券法》)、《中华人民共和国信托法》等金融基本法律为主体,金融行政法规、规章和司法解释为补充的金融法律体系,基本实现了有法可依。随后,我国陆续发布了《存款保险条例》《关于规范金融机构资产管理业务的指导意见》《防范和处置非法集资条例》《关于推进社会信用体系建设高质量发展促进形成新发展格局的意见》等规定。在这些金融法律法规的基础上,本书第一编"金融法总论"内含"金融法基本理论"和"金融法制发展沿革"2章内容,起到了总领全书、提纲挈领的作用。第二编"金融组织法"则从金融组织法的角度梳理了有关"金融调控与监管主体"和"金融服务主体"2章的知识体系,既为后文大量调控主体和被调控主体、监管主体和被监管主体的出现奠定了基础,又为我国金融体制改革从主体论向功能论发展提供了自然过渡的空间。不容忽视的是,第四编"金融监管法"的部分,按照传统主体论的分法,完整而系统地梳理了所有金融行业的法律制度,其内容分为"银行业监管法律制度""保险业监管法律制度""证券与期货市场监管法律制度""信托与基金市场监管法律制度"4章,关照了整个金融法律制度的历史传统及其传承性。与此同时,在内容上,通过这些章节的内容可知,金融法中某些子部门法立法层级依然偏低,仅受到条例、办法、指引的规范,这给我国的金融执法和司法带来了一定挑战,甚至使之置身于两难境地。然而,通过书中的典型案例分析可以发现,我国政府一直追求依法行政的监管目标,司法机关则在追求金融司法公正的目标,期盼通过金融执法和司法给金融机构和社会公众打造某种程度上的合理预期。总之,金融创新和金融发展是金融市场的生命力和活力所在,它能为金融机构和投资者带来巨大收益。相应地,金融发展亦需要法律规制,才能既保护合法的金融创新,又防范与高收益同生共存的高风险。质言之,"十四五"时期要通过提升透明度和法治化水平来完善金融监管,不断推进金融监管的关口前移,以预防、预警、处置、问责方式实现金融风险的全覆盖,在金融发展和金融规制之间保持平衡,真正实现完善的现代金融监管体系。

其次,围绕建设现代中央银行制度,夯实金融法治发展的基石。我国在中央银行制度建设方面进行了一系列的改革探索。1983年,国务院决定由中国人民银行行使中央银行职能,中国人民银行自此逐步向强化其专业职能的方向发展;1993年,完善现代中央银行制度进程正式开启;1995年,《中国人民银行法》正式颁布,这标志着我国中央银行制度迈向法治化新阶段;2003年,立法者对《中国人民银行法》作出修正,逐步强化中国人民银行宏观审慎管理、系统性金融风险防范、金融基础设施统筹职责，以适应高质量发展的需求；在经济发展尚处于转轨时期，国家金融安全稳定形势复杂严峻及金融科技深刻改变金融业态的背景之下，金融领域仍存在金融风险处置难度大、产业政策和投融资政策对货币政策形成倒逼、调控易松难紧、宏观杠杆率易升难降等问题。当前，在完善中央银行内外部治理体系的思路指导下，《中国人民银行法》《商业银行法》《中华人民共和国银行业监督管理法》《中华人民共和国反洗钱法》启动修改，金融稳定法亦在紧锣密鼓的审议过程中，将会尽快出台，从而为防范化解重大金融风险提供坚实的制度基础。本书第三编“金融调控法”主要围绕“金融宏观调控法律制度”和“货币管理法律制度”2 章展开，将在上述新立法和旧法修改的背景下，以市场化利率体系建设和基础货币投放机制为两大支柱，构建涵盖目标体系、调控体系、传导机制及金融基建的制度规范。其中，稳妥推进数字货币研发，是对近来中国人民银行数字人民币试点的充分肯定，也为全球现代中央银行制度建设提供了更多中国特色的崭新实践。

再次，推进金融市场改革行稳致远，提升市场化、制度化、国际化水平。在坚持“市场化法治取向”“全球化国际化方向”的基本原则下，2019 年《证券法》修订通过，并自 2020 年 3 月起施行，进一步完善了证券市场基础制度，全面推行证券发行注册制度，显著提高了证券违法违规成本，完善了投资者保护制度。随着 2019 年《证券法》对于监管机构的“限权”内容的增加，如果在金融行政执法过程中有效融入司法裁判的某些特质，弱化行政行为的单面性，那么直接融资比重的提升、注册制的全面实行、退市机制的常态化等目标任务将会逐一得以推进。2022 年 4 月，《中华人民共和国期货和衍生品法》获得通过，并自 2022 年 8 月起施行，确立了衍生品业务行政监管与自律管理有机结合的监管体制，为衍生品交易基本金融制度建设健全和市场行为规范提供了法律依据。本书第五编“金融服务法”全面涵盖了这些新老金融市场服务制度，包括“货币市场主要业务法律制度”“资本市场主要业务法律制度”“衍生品市场主要业务法律制度”“保险业务法律制度”“信托业务法律制度”5 章的内容。值得注意的是，除了金融市场基础设施建设不健全、融资结构失衡导致的银行部门风险、地方政府债务平台风险、金融科技引发的新型市场风险以及金融数据安全引发的重大金融风险之外，金融市场系统性风险的诱因机制具有国际和国内的联动性特征，唯有金融双向高水平开放是完成金融市场改革目标的有效途径。因此，本书第七编“国际金融法”专设“涉外金融法律制度”内容，既能与国际金融法的课本有机衔接，又能在双循环的大背景下保证我国金融市场与国际市场有效接轨，实现从有计划调节的金融向市场自我调节的金融的真正转变,夯实中介机构的法律责任,切实保护投资者和金融消费者的权益。

最后,保持金融科技与监管科技同步演进,促进金融发展服务于实体经济。一方面,金融科技的发展一定程度上打破了金融供给在时间和空间上的限制,提升了金融服务的质量和效果,可以更好地满足广大民众金融服务的可获得性;另一方面,网络借贷从野蛮发展到归零的现象,也说明监管科技和合规科技严重滞后,导致金融科技风险普遍存在,因而金融科技这把“双刃剑”亟须全面规制。本书专设第六编“金融科技法”,包括“金融科技法律制度”“金融基础设施法律制度”2 章内容,将金融科技行业和金融基础设施纳入整体金融监管的视域中来。金融科技企业只有在守住风险底线的情况下,拥抱并适应新监管体系,才能获得发展、实现新突破。显然,金融、科技与法律的交叉领域是未来一段时间跟踪金融发展与规范关系中的重大课题,多领域的交叉金融违法犯罪行为也应该引起理论界和实务界的高度重视。诸如恒大、德隆等重大案件涉及信托、银行、保险、证券、房地产等多个领域,民营类金融控股公司的监管和保护、增强诚信体系建设等问题,都是金融法治生态建设中的重要元素。中国金融法治创新的目标应定位于金融创新治理现代化的可预期性和稳定性,实现监管的统一性与适应性以及损害最小化等。

值得一提的是,本书的撰写源自我于 2021 年 6 月 25 日带领部分已毕业博士和在读博士研究生到宁波开展的一次“知行合一”的读书会活动,该活动的一项重要议题便是讨论此书的编写工作,此次会议基本明确了作者分工、议题选择、篇幅设定等重要事项。由于本书是我负责的“金融法学逆向思维案例沟通法课程”项目的重要组成部分,而该项目作为复旦大学2021 年度第一批本科教学研究与改革实践项目之一,倡导逆向思维法在金融法课堂教学过程中的运用。因此,本书的编撰初衷是:向读者呈献一本从学生视角理解金融法要义的教科书,尝试开辟一条尚不成熟却值得探索的“以学为中心”,而非“以教为中心”的新型课堂教学模式之路。基于此,本书编写的突出特点是由我的博士研究生团队作为主力军:他们有的已在同济大学、福州大学和集美大学等高校任教,有的在实务部门担任金融监管职务,有的还在入职的过程中,还有一些是在校博士研究生。他们在担任金融法本科和研究生课程助教的过程中不断学习和研究,从学生本位的视角撰写了初稿。他们投入而认真的态度令我感动,作出的富有专业智识的贡献令我欣慰。

从撰写思路上看,为了体现“逆向思维”与“翻转课堂”的特色,本书在每章开头列明了“低阶学习目标”和“高阶学习目标”,以配合不同金融法基础的研习者开展学习。在每章开篇都设计了一个可从多个视角分析的案例,从而与高阶与低阶的不同学习目标有所呼应。相关案例未设置参考答案或既定立场,以便读者各抒己见、自由辩论。同时,本书在每章的学习内容后布置了 3 个左右的开放性思考题,作为理论联系实际的延伸性探索方向。本书每章末尾列举的拓展阅读索引,能够形成学习资料清单,以服务于不同学科背景的读者,帮助他们按图索骥,为更系统化或专题化的金融法学习提供一份助力。除前述亮点外,本书的正文写作也花费了不少心思。考虑到金融法学的理论性和金融法的实践性,本书正文主要从现行有效的立法规定入手对专业金融或法律术语作出定义,除了在个别法律规定明显阙如之处援引主要学说进行比较分析外,尽量不逡巡于不同学说之间的"领地之争",相关具有法教义学色彩的表述主要围绕现行制度的提炼和分析进行展开。此外,除确保定义本身尽可能表述精当外,本书仍力所能及地在有限篇幅内通过展示对象外延的方式将法律关系中涉及的主要权利义务言简意赅地列明,便于读者理解和把握重要概念,并在各章节中有重点地加入历史沿革及其他实证性的素材,帮助读者拓宽视野。总之,我希望用最简洁的表述和最直观的案例,由浅入深地引导读者步入金融法的博大殿堂。

在此,要特别感谢曾从事过 4 年金融法实务工作再回炉攻读博士学位的任愿达同学,他精心设计了工作推进细节,并率先写出了样板章节,为本书后续的统稿工作节约了大量的时间和精力。本书章节初稿撰写的具体分工如下:

许多奇(复旦大学法学院教授):序言、第 1 章、第 2 章

程国琴(集美大学副教授):第 9 章、第 14 章

程雪军(同济大学助理教授):第 4 章、第 11 章

陆海天(上海交通大学法学博士研究生):第 7 章

唐士亚(福州大学副教授):第 16 章、第 17 章

蔡奇翰(复旦大学法学博士研究生):第 13 章

董家杰(复旦大学法学博士研究生):第 2 章、第 3 章

金琪睿(复旦大学法学博士研究生):第 8 章、第 12 章

任愿达(复旦大学法学博士研究生):第 3 章、第 10 章、第 13 章、第 15 章

王沛然(复旦大学法学博士研究生):第 5 章、第 6 章、第 11 章

肖文卉(复旦大学法学博士研究生):第 4 章

郑丁灏(复旦大学法学博士研究生):第 17 章、第 18 章

本书后期又进行了交叉校对。其中,任愿达负责校对序言、第 16 ~ 18 章,张丽(上海交通大学法学博士研究生)负责校对第 1 章、第 3 章、第 8 章、第 13 ~ 15 章,唐士亚负责校对第 2 章、第 4 章、第 9 章、第 10 章,肖文卉负责校对第 5 ~ 7 章,程国琴负责校对

第 11 章、第 12 章。

本书付梓之际,我特别要感谢法律出版社法治与经济分社沈小英社长及编辑的热忱协助与专业服务。金融法领域浩如烟海而宽广无涯,本书宛如大海中凭风而起的一束小小浪花,我们师生一起不揣浅陋、竭力探寻,希望本书能激发读者对现代金融法的热情,点燃读者对于金融法治的好奇心,与我们携手遨游于这个生机勃勃的有趣领域。当然,由于金融法的理论精深,交叉学科特征明显,实务发展日新月异,本书如有错漏之处在所难免,还请金融法学术共同体的同仁见谅并不吝赐教。

2023 年 8 月 30 日

目　录

第二编 金融组织法

第三编 金融调控法

第四编 金融监管法

第六编 金融科技法

第七编 国际金融法

第一编

金融法总论

金融法基本理论

金融法制发展沿革

第一章　金融法基本理论

学习目标

1. 低阶学习目标

(1)了解金融的概念及金融调节的必要性

(2)理解金融法的概念、调整对象、理念及原则

(3)熟悉金融法的法律渊源

2. 高阶学习目标

(1)分析金融与金融法之间的关系

(2)解释金融法与其他法律之间的关系

(3)阐述金融法的思维方式

案例研讨

金融法中有很多典型案例,如汇源通信案、中弘股份案、万科案等。汇源通信案是我国历史上较著名的金融诈骗案之一,又称汇源通信违规 IPO 案,是一起发生在中国的公司违规上市和虚假披露案件。汇源通信有限公司成立于1997年,主要从事光纤通信产品的研发、生产和销售。2014年,该公司申请在港交所上市。但在2016年,因监管部门查出该公司在上市招股书中存在虚假陈述和重大遗漏而被撤回申请。汇源通信案中涉及一系列的虚假披露、股票操纵和内幕交易问题,监管部门对汇源通信有限公司进行了深入调查。调查发现,该公司在其上市招股书中存在大量虚假陈述和重大遗漏,包括虚报营收和利润、虚假标的收购、关联交易不实披露等。此外,该公司还涉嫌股票操纵和内幕交易,导致投资者利益受损。2017年,中国证券监督管理委员会(以下简称证监会)决定对汇源通信有限公司采取责令改正,并处以600万元罚款的行政处罚,同时对该公司的实际控制人、董事、高级管理人员以及其他涉案人员进行了罚款和禁入证券市场等处罚。此外,还要求相关中介机构承担相应法律责任。汇源通信案涉及金融市场中的各种问题,为上市公司监管和投资者教育提供了重要的启示。一方面,监管部门要加强对上市公司的审计、信息披露和风险管控;另一方面,投资者要提

高风险意识,警惕上市公司的虚假披露和内幕交易行为。同时,这一案例也为上市公司敲响了警钟:上市并不是公司发展的终点,遵守法律法规、依法合规经营、保护投资者利益才是上市公司的核心责任。

金融类案件类型很多,最典型的包括以下几种:一是金融机构违规案件。这类案件涉及金融机构内部员工违规操作,对金融机构或市场造成损害,如巴克莱交易员操纵利率案、摩根大通伦敦鲸鱼交易案等。二是金融监管类行政案件。这类案件涉及金融机构违反金融法规,对客户或市场造成损害,如新华信托破产案等。三是金融民事纠纷类案件。这类案件涉及金融市场参与者在金融交易、融资等过程中产生的法律纠纷,如投资者与券商的投资纠纷、借款人与银行的贷款纠纷等。四是金融诈骗类刑事案件。这类案件通常涉及对金融机构或其客户实施包括虚假承诺、伪造证券等在内的欺诈行为。五是金融系统性金融风险案件。这类案件涉及金融风险的积累和爆发,导致金融系统及实体经济受损,如 1997 年亚洲金融危机、2007 年美国次贷危机等。国际上典型的金融案有:(1)摩根士丹利内部交易案:2007 年,摩根士丹利在不公开信息的情况下进行了内部交易。美国证券交易委员会指控该公司违反证券法规,最终该公司支付了 2 亿美元的罚款。(2)本·伯南克对黄金交易进行干预:2013 年,美国联邦储备委员会前主席本·伯南克承认曾经通过干预市场影响黄金价格。该行为被认为违反了美国联邦储备委员会职责和道德规范,引发了市场争议。(3)美国证券交易委员会对埃隆·马斯克公司的控告:2018 年,马斯克在推特上发布了涉及特斯拉私有化的信息,导致公司股价剧烈波动。美国证券交易委员会指控马斯克违反了证券法规,后马斯克就美国证券交易委员会的欺诈指控达成和解,并支付了 4 亿美元的罚款。

请研讨:

1. 试从上述金融类案件出发,探讨金融与金融法的概念。

2. 试从金融安全和金融创新平衡的角度,探讨应如何防范系统性金融风险。

3. 金融刑事、民事和行政类案件的区别为何?

4. 试举例说明国内金融案件和国际金融案件的区别和联系。

5. 金融创新涉及金融业务、金融产品或金融模式的创新,如众筹、环保金融等新兴领域。试从某一典型金融案件出发,探讨金融法的理念和原则。

第一节　金融市场与金融法

一、金融及相关概念及金融调节的必要性

(一)金融的概念

金融,广义上是指货币资金融通,狭义上是指具有信用形式的货币资金融通。金融学和金融法中的"金融",一般取狭义,即含有信用关系的筹集、分配、流通、使用和管理货币资金的活动。金融是一个经济范畴,包括金融关系、金融活动、金融机构、金融工具、金融市场等一切与货币和信用相关的经济关系和活动。① 具体而言,它主要包括货币的发行和回笼,存款的吸收和提取,贷款的发放和收回,票据的承兑和贴现,银行间的拆借,金银和外汇的买卖,国内、国际的货币收付结算,股票、债券等有价证券的发行和交易,投资信托,融资租赁,保险等活动。从资金融通有无中介看,金融可分为直接金融和间接金融。前者是指筹资人和投资人因直接发生货币资金有偿借贷行为或投资行为而产生的债权债务关系;后者是指融资双方当事人以银行等金融机构为媒介发生资金借贷行为而产生的法律上的债权债务关系。

金融作为资金营运和融通的枢纽,在国民经济中越来越凸显其天然不可或缺的宏观调控的性质。宏观调控是现代国家为克服市场本身固有的局限性所采取的调节社会经济的基本方式之一。具体来说,就是国家从社会经济的宏观和总体角度,运用国家计划、经济政策和各种调节手段,引导和促进社会经济活动,调节社会经济的结构和运行,维护和促进社会经济的协调、稳定和发展。

(二)金融资产与金融市场

金融资产属于无形资产中的一种,它是由他方收取现金或另一金融资产的契约权利,表现为未来利益(未来现金收益)的请求权。② 由于金融资产是无形资产,不具有有形外观,故交易时卖方通常会借由一定的有形形式承载该权利,即支付承诺之证明。这些证明被称为票据、证券等,它们不一定以纸面形式呈现,如证券无实体交易中的交易记录就是以电子形式表现的。

金融资产具有三个重要特征:一是具有有价性。从价值理论上看,金融资产应是

① 参见唐波主编:《新编金融法学》,北京大学出版社 2005 年版,第 1 页。

② 参见王文宇主编:《金融法》,台北,元照出版有限公司 2013 年版,第 2 页。

其未来现金流量的折现值,该折现值亦是交易双方决定买卖价金的重要基准。二是能促进资金融通。借方与贷方、卖方与买方之间的资金流动,能够更有效地运用有限资金,从而在资金流通触达实体经济的过程中创造价值。三是具有重新配置风险功能。如拥有土地或仓库等有形资产者,为了分散风险,可利用资产证券化等方式,将其交付信托,成立特殊目的信托机构,再向市场上其他参与者发行受益凭证。这样就能将有形资产所负担的部分风险转嫁给社会投资者,间接达成重新配置风险的目的。

金融市场,亦称资金融通市场,是指由货币资金的借贷、金融工具的发行与交易以及外汇资金买卖等所形成的市场,是资金供求双方运用各种金融工具、通过各式各样的金融交易活动,实现资金余缺调剂的场所。金融市场涵盖面很广,主要包括银行市场、资本市场、期货及金融衍生品市场、保险市场及其清算系统。金融市场按融资期限可分为短期金融市场和长期金融市场,按交易对象则可分为本币市场、外汇市场、黄金市场、证券市场等。其中,证券市场和债券市场是资本市场的核心,更是政府和企业筹集资金的主要渠道,其发展程度往往决定了一个国家金融业的发展水平。

金融市场的存在对金融资产而言具有四大辅助功能:其一,提供交易机制,增加金融资产的流动性。其二,让交易金融资产的双方于合理条件下决定交易价格。金融市场是价格发现的重要推手。金融市场能够汇聚大众资金及相关信息,在频繁和大量交易的情况下,其会逐渐建立价格机制,从而在理论上使价格渐趋合理化。其三,形成一套信息披露的运作机制。金融市场能够节省搜寻成本、减少交易成本,通过政府强制或市场自律,建立起全流程的信息披露机制,让潜在的买方和卖方得以获取相关信息,正确评估该笔交易的成本收益与交易的合理价格。其四,创造信用。金融市场中流动交易的标的大多是无形资产,无形资产运用虚拟的网络进行交易,而此种交易得以通畅运行的原因是市场信用。

(三)金融调节的必要性

金融市场既是以信用为基础而发展,为了避免无端扩张信用、损害交易安全,金融法必须建立一套控制并评估信用的机制。市场经济是以信用经济、货币经济为重要基础的。信用与金融的关系是既有区别也有联系。一方面,二者出现的时间不同:信用伴随商品经济而产生,金融则出现于商品经济深入发展、货币产生之后。信用除包括金融即货币信用之外,还包括实物信用。另一方面,信用是金融的基础,而金融最能体现信用的原则与特性。金融就是资金的信用融通,信用是现代金融运作的基本形式,金融与信用相伴相随、相辅相成。没有信用,金融就会失去动力和活力;没有金融,信用也会失去基本的活动舞台。信用促进了金融的活跃和持续发展,金融也丰富和提升了信用的内涵。①

自从纸币制度建立、贵金属退出流通领域之后，货币本身就成为一种信用。货币与信用的结合，赋予金融以生命力。货币是固定充当一般等价物的特殊商品，具有价值尺度、流通手段、储藏手段、支付手段和世界货币的职能。金融是与货币流通和银行信用关系有关的一切活动。其具体表现形式多种多样，如通过银行发行货币、调节货币流通，由银行代客户办理承付、汇兑、结算、贴现，买卖金银、外汇和有价证券，货币在不同所有者之间的相互借贷，各种存款、居民储蓄以及具有信用性质的保险、信托、投资等。

市场经济在资源配置方面的高效性是通过资本的快速融通实现的。正因如此，市场自身的缺陷，如市场障碍、唯利性、滞后性，②在金融活动中也常常表现出来。第一，金融具有相对的虚拟性，它的运行可以相对脱离真实的生产和交易活动，表现出乘数效应而自我增值。第二，金融具有潜在的风险性，其负债经营方式使其具有信用风险、市场风险、法律风险等多重风险。事实表明，金融活动本身存在风险，金融体系（包括金融市场、金融机构、金融工具、金融制度等）也存在不稳定性和脆弱性，这种风险性和脆弱性还可能随着金融的快速发展而增加。第三，金融具有很强的公共性和社会性，是国民经济生活的中枢。因此，金融领域的局部紊乱会引起连锁反应，不仅可能导致资本融通的低速或阻滞，引发市场经济的低效性，而且可能导致金融危机，严重影响整个社会经济活动的进行，甚至引发政治危机和社会动荡。墨西哥金融危机、巴林银行倒闭、东南亚金融危机、拉丁美洲金融风暴、美国次贷危机等都给相应的国家和全球造成了难以估量的损失。

在这种情况下，国家对货币资金流通与融通的调节、控制和监督管理便势在必行。国家正是通过对整个社会的货币供应量以及货币资金融通结构等的调节、控制，维护货币资金流通与融通的正常秩序，保障货币供应规模符合经济增长合理状况的需要，实现货币资金融通价格符合产业经济运行和增长合理状况的需要，从而促进和引导国民经济朝着国家所希望的方向和轨道运行。

二、金融法的概念和调整对象

金融法是调整金融关系的法律规范的总称。因此，所谓金融关系，是指金融领域内有关主体之间发生的社会关系，既包括金融私法方面的民间社会经济关系，也包括

① 参见王燕编著：《金融法——以案说法教程》，经济科学出版社 2002 年版，第 2 页。

② 参见漆多俊：《经济法基础理论》（第 3 版），武汉大学出版社 2000 年版，第 15 页。

金融监管与调控方面的国家经济管理关系。[①] 相应地，从结构主义的角度看，金融法的调整对象可以分为以下三类。

1. 金融私法关系，是指社会经济成分之间因存款、贷款、同业拆借、票据贴现、银行结算、证券买卖、金融信托、金融租赁、外汇买卖、保险等而发生的关系，属于民商法的范畴。金融私法关系可以分为资金交易关系和金融中介服务关系。资金交易关系主要包括间接融资关系、直接融资关系、期货期权等特别融资关系，具有平等、自愿、等价有偿的性质。金融中介服务关系同样具有以上性质，但它以为资金融通提供的服务为交易对象，而非以资金本身为交易对象。

2. 金融监管关系，是指国家以及有关的国家机关为保证金融业的安全与稳定，对金融市场、金融市场主体以及金融市场主体之间的交易活动实施监管而产生的关系。广义的金融监管，既包括国家专门机关的监管（法定监管），也包括金融行业自律组织和金融机构的自我监管（自律）。金融监管关系的特点是监管主体与被监管主体的地位不平等。前者对后者实行强制，后者对前者必须服从。在任何金融体系下，金融业和金融市场都离不开监管，金融监管不再是金融市场的对立面，而是金融市场本身不可或缺的组成部分。

3. 金融调控关系，是指国家以及有关的国家机关，以稳定金融市场，以引导资金流向、控制信用规模为目的，对有关的金融变量实行调节和控制而产生的关系。金融调控关系包括直接调控关系和间接调控关系。计划经济背景下多为直接调控关系，即由国家以及有关的国家机关等金融调控主体直接下达调控指令，如额度、指标、信贷计划等，硬性要求有关方面严格遵守，忽略市场的作用。市场经济背景下则多为间接调控关系，即国家参与金融交易活动，运用货币政策工具调整有关的金融变量，如存款准备金率、基准利率、再贴现率等，利用市场机制达到调控的目的。

综上所述，金融法是以金融关系，即金融私法关系、金融监管关系和金融调控关系为调整对象的法律规范的集合。从所调整的金融关系的范围看，金融法有广义和狭义之分。由于金融活动主要是通过银行的各种业务实现的，银行法是金融法的基本法，处于核心地位，因此，狭义的金融法是指银行法。广义的金融法除包括银行法外，还包

---

① 按照不同的划分标准，经济领域的社会关系可以有多种分类方法，但比较合理的分类方法应是将其分为民间社会经济关系和国家经济管理关系两种。所谓民间社会经济关系，是指民间社会的自然人和法人在从事经济活动时，相互之间所发生的经济关系；而国家经济管理关系，是在国家对社会经济进行干预、管理和组织的过程中，以国家（或其代表者）为一方主体，同社会经济领域的有关主体所发生的权利义务关系。参见漆多俊：《经济法基础理论》（第4版），法律出版社2008年版，第89～90页。

括货币法、证券法、票据法、信托法和保险法等。以下所述的金融法为广义的金融法。

第二节　金融法理念和原则

一、金融法的理念

通说认为，金融法在法律性质上属于经济法。[①] 经济法是典型的兼有公法、私法二元特质的部门法。经济法产生和发展的内在逻辑就是私法公法化和公法私法化的结果，金融法作为经济法的下位法，当然具有公私兼容的经济法属性。金融法理念是在对金融法的实然状态进行把握的前提下，对金融法应然状态的理性思考，是感性和理性的统一，体现为对现代金融法律的最终追求目标的思考。金融法理念是决定实践逻辑序列的基本理论依据，是金融法基本原则的理论本源。

（一）金融效率理念

金融效率，是指金融部门在金融活动中直接或间接地作用于经济时所显示的有效功能。金融资源配置效率不仅应关注金融各子系统的协调，更应关注金融与经济这两个复杂的复合巨系统的协调。金融法中的效率理念不同于一般私法中的效率观，后者更多体现的是个体的微观效率，而前者则着眼于提高金融市场的宏观效率，特别是提高储蓄向投资转化的效率，这体现出金融业在资源配置中的重要作用。金融业的风险性远远高于一般行业，且金融风险具有传染性、系统性等特征，尤其是在科技与金融融合的当今社会，金融风险从传统的“太大而不能倒”转变为“太快而不能倒”和“太多联系而不能倒”。为了守住系统性风险的底线，金融监管法和金融调控法作为确认和规范国家干预金融市场、控制金融风险、防范金融危机的法律规范，体现的是公法所保护的公共利益。在金融发展的周期循环中，金融安全与金融效率的抉择令决策者感到困惑。如果单一强调金融效率，那么要求放松金融监管，给予金融机构最大的自由竞争空间，这固然可能在一定程度和范围内焕发金融体系的活力，也可能为社会提供高质量、丰富的金融服务，但纯粹追求金融效率的竞争结果不仅会使部分金融机构破产倒闭，而且会危及整个金融体系的稳定和存款的安全。如果过多顾及安全乃至实施过分的金融监管，那么将影响金融机构的主动性、积极性、创造性，在一定程度上束缚金融机构获取利润最大化的能力，增加金融运行成本，削弱金融业在国内和国际市场上的

---

① 参见常健:《效率、公平、稳定与政府责任》,中国社会科学出版社2010年版,第11页。

竞争力,从而使金融效率受到侵蚀。可见,金融效率理念是在金融安全和金融效率的内在矛盾的基础上不断进化的过程,会随着外部金融市场实践的需求和内部金融法律制度自身特定的发展逻辑发生变化。

(二)金融安全理念

金融安全,是指通过对法律制度、体制、机制和技术等的建设,强化和完善金融领域的薄弱环节和链条,确保一国金融体系平稳运行,能够抵御和化解各种金融风险,避免金融体系的系统性金融危机发生,从而保障本国金融不受重大损害。金融市场中的风险分成两类:一类是金融企业自身需承担的经营风险,另一类是金融活动带给整个金融体系和社会生活的风险。后一类风险被称为系统性风险,①对金融安全的关注更多的应当是因为系统性风险的存在。金融安全的内涵主要包括两个方面:一是金融安全的评价对象是一国的金融体系,主要是指金融组织体系和金融市场体系。二是金融安全包括积极金融安全和消极金融安全两层含义:前者强调金融体系在一般情况下能够高效、稳健运行;后者强调金融体系在遭遇来自内部和外部的侵害时能够保持正常运行,使本国金融财富免受重大损失。② 当代世界的金融监管法治理念是随着金融发展而变化的。从20世纪30年代大萧条到1997年亚洲金融危机再到2007年美国次贷危机,金融监管经历了从自由走向管制,又从管制走向自由,最后走向寻求自由与管制的平衡的复杂过程。金融活动从开始之初就显现出一种不同于实体经济的虚拟性,而第三次科技革命更是大大加剧了其"脱实向虚"的趋势。与此同步,金融监管法治理念也经历了从追求效率到注重安全,再由注重安全到追求效率,最后寻求安全与效率均衡的更替过程。

(三)金融公平理念

金融是经济发展的核心问题,也是民生和人权问题,因此不仅要关注其效率与安全,也要关注其公平与普惠。金融公平,是指在金融活动中,各类主体不因自身经济实力、所有权性质、地域和行业等因素而受到差别对待,能够公平地参与金融活动,机会均等地分享金融资源,形成合理有序的金融秩序,并通过金融市场实现社会整体利益的最大化。③ 金融公平是机会公平、相对公平和有效公平的统称。机会公平是金融公

---

① 参见[英]罗杰·麦考密克:《金融市场中的法律风险》,胡滨译,社会科学文献出版社2009年版,第10~11页。

② 参见高晋康、谢理、刘强:《金融法治与我国金融安全》,载《湖南省政法管理干部学院学报》2002年第3期。

③ 参见冯果:《金融法的"三足定理"及中国金融法制的变革》,载《法学》2011年第9期。

平的逻辑起点，相对公平是金融公平的实现结果，有效公平是金融公平的效果评价。[①]金融公平的内涵丰富而全面：不仅关注金融监管，还关注金融组织和金融交易；不仅关注金融消费者保护，还关注金融资源配置；不仅关注金融市场的经济功能，还关注金融市场的社会功能；不仅关注金融活动中的形式上的公平，还关注金融福利分配的实质上的公平。[②]

二、金融法的基本原则

金融法的理念是确立金融法基本原则的理论依据，金融法的基本原则是介于金融法理念和金融法律规则之间的中间环节或纽带。金融法的基本原则，是指在金融立法及法律适用中应遵循的基本行为准则，它贯穿于金融立法、执法、司法和守法的全过程之中。在市场经济条件下，金融法要遵循以下几个基本原则。

（一）兼顾金融安全与金融自由的原则

在金融自由化的过程中，在考虑金融体系效率的同时，也应关注金融体系潜在的风险性。就金融法而言，金融自由的范围广泛，渗透金融主体、金融行为和金融客体各方面，总体表现为金融行为自由，强调主体个性的发挥，即金融主体可按照自己的意志在法律允许的范围内设立、变更和终止金融权利和义务。对于现代金融法而言，对金融安全与秩序理想的追求源于人类对社会条理化、规范化、模式化和权威化的社会生活方式需求的满足，离不开法律对人的行为的调整。确立现代金融法的安全与秩序原则的意义，就在于理顺金融主体在市场交易中的权利义务关系，以及设定公权力在金融市场中的权力与责任，以维护金融活动的稳定有序。但在实际生活中，安全和秩序强调的是有序状态的建立与维持，自由难免有打破既有平衡——秩序的趋势，秩序也在一定程度上制约自由的规律性，二者的冲突在所难免。[③] 也就是说，金融安全和金融自由之间并非总是协调的关系，过分地追求金融安全，就可能导致金融压抑等现象的出现，从而损害金融自由，影响金融市场的效率；过分地追求金融自由能够提高金融市场的效率，但可能会对金融安全造成负面影响甚至威胁，从而出现金融危机或金融排斥现象。在金融法的发展史上，金融安全和金融自由都可能成为某段时期或某个国家立法的侧重点，金融法始终在管制—放松管制—再管制的循环中往复，在金融自由和金融安全之间抉择。历史经验和金融市场的发展规律表明，现代金融法必须坚持兼顾

---

① 参见戚莹：《金融公平：金融法新理念——以金融包容为实践路径》，载《海峡法学》2012 年第 1 期。

② 参见袁康：《金融公平理念下的金融法教学改革》，载《河南教育学院学报（哲学社会科学版）》2017 年第 4 期。

③ 参见卓泽渊：《法的价值论》，法律出版社 1999 年版，第 635 ~ 636 页。

金融安全和金融自由原则。

(二)兼顾金融包容与金融平等的原则

金融法本质上是一种配置金融资源的法律规范。世界银行于1990年提出"广泛基础的增长",其后进一步提出"对穷人友善的增长"的理念,并以此制定世界银行的贫困减除政策以及指导各国相关实践。2007年,"包容性增长"(inclusive growth)这个概念被亚洲开发银行提出。按照亚洲开发银行的解释,包容性增长与单纯追求经济增长相对立,倡导的是一种机会平等的增长,其最基本的含义是公平合理地分享经济增长。① 亚洲开发银行研究院研究员、金融包容性联盟执行主席阿尔弗列德·翰尼葛认为,金融包容的目的在于将"无银行服务"人群纳入正规的金融系统,从而使他们有机会得到储蓄、支付、信贷和保险等金融服务。② 可见,亚洲银行针对金融排斥提出的金融包容就是解决金融服务需求者的机会公平问题。但是单单解决金融服务需求方的机会公平还是不能实现结果公平,因为政府依法干预市场的前提是尊重市场规律而不是代替市场运作,所以政府矫正市场缺陷的思路应是实现金融服务供给和金融服务需求的平衡。尤其是在我国,金融服务不公平现象不仅表现为金融资源在需求者中的分配问题,金融资源在供给者中也存在配置不公的问题。

(三)兼顾促进金融业发展与投资者利益保护原则

金融法是为市场经济发展服务的,它通过对市场经济条件下金融活动中形成的各种社会关系的调节,维护良好的金融秩序。早在20世纪70年代,金融深化理论的倡导者罗纳德·麦金农(Ronald I. Mckinnon)(1973)③和爱德华·肖(Edward S. Shaw)(1973)④就认为,经济的发展与金融部门紧密相关,而发展中国家普遍存在金融抑制的现状。要根除金融抑制对经济发展的束缚,必须把国家发展的政策核心定位在金融自由化和金融深化上。换言之,无论是银行主导型金融结构还是市场主导型金融结构,促进经济增长的根本动力是金融自由化和金融深化。

市场越发展,越需要成熟理性的投资者参与。投资者是重要的市场建设者,投资者风险意识、参与意识增强,风险识别能力提高,能提高金融市场的有效性,夯实资本

---

① 参见汪海霞:《"包容性增长"的语义及其运行机理分析》,载《求实》2011年第4期。

② See Alfred Hannig and Stefan Jansen, *Financial Inclusion and Financial Stability: Current Policy Issues*, https://www.adb.org/sites/default/files/publication/156114/adbi-wp259.pdf, p. 1.

③ See R. I. McKinnon, *Money and Capital in Economic Development*, Washington: D. C: Brookings Institution Press, 1973.

④ See E. S. Shaw, *Financial Deepening in Economic Development*, New York: Oxford University Press, 1973.

市场发展的基础。投资者利益保护原则作为传统的金融监管原则,必须和促进金融业发展原则结合起来。一是大力推进利率市场化进程,让市场机制发挥基础性作用,增强市场的透明度。二是增强金融法和金融政策的可预期性。金融监管机构必须按照市场规律依法加强监管,减少行政干预,让市场充分发挥作用。三是加大金融执法力度。投资者利益遭受侵害的事情时有发生,这往往是投资者无法预期的风险,因此,科学有效地打击违法违规行为是金融监管部门的职责所在。四是大力发展机构投资者,增加中小投资者的选择,帮助其分散投资风险。五是加强投资者教育。投资者教育的基础是投资者的自我教育,监管层要动员全行业力量为投资者教育工作创造条件和环境,使投资者教育更加方便和有效。

(四)金融业开放和与国际规则、惯例接轨原则

金融业开放是中国对外开放格局的重要组成部分。2020 年,国务院原金融稳定发展委员会办公室(以下简称金稳委)公布了 11 条金融改革措施。当前,全球政治经济局势复杂严峻。从外部看,世界经济仍处在国际金融危机后的深度调整期,保护主义和单边主义盛行,中国不得不在一个更加不稳定不确定的世界中谋求发展。从内部看,我国正处在转变发展方式、优化经济结构、转换增长动力的攻关期,结构性、体制性、周期性问题相互交织,金融领域面临的困难和风险增多。即便如此,我国对外开放的坚定决心也没有改变。金融开放作为"十四五"规划的核心内容,在构建开放型经济新体制、打造高质量发展的经济系统方面发挥着至关重要的作用。在"引进来"方面,金融开放可以减缓国家的金融管制,提高跨境资本流动的便利性,吸引国际资本流入东道国,以较低的利率刺激投资,促进经济增长,在有效的监管机制下提高资源的配置效率,为国家提供更广阔的资金池,以多样化的方式分散投资风险。① 在"走出去"方面,借助金融开放的空间溢出特性,当改善一国金融开放水平时,可以实现国与国之间金融开放的互惠效应。具体表现包括:区域性金融开放多点开花、稳定慎重推进人民币国际化、保持汇率在合理均衡水平上基本稳定,在金融宏观调控和金融监管方面加强国际合作与协调。

所谓与国际规则和惯例接轨,是指一国金融法律制度要与国际上通行做法尽量保持一致,以减少由此产生的金融纠纷或摩擦,进而降低金融业市场主体之间的交易成本。一方面,全球化趋势要求我们必须主动与国际接轨,不接轨必然导致落后,难以获

---

① See Chinn, Ito, H. M. D., *What Matters for Financial Development*?, Journal of Development Economics, Vol. 8:1, (2006).

得国际社会的接受和认同；而通过与国际规则接轨，各国都按统一规则出牌，有利于弱化矛盾、减小阻力，为我国金融服务“走出去”打开崭新的发展空间。另一方面，与国际规则和惯例接轨可能引起思想意识领域的多元化，对国内金融业带来一定冲击，因而必须讲究策略，不能失去基本的原则和立场，应当保持接轨过程的自主性。在当今世界正经历百年未有之大变局的格局下，我国既要与现存世界公认的国际规则和惯例接轨，加入金融全球化的大潮中去，又要积极参考其他国家，尤其是发达国家在金融治理现代化、促进金融业发展和对外开放方面的做法和经验，通过签订条约加入国际组织、司法承认、自身改革等形式，积极参与国际规则的修改与创设，使国内金融运行的规则更符合国际交往的惯例，全面融入现存的国际法律体系，从而更好地为新时代社会主义市场经济发展服务。

第三节　金融法的法律渊源

法源理论是一种宏观理论，而非微观理论。其旨在确定法律论证之大前提（法律规范）的适格来源，而不涉及法律规范与其表现形式（法律语句）之间的关系及其具体适用问题。[①] 通说认为，金融法的渊源，是指金融法律规范的表现形式。从相对广义上看，法的表现形式不同于法的渊源，却是法的渊源的表征与识别依据，法的渊源指的是法律论证过程中对司法裁判具有法律拘束力之规范基础（裁判依据）的来源。我国金融法的渊源包括国际渊源和国内渊源两大类。国内渊源指我国各有关金融的法律规范，国际渊源指我国参加或缔结的有关国际条约、协定以及一些具有广泛影响的国际惯例。我国金融法的渊源主要有以下几个方面。

一、宪法

《中华人民共和国宪法》是由全国人大制定的国家根本法。它规定了我国的政治、经济制度，明确了社会主义的生产目的是最大限度地满足人民群众日益增长的物质文化生活的需要，既是金融立法的基础，也是对金融关系进行法律调整的基本依据。

二、法律

全国人大及其常委会制定的调整金融关系的法律是金融法的主要渊源，如《中华人民共和国中国人民银行法》（以下简称《中国人民银行法》）、《中华人民共和国商业

---

① 参见雷磊：《法的渊源理论：视角、性质与任务》，载《清华法学》2021 年第 4 期。

银行法》(以下简称《商业银行法》)、《中华人民共和国银行业监督管理法》(以下简称《银行业监督管理法》)、《中华人民共和国保险法》(以下简称《保险法》)、《中华人民共和国票据法》(以下简称《票据法》)、《中华人民共和国证券法》(以下简称《证券法》)、《中华人民共和国信托法》(以下简称《信托法》)等。

三、行政法规、部门规章

由国务院以及国务院授权所属部门(主要是中国人民银行、国家外汇管理局、证监会等)以"条例""规定""决定""通知""实施办法"等形式制定的调整金融关系的行政法规和部门规章,如《中华人民共和国外汇管理条例》(以下简称《外汇管理条例》)、《企业债券管理条例》《储蓄管理条例》《股票发行与交易管理暂行条例》《贷款通则》《金融机构反洗钱规定》《人民币银行结算账户管理办法》《关于上海证券交易所设立科创板并试点注册制的实施意见》《关于规范银行业金融机构异地非持牌机构的指导意见》等,都是金融法的渊源。

四、地方性法规、地方政府规章

具有立法权的地方各级国家权力机关和地方各级人民政府,在法律规定的权限内制定的调整金融关系的地方性法规、地方政府规章,也是金融法的渊源,仅在制定机关所辖区域内有效,如《温州市民间融资管理条例》《上海市单用途预付消费卡管理规定》等。

五、国际条约与国际惯例

我国缔结或者参加的与金融有关的国际条约,除我国声明保留的条款外,构成我国金融法的重要渊源。主要包括《国际货币基金组织协定》《国际复兴开发银行协定》《国际复兴开发银行协定附则》《国际金融公司协定》《国际金融公司协定附则》《世界银行贷款和国际开发协会信贷采购指南》;国际双边支付协定和贸易支付协定、交货共同条件书、贷款协定;国际投资保护协议或国际投资保证与保险协定等国际条约。

国际惯例是在国际经济交往中形成的为国际社会广泛接受并予以认可的、一经双方确认就具有法律拘束力的习惯性规范。国际金融法的大量渊源表现为带约束性建议、任意性惯例和辅助性合同规定。① 这类国际惯例主要有:国际官方和民间组织制定的统一化规则,包括国际商会的《托收统一规则》《跟单信用证统一惯例》,世界银行的《国际复兴开发银行贷款协定和担保协定通则》和国际商会的《合同担保统一规则》等;某种国际货币金融事务的习惯做法,如辛迪加贷款协定的格式、条款和订立程序等。

---

① 参见刘丰名:《国际金融法》,中国政法大学出版社1996年版,第8~9页。

六、其他

在当代，当大量金融产品都是为了规避僵化或不利的成文法条文而设计时，司法受理的案件就不得不面对无法可依的困境，处于“司法不能拒绝裁判”压力之下的法院只能通过各种渠道汲取司法智慧、积累司法经验、形成裁判规则，进而在一定程度上弥补立法漏洞。例如，2019 年 11 月公布的《全国法院民商事审判工作会议纪要》对金融案件审理提供了一般性的裁判规则指引而被广泛关注，充分彰显了作为“活的法律”的司法对金融行业与金融发展的重大影响。①

随着对法律渊源认识的逐步深入，金融法的渊源被区分为效力渊源与认知渊源。前者提供了金融法裁判依据，是裁判依据之效力来源与内容来源的合一；后者只提供了金融法裁判依据的内容来源，需要获得效力渊源的认可并须与之相结合才能发挥作用。两者之间是不对等的，其中效力渊源占据主导地位。在当代中国，金融法的效力渊源只有金融立法行为及其产物的制定法，属于法的认知渊源的有国际条约和惯例、外国法、司法解释、指导性案例、国家政策、法律行为以及合宪性审查活动中的党的政策和党内领导法规等。其余所有的所谓金融法律“渊源”，只能扮演裁判理由的角色。②

思考题

1. 试论中国式现代化背景下金融调节的必要性。

2. 试结合实例说明金融法的理念和基本原则有哪些。

3. 试从银行业、证券业、保险业、信托业，以及跨行业、跨领域、跨业态的资管业出发，谈谈对金融法渊源的理解。

拓展阅读

1. [英]菲利普・伍德：《金融法的世界地图》，陈儒丹、黄韬译，法律出版社 2013 年版。

2. [美]霍华德・戴维斯、[美]大卫・格林：《全球金融监管》，中国银行监督管理委员会国际部译，中国金融出版社 2009 年版。

3. [美]斯科特・贝斯利、[美]尤金・F. 布里格姆：《金融学原理》（第 5 版），吴先红、徐春武、王宇等译，北京大学出版社 2016 年版。

---

① 参见王锐：《金融司法的发展——基于制度变迁的历史逻辑》，载《中国应用法学》2020 年第 3 期。

② 参见雷磊：《法的渊源：一种新的分类法及其在中国语境中的运用》，载《河北法学》2021 年第 11 期。

4.［美］保罗·萨缪尔森、［美］威廉·诺德豪斯:《经济学》(第18版),萧琛文译,人民邮电出版社2008年版。

5.［日］金泽良雄:《经济法概论》,满达人译,中国法制出版社2005年版。

6.漆多俊:《经济法基础理论》(第4版),法律出版社2008年版。

7.吴志攀:《金融法的“四色定理”》,法律出版社2003年版。

8.冯果、袁康:《社会变迁视野下的金融法理论与实践》,北京大学出版社2013年版。

9.管斌:《金融法的风险逻辑》,法律出版社2015年版。

10.楼建波:《金融商法的逻辑:现代金融交易对商法的冲击与改造》,中国法制出版社2017年版。

11.陈志武:《金融的逻辑》,中信出版集团股份有限公司2020年版。

12.陆泽峰:《金融创新与法律变革》,法律出版社2000年版。

第二章　金融法制发展沿革

学习目标

1. 低阶学习目标

(1)理解金融立法、执法、司法和守法的概念

(2)了解金融立法、执法、司法的发展历程和金融守法的多重面向

2. 高阶学习目标

(1)分析金融立法、执法、司法和守法之间的内在关系

(2)理解金融司法与金融监管的协同治理机制

(3)解析金融机构、金融消费者、金融监管者守法的原因和措施

案例研讨

金融法制发展沿革中的案例有很多,以下是一些具有代表性的案例:

1. 南海泡沫事件(1720 年,英国)。南海泡沫事件源于 18 世纪初由英国南海公司(South Sea Company)进行的一场金融操纵,这最终导致了金融危机的发生。南海公司以承担国家债务为由,获得了政府大量债券,并向公众出售公司股票,宣传它在南美洲的贸易权益。然而,这些贸易权益并不存在,因而公司股票价格在短期内迅速上涨并暴跌。此次风险事件揭示了金融法制对于市场秩序的重要性。

2. 大萧条(1929 年,美国)。大萧条源于 1929 年的美国股市崩盘,此次危机蔓延至全球。金融市场的过度投机和不当监管被认为是形成危机的主要原因。大萧条推动了美国金融市场监管制度的改革,如 1933 年发布的《格拉斯—斯蒂格尔法案》(Glass-Steagall Act)规定了商业银行与投资银行之间的分业经营要求,从而降低金融市场风险。

3. 美国储蓄与贷款协会危机(20 世纪 80 年代,美国)。美国储蓄与贷款协会(Savings and Loans Associations)出现大规模不良资产,导致许多机构倒闭。此次危机揭示了金融机构征信管理和审慎监管的重要性,其后美国监管机构加强了对金融机构的监督和征信要求。

4. 金融衍生品丑闻(20 世纪 90 年代,全球)。20 世纪 90 年代金融衍生品的普及和滥用导致了多起金融市场丑闻,如美国橙县破产案、英国巴林银行破产案和荷兰马丁银行破产案等。丑闻揭示了金融衍生品市场需要更为透明、有效的规制和维护金融稳定、市场秩序。

5. 次贷危机(2007 年,美国)。次贷危机是指美国房地产市场的低收入抵押贷款(次级抵押贷款)的违约风险上升,导致信贷收缩、金融机构破产,进而引发金融危机并扩散至全球。在 2007 年显现,2008 年爆发。① 次贷危机的影响(包括对金融市场监管制度以及投资者权益保护的影响)更加深远,引发了金融法律与监管全球改革。

这些金融危机提醒我国吸取经验教训,立足本国实际,积极、稳妥地推进金融创新,以取得有益于我国金融法制制度建设的深刻启示。②

请研讨:

1. 金融法制与金融危机呈现一种什么样的关系?

2. 在对金融危机的应对处置中,体现出金融法制的哪些方面?在变革上有何侧重?

3. 如何理解金融法制的重要性?金融法制只有在金融危机发生时才具有价值吗?

4. 立法机关、监管机构、司法机关、金融机构和金融消费者等不同主体在金融风险防范和金融法制建设中应当各自扮演什么角色?

第一节　金融立法的发展沿革

金融立法,在我国主要是指全国人大及其常委会和国务院等有立法权的国家机关制定、修改和废止的旨在调整金融关系与金融管理关系的规范性法律文本的活动。规范性金融法律文本的表现形式一般包括:金融法律、金融行政法规、金融地方性法规、金融规章、金融司法解释和其他金融规范性文件等。中国金融立法的基本内容,一般包括金融调控法、金融监管法、金融机构组织法、金融交易法和金融科技法等。改革开放 40 余年来,金融立法贯穿我国金融体制改革的全过程,我国运用金融法律、法规引

① 后文一般用 2008 年次贷危机爆发。

② 参见许多奇:《次贷危机法律根源探究——美国金融监管制度及思想先进性质疑与启示》,载《交大法学》2011 年第 1 期。

导、促进、巩固和保障金融改革不断发展并取得了巨大成就，我国金融立法经历了起步、快速发展、调整与平稳发展、高质量精细化发展四个阶段。[①]

一、金融立法起步阶段(1978～1992年)

1978年，党的十一届三中全会的召开拉开了金融体制改革的大幕。1979年2月23日，根据党的十一届三中全会通过的《中共中央关于加快农业发展若干问题的决定(草案)》中明确提出的“恢复中国农业银行，大力发展农村信贷事业”，国务院决定正式恢复中国农业银行，开启了设立国家专业银行的先例，首次打破了大一统的传统金融体制格局；1983年9月17日发布的国务院《关于中国人民银行专门行使中央银行职能的决定》，明确中国人民银行专门行使中央银行职能；随着1984年中国工商银行成立，“工农中建”四大国有专业银行格局正式形成，由此奠定了中央银行和普通银行两大层级构成的中国金融体系基础。1986年1月7日，国务院发布《银行管理暂行条例》，使中国银行业监管向依法监管方向迈出了第一步；随后又发布了1988年《现金管理暂行条例》(现已废止)、1992年《储蓄管理条例》等涉及货币银行业务的金融行政法规，《中国人民银行稽核工作暂行规定》等金融规章也相继出台。在我国金融立法起步阶段，没有制定出专门调整金融关系的法律，一些以条例或暂行条例、规定或暂行规定等命名的法规、规章也多限于银行业领域。这些反映了我国改革开放初期的金融体制改革状况和金融立法起步的特点。

二、金融立法快速发展阶段(1993～2001年)

我国自1993年开始实行社会主义市场经济体制。为适应市场经济的发展，国家加速了经济体制、金融体制改革和外汇管理体制改革的进程，金融立法全面提速。被称为“金融立法年”的1995年，我国同时颁布了《中国人民银行法》《商业银行法》《保险法》《票据法》《中华人民共和国担保法》等5部金融法律和全国人大常委会《关于惩治破坏金融秩序犯罪的决定》，这些法律规范被称为“五法一决定”，整体上提升了金融领域规范性法律文件的效力级别，从根本上改变了我国金融立法中欠缺高级别法律规范的局面。此后，我国于1996年颁布《外汇管理条例》，1997年颁布《证券投资基金管理暂行办法》，1998年颁布《中华人民共和国证券法》(以下简称《证券法》)，2000年颁布《金融资产管理公司条例》，2001年颁布《信托法》，等等。在金融立法快速发展阶段，国家加强了银行、证券、保险、信托、外汇等金融各个领域的立法，系统配套、全面铺开，

---

① 参见徐孟洲：《金融立法：保障金融服务实体经济——改革开放四十年中国金融立法的回顾与展望》，载《地方立法研究》2018年第6期。

仅8年时间就出台了7部金融法律,附加一大批相应的金融行政法规等规范性法律文件。换言之,这一阶段是中国特色社会主义金融法律法规体系基本形成的时期。

三、金融立法调整与平稳发展阶段(2002~2011年)

2001年12月11日,我国正式加入世界贸易组织;截至2010年,我国加入世界贸易组织的所有承诺全部履行完毕。在此期间,一方面,随着我国经济的高速发展,金融市场日新月异,国内外金融环境与当初制定"五法一决定"时相比发生了很大变化。为此,2003年12月27日,全国人大常委会通过了修改《中国人民银行法》《商业银行法》以及公布《银行业监督管理法》的决定。这3部同时出台的法律开启了我国深化金融体制改革的又一个新的时代,它们以法律的形式确认了国家对金融监管体制的重大调整。至此,在金融监管方面,"一行三会"的分业监管体制基本建立,金融监管法律制度逐步完善。随着金融业改革开放的加速,金融市场迅速发展,为推动多层次和多元化资本市场体系建设,国家加快了证券投资基金、期货等方面的立法。此外,在推动农村信用社的试点改革、推行国有商业银行的股份制改革、实施股权分置改革、推进利率市场化改革等方面,也出台了相应的规范性文件。另一方面,为适应我国金融业全面对外开放格局和应对2008年国际金融危机的复杂形势,这一阶段金融立法的主要任务是调整立法因应金融风险,同时全力修改不适应履行金融业全面对外开放承诺的一系列金融法律法规,通过相关规则的出台放松外资进入中国金融市场的限制。

四、金融立法高质量精细化发展阶段(2012年至今)

自2012年党的十八大召开以来,我国金融立法进入了提高立法质量、推进立法精细化的新发展阶段。党的十八届三中全会发布了《中共中央关于全面深化改革若干重大问题的决定》,党的十八届四中全会通过了《中共中央关于全面推进依法治国若干重大问题的决定》。为了落实党中央的这两个决定,我国持续加强重点领域立法,而金融这一重点领域的立法所涉内容则更为复杂。这一阶段的金融立法突出表现为对已有法律法规的修改与完善,但也有部分重要新规的涌现。例如,全国人大常委会在2013年6月和2014年8月两次修正的基础上,于2019年12月对《证券法》进行了第二次修订,新增全面推行证券发行注册制、将存托凭证明确规定为法定证券等内容,促进了证券市场依法全面发展;2014年8月和2015年4月分别对《保险法》进行了第二次和第三次修正;2012年12月和2015年4月分别对《中华人民共和国证券投资基金法》(以下简称《证券投资基金法》)进行了修订和修正。国务院于2013年5月、2016年2月和2019年9月,对《中华人民共和国外资保险公司管理条例》分别进行了3次修订;2015年《存款保险条例》正式实施,这一行政法规为保护储户权益、维护金融稳定和防范金融风险奠定了法制基础；2021 年 5 月，《防范和处置非法集资条例》正式施行，该条例对非法集资行为进行了界定和规范，强化了监管和处罚力度。为促进跨境贸易投资，国家外汇管理局自 2020 年起发布了一系列政策，包括进一步便利企业跨境融资、优化银行结售汇管理、拓宽外币理财投资范围等。此外，为健全金融风险防范、化解和处置机制，金融稳定法也正在加紧制定过程中。

第二节　金融执法的发展沿革

金融行政执法是国家金融行政主管机关依法定职权及法定程序执行和实施金融法律法规的活动的总称。它是我国法治建设的重要组成部分并贯穿全程，与金融立法、司法、守法紧密相连、相辅相成，共同对我国的金融法治建设和金融市场的稳定发挥着举足轻重的作用。[①] 金融监管与执法可视为相互补充的关系。有效的监管依赖于金融市场参与者的遵从与合作，使执法富有活力；反之，成功的执法则有赖于专业高效的监管者和受监管市场主体在日复一日的监管关系中所形成的良性互动。[②]

一、金融执法分业监管时期（1993～2008 年）

1993 年至 2008 年，我国处于分业经营体制确立并逐步开始混业尝试的分业监管时期。在 1992 年以前，我国曾长期实行由中国人民银行负责的“单层单头”统一金融监管模式。1992 年，国务院证券委员会和证监会成立，标志着金融监管体系开始向“单层多头”的分业金融监管模式过渡。1993 年，《中共中央关于建立社会主义市场经济体制若干问题的决定》明确提出“银行业与证券业实行分业管理”；随后，国务院《关于金融体制改革的决定》要求对银行业、保险业、证券业和信托业实行分业管理，同时要求中国人民银行转变职能，办成真正的中央银行。随着中国保险监督管理委员会（以下简称保监会）和中国银行业监督管理委员会（以下简称银监会）分别于 1998 年和 2003 年相继成立，“一行三会”的分业监管格局正式形成。2003 年修正的《中国人民银行法》将中国人民银行原来承担的日常金融监管职能大部分剥离。自此，中国人民银行主要履行制定和执行货币政策职能，虽然其还承担诸如外汇市场管理、反洗钱等局部金融监管职能，但这些监管职能往往与货币总量控制即货币政策职能密切相关。随着

---

① 参见刘定华、樊宇：《金融行政执法的现状与对策》，载《求索》2002 年第 3 期。

② See John Armour etc., *Principles of Financial Regulation*, Oxford University Press, 2016, p. 717.

金融创新的层出不穷，金融机构在政策范围内开始新的混业经营尝试，这一趋势日渐明析，我国的分业监管亦逐步表现为监管机构在分业监管体制的基础上不断协同合作。

二、金融执法强化审慎监管时期（2009～2018年）

2009年至2018年，我国逐步消除监管割据，进入强化审慎监管阶段。G30报告《金融监管的结构：全球市场的进路与挑战》特别提及，自20世纪90年代以来，中国的金融监管体系改革方向不同于世界大部分国家的改革方向。近30年来的国际趋势是减少监管割据，对监管权力进行整合，建立综合监管机构进行统一监管或整合分散的监管权力，而我国是强化分业监管。[①] 2016年前，由于各监管部门都弱化了自身监管者的角色，放松了对被监管金融机构的监管标准，充当行业代言人，推动做大各自所监管行业的规模，因而呈现"监管逐低"的潮流。对此，2017年10月，党的十九大报告指出，必须健全金融监管体系，守住不发生系统性金融风险的底线，并强调要健全货币政策和宏观审慎政策双支柱调控框架。2017年11月，金稳委正式成立。2018年3月17日，十三届全国人大一次会议通过的国务院机构改革方案，决定将银监会和保监会的职责整合，组建中国银行保险监督管理委员会（以下简称银保监会），作为国务院直属事业单位；原银监会和原保监会具有的制定金融监管重要法律法规草案和审慎监管基本制度的职责划归中国人民银行，中国人民银行肩负起货币政策和宏观审慎的双支柱调控使命。[②] 至此，我国金融监管体制形成了金稳委、中国人民银行、银保监会和证监会组成的"一委一行两会"全新监管格局。

三、金融执法严格监管时期（2019年至今）

2019年至今，我国金融执法进入严格的穿透式监管阶段。在国家层面，穿透式监管这一概念在2016年4月12日国务院办公厅发布的《互联网金融风险专项整治工作实施方案》中首次提及，其要求"根据业务实质明确责任"，"根据业务实质认定业务属性"，"根据业务本质属性执行相应的监管规定"，"透过表面判定业务本质属性、监管职责和应遵循的行为规则与监管要求"。一时间穿透式监管频繁现身于各个监管机构的规范性文件之中，并在逐步完善的基础上将穿透式监管在金融市场广泛推广，引发了市场极大的关注与震荡。所谓穿透式监管，即透过金融产品的表面形态看清业务实质，将资金来源、中间环节与最终投向穿透连接起来，按照"实质重于形式"的原则甄别

---

① 参见吴云、史岩：《监管割据与审慎不足：中国金融监管体制的问题与改革》，载《经济问题》2016年第5期。

② 参见许多奇：《互联网金融风险的社会特性与监管创新》，载《法学研究》2018年第5期。

业务性质,根据业务功能和法律属性明确监管规则。在良好监管与严格执法的加持下,2020 年中国成为全球唯一实现经济正增长的主要经济体。2021 年 8 月,中共中央、国务院印发了《法治政府建设实施纲要(2021—2025 年)》,提出着力实现行政执法水平普遍提升,努力让人民群众在金融服务每一个执法行为中都能看到风清气正,从每一项执法决定中都能感受到公平正义。特别是要加大金融服务等重点领域执法力度:一是对潜在风险大、可能造成严重不良后果的,加强日常监管和执法巡查,从源头上预防和化解违法风险;二是建立完善严重违法惩罚性赔偿和巨额罚款制度、终身禁入机制,让严重违法者付出应有代价。2021 年,经济持续稳定恢复、稳中向好,金融违法犯罪得到严厉惩罚,金融系统发挥了重要的支撑作用。2023 年《党和国家机构改革方案》进一步决定在银保监会基础上组建国家金融监督管理总局,其作为国务院直属机构统一负责除证券业之外的金融业监管,统筹负责金融消费者权益保护,并将中国人民银行的职能进一步聚焦于货币政策和宏观审慎,同时组建中央金融委员会取代金稳委发挥统筹协调作用,由此形成了党中央统一领导下"一委一行一局一会"的中央金融监管新格局,更好地理顺了宏观审慎监管、微观审慎监管以及行为监管的关系,强化了机构监管、行为监管、功能监管、穿透式监管、持续监管。

法律在本质上是不完备的,虽然这可能诱发执法无效,但又能通过强化执法来弥补。[①] 尽管我国的金融执法取得了长足的完善发展,但在实践中对金融机构及其相关参与主体违法行为的执法供给仍然存在不足。面对我国复杂的现实国情和区域差异,金融监管机构虽拥有经济、行政和法律等各类手段,但难以完全适应现实需要。具体来看,现有问题包括:其一,金融执法部门所实际拥有的处罚手段单一,可操作性差;其二,金融执法随意性较大;其三,金融执法检查难,处理更难,责任追究和处罚制度难以落到实处;其四,缺乏对金融执法监督的再监督。对此,改进方法有四:一是提高金融监管部门的行政执法效率,强化部门合作,引入执法和解机制、明示执法程序等;二是确保执法主体合法、执法程序公开、适用法规得当;三是加大对金融违法行为的查处力度,坚持打早打小,敢于抵制各种非法干预;四是优化金融执法的监督与再监督,既要建立健全金融执法责任追究机制,强化金融执法监督,又要切实推行复议听证等制度,以最大限度完善金融监管执法监督的再监督机制。

---

① 参见[美]卡塔琳娜·皮斯托、许成钢:《不完备法律——一种概念性分析框架及其在金融市场监管发展中的应用》,载吴敬琏主编:《比较》第 3、4 辑,中信出版社 2002 年版。

第三节　金融司法的发展沿革

广义的司法包括审判、检察、公证、人民调解等诸多内容，狭义的司法一般指人民法院依法行使司法审判权。以狭义的司法内涵为基，可进一步区分广义与狭义的金融司法。广义的金融司法包括人民法院依法行使审判权解决涉金融纠纷的司法活动。狭义的金融司法一般指人民法院通过专业化审判组织或相关建制专门解决金融纠纷的司法活动。

一、金融司法探索阶段(1978～1999年)

"以事实为依据，以法律为准绳"属于司法裁判的根本准则。相应地，我国符合市场化主要特征的金融活动自改革开放后才较密集且成型地出现，金融立法亦自这一时间节点起开始发展，金融司法的探索阶段同样始自这一时期。1984年10月，党的十二届三中全会通过《中共中央关于经济体制改革的决定》，指出："经济体制的改革和国民经济的发展，使越来越多的经济关系和经济活动准则需要用法律形式固定下来……法院要加强经济案件的审判工作……司法部门要积极为经济建设提供法律服务"，这为人民法院服务市场经济制度化、保障经济发展法治化提供了政策指引。1992年，党的十四大将社会主义市场经济体制的建立确定为我国经济体制改革的目标；1993年，《全国经济审判工作座谈会纪要》明确提出要"树立平等保护各经济主体的合法权益的观念"，"树立社会主义统一市场的观念"，"进一步增强合同观念"，"进一步增强效率和效益观念"，"保护正当竞争，制止不正当竞争"，"树立商业风险意识，公正处理损失的承担"。

在审判组织方面，1979年7月，五届全国人大二次会议通过的《人民法院组织法》规定，最高人民法院、高级人民法院与中级人民法院应设立经济审判庭；1983年9月，六届全国人大常委会第二次会议修改《人民法院组织法》，据此基层人民法院亦可设立经济审判庭。截至1985年，全国中级人民法院除个别地处边远者外，均已建立经济审判庭，全国基层人民法院有93%已建立经济审判庭。①

---

① 参见郑天翔：《最高人民法院工作报告——一九八五年四月三日在第六届全国人民代表大会第三次会议上》，载中央人民政府网，https://www.gov.cn/test/2008-03/27/content_929847.htm。

在纠纷类型方面，当时的经济纠纷案件中，有90%左右属于经济合同纠纷案件，[①] 因此，统筹经济审判与民事审判成为人民法院的工作重点之一。1980年8月，最高人民法院经济审判庭发布《关于人民法院经济审判庭收案范围的初步意见》，规定经济审判庭受理的经济纠纷案件类型包括"信贷方面的纠纷案件"与"保险方面的纠纷案件"。除这两类案件外，随着我国证券与期货市场于20世纪90年代逐步发展，场内与场外交易不断繁荣，结构化金融开始勃兴，理财观念逐步深入人心，致使经济纠纷仍以合同形式为主，合同内容包括但不限于股票、债券、期货、票据、融资租赁、信托贷款、存单等。

在司法政策方面，最高人民法院在这一阶段制定了较多文件对经济审判予以指导，其中与金融相关的文件包括《关于审理期货纠纷案件座谈会纪要》《关于经济审判工作积极参与清理企业"三角债"的通知》《关于审理城市信用社清理整顿期间相关民事案件有关问题的通知》《关于审理存单纠纷案件的若干规定》《关于审理骗购外汇、非法买卖外汇刑事案件具体应用法律若干问题的解释》等。这些文件根据经济政策的宏观导向或具体的金融执法善后处理需求等，将来自实践的金融案件审理经验予以汇集，并形成一般性规则以指导实践。例如，1986～1988年的通货膨胀周期使政府开始着眼于经济整顿相关的社会治理，人民法院在遵循改革开放与治理整顿并行不悖的基本发展思路的前提下，以相配套的司法政策作出积极回应，包括但不限于以专项经济审判工作支持金融部门回收逾期贷款，缓解因压缩信贷规模出现的资金紧张现象。

二、金融司法演进阶段（2000～2007年）

2000年，最高人民法院发布《最高人民法院机关内设机构及新设事业单位职能》，对内设机构作出重要改革。根据前述文件，人民法院的民事审判第二庭负责审判第一、二审国内法人之间、法人与其他组织之间的合同纠纷与侵权纠纷案件，审判第一、二审国内证券、期货、票据、公司、破产等案件。至此，以专业化审理为基形成专业化审判组织的实际组织保障基本成型。

在21世纪之初，我国金融市场及其法制建设尚不完善，相关立法与规范体系尚不健全。面对当时监管法相对充实而业务法相对单薄的状况，人民法院需要以更审慎而积极的态度处理诸多金融纠纷，这为人民法院探索、研究新型金融案件的定分止争之道提供了内在动力与外在驱力。整体而言，受政策调整、理论发展的局限，为与监管协调，人民法院对全面介入国家金融治理保持相对克制。值得注意的是，各地人民法院

---

① 参见郑天翔：《最高人民法院工作报告——一九八六年四月八日在第六届全国人民代表大会第四次会议上》，载中央人民政府网，https://www.gov.cn/test/2008-03/27/content_929853.htm。

在缺乏明确法规支持的情况下已作出不少关于能动司法的正向尝试，包括但不限于通过借鉴商业惯例、国际经验，或直接引用民法原则规则的做法，处理新型金融案件，其中公报案例“中青基业发展中心诉平原总公司期货交易纠纷案”“中国人寿保险公司成都分公司诉华隆公司等证券侵权纠纷案”等即为典型。

在这一阶段，人民法院基于审理经验梳理形成了系列裁判规则，最高人民法院相继发布《关于审理票据纠纷案件若干问题的规定》《关于审理期货纠纷案件若干问题的规定》《关于对与证券交易所监管职能相关的诉讼案件管辖与受理问题的规定》《关于审理信用证纠纷案件若干问题的规定》《关于审理海上保险纠纷案件若干问题的规定》等司法解释文件。

三、金融司法体系化发展阶段（2008 年至今）

2008 年次贷危机爆发，促使我国从主权性与主体性、全球性与本土性、专业性与融贯性等多个视角反思金融市场的系统治理。相应地，这一阶段的金融司法工作发展逐渐得到司法改革顶层设计的认可与支持，渐次呈现“自下而上”与“自上而下”相结合的发展特征，展现了制度变迁的强制性与诱致性。[①] 为确保国家应对国际金融危机冲击所采取的各项政策措施的落实，最高人民法院发布《关于为维护国家金融安全和经济全面协调可持续发展提供司法保障和法律服务的若干意见》，从保障金融债权、制裁金融违法违规行为、保障企业发展等 8 个方面提出司法指导意见，反映这一阶段金融审判工作应时调整的灵活性与功能性特征。

此外，专业化金融审判组织建设卓有成效属于这一阶段的鲜明特色。在顶层设计层面，最高人民法院于 2015 年发布《关于全面深化人民法院改革的意见——人民法院第四个五年改革纲要（2014—2018）》，指出建立中国特色社会主义审判权力运行体系应优化人民法院内部职权配置，特别是加强专业化合议庭建设；于 2019 年发布《关于深化人民法院司法体制综合配套改革的意见——人民法院第五个五年改革纲要（2019—2023）》，强调加强人民法庭建设与专业化审判机制建设。从组织保障专业化进程与实然化视角观察：2008 年，上海市浦东新区人民法院创设全国首家金融审判庭，此后上海市法院系统建成覆盖三级法院的专业性金融审判机构建设；2018 年 8 月，定位为中级人民法院的上海金融法院设立。2014 年北京市西城区人民法院设立金融街法庭，并于 2017 年升级为金融街人民法庭，成为北京首个集辖区内涉金融类民商事、刑事、行政、执行案件审理工作于一身的“大金融审判庭”；北京金融法院于 2021 年 3 月

① 参见王锐：《金融司法的发展——基于制度变迁的历史逻辑》，载《中国应用法学》2020 年第 3 期。

18 日正式挂牌。2019 年年底,四川省成都市中级人民法院金融审判庭获批;在此基础上,最高人民法院于 2021 年批复同意设立成都金融法庭,集中管辖金融案件;2022 年 2 月 28 日,全国人大常委会《关于设立成渝金融法院的决定》通过,成渝金融法院成为我国自党的十八大以来设立的首个跨省级区域管辖的专门人民法院。至此,我国专业化金融审判组织体系基本形成,为金融市场的稳定与健康发展提供了有力的司法保障。

2023 年 1 月,全国法院金融审判工作会议召开,总结了我国进入新时代 10 余年来的金融审判工作,具体归纳为人民法院金融审判工作实现新发展新进步,金融审判理念不断完善,金融审判体制机制改革持续深化,金融审判专业化水平稳步提高,中国特色现代金融审判体系基本形成。

第四节 金融守法的多重面向

金融守法,是指遵守金融法规和规章制度,遵循金融市场的秩序,确保金融业务活动的合法性,是守法主义在金融领域的具体体现。所谓守法主义,可视为一种伦理态度,它把是否遵循规则当作道德行为的标准,将道德关系视为由规则所确定的权利义务关系。① 金融守法是金融法制建设的基础工程和长期任务,其一方面因受制于金融立法、金融执法和金融司法的现状,而成为衡量三者建设实效的最重要标准;另一方面亦关联、引导着制定何法、如何执法、怎样裁判。可以说,金融守法在金融立法、金融执法和金融司法发展的全过程中与之同频共振,但与这三者的单一国家机关面向不同,金融守法具有多重主体面向,从金融机构、金融消费者守法走向金融监管者全面守法。

一、金融机构守法

我国对企业合规管理体系的重视,始于对金融机构的治理,合规经营已经成为金融机构治理的重要内容。金融机构守法必须遵守以下规范:一是金融法律法规。这些法律法规是金融行业内的法律框架,包括银行法、证券法、保险法、信托法、各类金融机构的管理条例等。二是金融监管政策文件,包括金融监管机构发布的金融政策、指导意见、规章制度等,如中国人民银行、银保监会、证监会等发布的文件。三是行业准则。行业自律是金融监管的重要补强,银行业协会、证券业协会、保险行业协会以及交易所

① 参见[美]朱迪丝·N. 施克莱:《守法主义:法、道德和政治审判》,彭亚楠译,中国政法大学出版社 2005 年版,第 1 页。

等组织所制定的行业自律规范以及对会员所实施的管理对金融机构具有一定约束力。四是金融机构内部制度和规定。各金融机构需要根据国家的法律法规制定自己的内部治理规章、业务操作规程、风险管理规定等,以确保金融活动的合规性和有效性。五是合同、协议。金融交易的达成需要签订合同、协议,各类金融产品和服务的合同、协议应当遵循相关法律法规和监管规定,如借贷合同、托管协议、资产管理合同等。六是金融行政和司法案例。对于金融行政处罚案例以及金融刑事、民事和行政诉讼案例,可以了解和学习,增强防范意识和合规意识。

在某种意义上,合规与守法可以通用且都有成本。守法成本广义地包括监管制度所及的所有金融机构为遵守有关监管制度安排而额外承担的各种成本,如上市公司为履行强制性信息披露义务所支付的会计审计、报表公布、新闻发布及相应的内部管理等费用,经纪商为执行财务责任管理制度所担负的成本等。就金融监管而言,守法成本的数额可能非常之大。据估计,在英国,为了满足 1986 年《金融服务法》的要求,金融机构至少多支出了 1 亿英镑;而美国亦有研究指出,超过 70% 的私募基金管理人履行美国私募基金登记义务耗时 100 ~ 500 小时/年,成本为 5 万 ~ 20 万元/年。[①] 毋庸置疑,如果金融守法的成本可控,金融监管的要求有效并提供正向的净利益激励,那么作为受监管的金融机构,便有必要也有动力在一定成本范围内构建一套有效的合规管理规范和组织体系,与时俱进地进行动态合规管理,以满足现代社会金融机构守法的基本要求。

二、金融消费者守法

金融消费者守法表现在遵守金融法律法规、诚信消费、合法使用金融产品和服务、合规签订合同、合法投资、依法维权、防范金融风险等方面。一是诚信消费。诚实守信是金融消费者重要的法律义务之一,消费者在申请金融产品及服务时,应如实提供个人信息、信用状况和财务状况等信息,不隐瞒、不造假,不套取授信额度,按时履行还款义务。二是合法使用金融产品和服务。消费者应在合法范围内使用金融产品和服务,不将其用于非法活动(如赌博、洗钱、非法集资等)。三是合规签订合同。在签订金融合同时,消费者应认真阅读合同条款,充分了解权利义务,确保合同合法合规,避免签订无效或损害自己权益的合同。四是合法投资。消费者在进行投资时,应选择合法、合规的投资渠道和产品,遵守国家相关法律法规及监管规定,不盲目追求高风险、高收

① See Wulf A. Kaal, *The Private Fund Industry Five Years after the Dodd-Frank Act-A Survey Study*, 35 Review of Banking & Financial Law 619, 650, 652(2016).

益的投资,避免参与违法违规金融活动。五是依法维权。消费者在金融消费过程中,应依法维护自身合法权益,应通过合法途径解决金融纠纷,如协商、调解、诉讼等,不参与非法集会、示威等破坏社会秩序的活动。六是防范金融风险。消费者需要增强自身风险防范意识,谨慎对待金融市场中的各类风险,主动学习金融知识,提高风险识别能力,做到理性消费,避免盲目跟风,防范投资陷阱。

金融消费者只有在真正接受金融法制时,才会产生对金融法制的认同并信服其权威,才能真正做到金融守法。当对于金融法制的接受逐步强化为一种信念时,它就将持续而长久地为人的行为提供指引和规范,金融消费者也能主动地将之融入自己的投资活动之中;这时的法律就不再只是一种规则,而是一种习惯、一种约定俗成的生活方式、一种金融市场参与者之间心照不宣的约束。在金融领域坚持以人民为中心就是坚持以金融消费者为中心。当前我国已开展了金融消费者权益保护的良好实践,未来可进一步参考域外经验,通过制定金融消费者保护法、成立金融消费者保护组织、建立健全金融纠纷解决机制和金融消费者教育体系等,实现以保护促守法。

三、金融监管者守法

芝加哥学派监管经济学认为,监管成本的存在,使产品成本增加、供给减少,进而使经济主体的产量减少,造成社会经济福利的损失。对于金融监管者而言,存在一个适度监管的问题:监管过松,可能引起金融风险甚至整个社会经济的动荡;监管过紧,会产生过高的守法成本,诱发道德风险和逆向选择等现象,从而损害市场本身的运作机制。更为重要的是,在监管者执法过程中,尤其要注重对金融机构和投资者权利的保护,做到主体适格、依据明确、程序合规,坚决抵制监管公权的滥用,因为一次不公的监管权行使比多次不平的举动的破坏性更大。展望未来,原来基于分业经营进行的分业监管已表现出诸多不适应性,故在综合跨业发展趋势下,必须重构有关法律,及时修改完善已经落后的监管法规,加强对现有金融监管不足的立法补充,特别是对于一些新兴领域要进一步建立和完善有关金融监管法律制度,让金融监管者有法可依。

金融监管者守法要先执法,金融机构和金融消费者的守法仰赖于金融监管者的执法。为此,一方面,金融监管者必须强化监管,及时有效识别和化解金融机构和金融消费者等主体的违法风险。另一方面,金融业务涉及银行法、保险法、证券法等诸多专业且内容繁多的法律法规,金融执法的过程本身就是一个重要的普法过程,因而金融监管者的守法行为不仅能保障金融法执行过程中的公正性,而且有利于树立金融法的权威性。

思考题

1. 立法的本质是一个利益衡量的过程，请简述金融立法中应当考虑哪些价值取向，这些价值之间是否存在冲突，又该如何平衡。

2. 各国金融监管模式各异，请结合我国金融监管体制改革历程，思考背后的变革原因。

3. 面对层出不穷的金融创新，金融司法应该保持谦抑性，还是积极发挥能动性？在此过程中，应当如何与金融立法和金融执法进行协同？

拓展阅读

1. 黄毅：《中国金融法治三十年》，法律出版社 2020 年版。

2. 许凌艳：《金融法基本理论研究》，上海财经大学出版社 2018 年版。

3. 黄韬：《“金融抑制”与中国金融法治的逻辑》，法律出版社 2012 年版。

4. 应勇、郭锋主编：《金融危机背景下的金融发展与法制》，北京大学出版社 2010 年版。

5. [荷]乔安妮・凯勒曼等编著：《21 世纪金融监管》，张晓朴译，中信出版集团股份有限公司 2016 年版。

6. John Armour et al., *Principles of Financial Regulation*, Oxford University Press, 2016.

7. 孙晓勇主编：《中国金融司法报告暨金融司法大数据报告 2021》，人民法院出版社 2022 年版。

8. 厦门金融司法协同中心编：《金融司法协同的理论研究与实践探索》，法律出版社 2021 年版。

9. 黄韬：《公共政策法院：中国金融法制变迁的司法维度》，法律出版社 2013 年版。

10. [美]丹尼尔・P. 凯斯勒主编：《监管与诉讼》，武立译，化学工业出版社 2018 年版。

11. 陈瑞华：《有效合规的中国经验》，北京大学出版社 2023 年版。

第二编

金融组织法

金融调控与监管主体

金融服务主体

第三章　金融调控与监管主体

学习目标

1. 低阶学习目标

(1)理解我国金融调控与监管主体的内涵

(2)理解我国金融调控与金融调控主体的外延

(3)理解我国金融监管与金融监管主体的外延

2. 高阶学习目标

(1)解释金融调控与监管职能的主要差异

(2)熟悉在金融领域实施宏观调控与微观规制的具体主体

(3)理解宏观审慎监管主体与微观审慎监管主体的主要异同

案例研讨

厦门华侨电子股份有限公司(以下简称厦华电子)股票原在上海证券交易所上市。因厦华电子连续2个会计年度扣除与主营业务无关的业务收入和不具备商业实质的收入后的营业收入为零,触及上海证券交易所《股票上市规则》规定的终止上市条件,上海证券交易所作出终止其上市决定。厦华电子遂诉诸法院,请求撤销上海证券交易所作出的终止其上市决定。

本案争点在于上海证券交易所依法履行职责时是否被赋予公法上的权力,以及终止上市决定是否属于可诉的行政行为。法院经审理后认为,证券交易所的自律监管措施是否属于行政诉讼的审查范围,应结合其性质与对当事人权益之作用效果分别予以判断。证券交易所在实施监管行为时,可以作为公法上的法律主体履行相应职责并承担相应责任。因此,证券交易所根据法律授权并经证监会批准,依照自律监管规则作出终止上市决定等监管行为,对当事人权益产生实质影响,属于行政诉讼受案范围。

请研讨:

1. 如何理解自律监管主体被赋予公权力的制度机理与行权边界?

2. 金融调控行为是否具有行政可诉性?

3. 司法机关在行政诉讼中对金融监管行为的审查要点包括哪些?

第一节 金融调控主体

一、中央金融委员会

(一)中央金融委员会的地位

2023年3月,中共中央、国务院印发《党和国家机构改革方案》,决定组建中央金融委员会,设立中央金融委员会办公室作为其办事机构,列入党中央机构序列。作为党中央决策议事协调机构,中央金融委员会的设立旨在加强党中央对金融工作的集中统一领导,其在机构定位与职责定位上均高于"一行一局一会",将发挥统筹金融稳定与发展的金融业总管作用,属于我国最重要的金融调控主体。

(二)中央金融委员会的主要调控职责

在金融调控方面,中央金融委员会负责金融稳定与发展的顶层设计、统筹协调、整体推进、督促落实,研究审议金融领域重大政策、重大问题等。中央金融委员会办公室具体负责推动落实党中央、国务院关于金融工作的决策部署与金稳委各项工作安排,组织起草金融业改革发展重大规划,提出系统性金融风险防范处置与维护金融稳定重大政策建议等。

二、中国人民银行

(一)中国人民银行的地位

1948年12月,中国人民银行在河北省石家庄市宣布成立。1949年9月,中国人民政治协商会议通过《中华人民共和国中央人民政府组织法》,把中国人民银行纳入政务院的直属单位系列,接受财政经济委员会指导,与财政部保持密切联系,赋予其国家银行职能,承担发行国家货币、经理国家金库、管理国家金融、稳定金融市场、支持经济恢复与国家重建的任务。在计划经济体制时期,中国人民银行作为国家金融管理与货币发行的机构,既是管理金融的国家机关,亦属全面经营银行业务的国家银行。自1984年1月起,中国人民银行开始专门行使中央银行的职能,集中力量研究与实施全国金融的宏观决策,加强信贷总量的控制与金融机构的资金调节,以保持货币稳定;设立中国人民银行理事会,作为协调决策机构;建立存款准备金制度与中央银行对专业银行的贷款制度,初步确定中央银行制度的基本框架。1993年,按照国务院《关于金融体制改革的决定》的规定,中国人民银行进一步强化金融调控、金融监管与金融服务职责,划转政策性业务与商业银行业务。1995 年 3 月,八届全国人大三次会议通过《中国人民银行法》,首次以国家立法形式确立了中国人民银行作为中央银行的地位,标志着中央银行体制走向法制化、规范化的轨道,是中央银行制度建设的重要里程碑。①

(二)中国人民银行的主要调控职责

根据我国《中国人民银行法》的规定,中国人民银行是我国的中央银行,应当在国务院领导下,制定与执行货币政策,防范与化解金融风险,维护金融稳定;依法独立执行货币政策,履行职责,开展业务,不受地方政府、各级政府部门、社会团体与个人的干涉。在金融调控方面,中国人民银行的主要职责包括:拟订金融业改革、开放与发展规划,承担综合研究并协调解决金融运行中的重大问题、促进金融业协调健康发展的责任;牵头国家金融安全工作协调机制,维护国家金融安全;牵头建立宏观审慎管理框架,拟订金融业重大法律法规及其他有关法律法规草案,制定审慎监管基本制度,建立健全金融消费者保护基本制度;制定与执行货币政策、信贷政策,完善货币政策调控体系,负责宏观审慎管理。②

三、国家外汇管理局

(一)国家外汇管理局的地位

1979 年 3 月,国务院批准设立国家外汇管理总局并赋予其管理全国外汇的职能。1983 年 9 月,国务院批准中国人民银行专门行使中央银行职能,统一管理国家外汇,国家外汇管理局在中国人民银行领导下行使外汇管理职能。1988 年 6 月,国务院决定国家外汇管理局成为国务院直属的局级机构,由中国人民银行代管。1989 年 12 月,经国务院办公会议讨论通过、全国人大常委会批准,国家外汇管理局升格为副部级,仍由中国人民银行归口管理。③

(二)国家外汇管理局的主要调控职责

根据我国《外汇管理条例》的规定,国务院外汇管理部门依法持有、管理、经营国家外汇储备,遵循安全、流动、增值的原则;国际收支出现或可能出现严重失衡,以及国民

---

① 参见《中国人民银行历史沿革》,载中国人民银行官网,http://www.pbc.gov.cn/rmyh/105226/105433/index.html,最后访问时间:2023 年 8 月 30 日。

② 参见《中国人民银行职能》,载中国人民银行官网,http://www.pbc.gov.cn/rmyh/105226/105436/index.html,最后访问时间:2023 年 8 月 30 日。

③ 李德:《中国共产党领导下的金融改革开放 40 年(上)破冰启航——中国金融业改革开放迈出历史性步伐(1978~2000)》,载《中国金融家》2021 年第 7 期。

经济出现或可能出现严重危机时，对国际收支采取必要的保障、控制等措施。在金融调控方面，国家外汇管理局的主要职责包括：研究提出外汇管理体制改革与防范国际收支风险、促进国际收支平衡的政策建议；研究逐步推进人民币资本项目可兑换、培育与发展外汇市场的政策措施，向中国人民银行提供制定人民币汇率政策的建议与依据；负责国际收支、对外债权债务的统计与监测，按照规定发布相关信息，承担跨境资金流动监测的有关工作。①

四、国家发展和改革委员会

（一）国家发展和改革委员会的地位

国家发展和改革委员会的前身，可追溯至成立于1952年的国家计划委员会。2003年3月，十届全国人大一次会议通过国务院机构改革方案，决定将国家发展计划委员会改组为国家发展和改革委员会，不再保留国家经济贸易委员会、对外贸易经济合作部。国家发展和改革委员会是国务院组成部门，为正部级。

（二）国家发展和改革委员会的主要调控职责

在金融调控方面，国家发展和改革委员会的主要职责包括：拟订并组织实施国民经济与社会发展战略、中长期规划与年度计划；提出加快建设现代化经济体系、推动高质量发展的总体目标、重大任务以及相关政策；统筹提出国民经济与社会发展主要目标，监测预测预警宏观经济与社会发展态势趋势，提出宏观调控政策建议；指导推进与综合协调经济体制改革有关工作，提出相关改革建议；提出利用外资与境外投资的战略、规划、总量平衡与结构优化政策；负责投资综合管理，拟订全社会固定资产投资总规模、结构调控目标与政策。②

五、财政部

（一）财政部的地位

财政部前身为1949年10月成立的中央人民政府财政部。财政部是国务院组成部门，为正部级，是中央金融企业国有资产的管理人。

（二）财政部的主要调控职责

在金融调控方面，财政部的主要职责包括：组织制定国库管理制度、国库集中收付制度，指导与监督中央国库业务，开展国库现金管理工作；拟订与执行政府国内债务管

---

① 参见《基本职能》，载国家外汇管理局官网，https://www.safe.gov.cn/safe/jbzn/index.html，最后访问时间：2021年9月30日。

② 参见《职能配置与内设机构》，载中华人民共和国国家发展和改革委员会官网，https://www.ndrc.gov.cn/fzggw/bnpz/，最后访问时间：2023年8月30日。

理制度与政策;统一管理政府外债,制定基本管理制度;根据国务院授权,集中统一履行中央国有金融资本出资人职责;制定全国统一的国有金融资本管理规章制度;负责财政预算内行政事业单位与社会团体的非贸易外汇与财政预算内的国际收支管理。①

第二节 他律监管主体

一、中央金融委员会与中国人民银行②

(一)中央金融委员会的主要监管职责

在金融监管方面,中央金融委员会统筹金融改革发展与监管,协调货币政策与金融监管相关事项,统筹协调金融监管重大事项,指导地方金融改革发展与监管,对金融管理部门与地方政府进行业务监督与履职问责。中央金融委员会办公室负责协调建立中央与地方金融监管、风险处置、消费者保护、信息共享等协作机制,指导地方金融改革发展与监管具体工作,拟订金融管理部门与地方金融监管问责办法并督导问责工作。

(二)中国人民银行的主要监管职责

根据我国《中国人民银行法》的规定,中国人民银行具有一定的金融监管职能,主要包括:第一,依法监测金融市场的运行情况,对金融市场实施宏观调控,促进其协调发展;第二,有权对金融机构以及其他单位、个人执行有关存款准备金管理、人民币管理、银行间同业拆借市场管理、银行间债券市场管理、外汇管理、黄金管理、清算管理、反洗钱的规定的行为,与中国人民银行特种贷款有关的行为,以及代理中国人民银行经理国库的行为进行检查监督;第三,根据执行货币政策与维护金融稳定的需要,可以建议银行业监管部门对银行业金融机构进行检查监督;第四,当银行业金融机构出现支付困难,可能引发金融风险时,为维护金融稳定,有权经国务院批准对金融机构进行检查监督。

二、国家金融监督管理总局

(一)国家金融监督管理总局的地位

1998 年,保监会依法正式成立,其设立是为实现宏观金融调控与微观审慎监管的

---

① 参见《中华人民共和国财政部主要职能》,载中华人民共和国财政部官网,http://www.mof.gov.cn/znjg/bbzn/,最后访问时间:2023 年 8 月 30 日。

② 两者同时是调控与他律监管主体。

分离,并统一监督管理全国保险市场,维护保险业合法、稳健地运行。2003 年,银监会依法正式成立,并确立了"管法人、管风险、管内控、提高透明度"的监管理念,其主要职责在于对全国银行业金融机构及其业务活动进行监管,保证银行业金融机构遵循审慎经营规则,维护银行业合法、稳健地运行。2018 年 3 月,十三届全国人大一次会议表决通过国务院机构改革方案,将银监会与保监会的职责整合,组建银保监会。2023 年 3 月,十四届全国人大一次会议表决通过国务院机构改革方案,在银保监会基础上组建国家金融监督管理总局,统一负责除证券业之外的金融业监管,以强化机构监管、行为监管、功能监管、穿透式监管、持续监管,并作为国务院直属机构。

(二)国家金融监督管理总局的主要监管职责

在金融监管方面,国家金融监督管理总局承继银保监会的主要监管职责,根据 2018 年 8 月公布的《中国银行保险监督管理委员会职能配置、内设机构和人员编制规定》第 3 条的规定,主要包括:依法依规对全国银行业与保险业实行统一监督管理,维护银行业与保险业合法、稳健运行,对派出机构实行垂直领导;依据审慎监管与金融消费者保护基本制度,制定银行业与保险业审慎监管与行为监管规则,制定小额贷款公司、融资性担保公司、典当行、融资租赁公司、商业保理公司、地方资产管理公司等其他类型机构的经营规则与监管规则,制定网络借贷信息中介机构业务活动的监管制度;依法依规对银行业与保险业机构及其业务范围实行准入管理,审查高级管理人员任职资格,制定银行业与保险业从业人员行为管理规范;对银行业与保险业机构的公司治理、风险管理、内部控制、资本充足状况、偿付能力、经营行为与信息披露等实施监管;对银行业与保险业机构实行现场检查与非现场监管,开展风险与合规评估,保护金融消费者合法权益,依法查处违法违规行为。此外,国家金融监督管理总局的监管职责还包括对金融控股公司等金融集团的日常监管等。

三、中国证券监督管理委员会

(一)中国证券监督管理委员会的地位

1992 年 10 月,国务院证券委员会与证监会宣告成立,标志着我国证券市场统一监管体制开始形成。国务院证券委员会是国家对证券市场进行统一宏观管理的主管部门,证监会是国务院证券委员会的监管执行机构,依照法律法规对证券市场进行监管。1998 年 3 月,根据国务院机构改革方案,决定将国务院证券委员会与中国证券监督管理委员会合并组成证监会。改革后证监会职能明显加强,集中统一的全国证券监管体制基本形成。证监会属于正部级单位,依照法律、法规与国务院授权统一监督管理全国证券期货市场,维护证券期货市场秩序,保障其合法运行。

（二）中国证券监督管理委员会的主要监管职责

在金融监管方面，中国证券监督管理委员会的主要职责包括：垂直领导全国证券期货监管机构，对证券期货市场实行集中统一监管；监管股票、可转换债券、证券公司债券与国务院确定由其负责的债券及其他证券的发行、上市、交易、托管与结算，监管证券投资基金活动、上市国债与企业债券的交易活动；监管上市公司及其按照法律法规应履行有关义务的股东的证券市场行为；归口管理证券业、期货业协会；监管境内企业直接或间接到境外发行股票、上市以及在境外上市的公司到境外发行可转换债券，监管境内证券、期货经营机构到境外设立证券、期货机构；监管境外机构到境内设立证券、期货机构、从事证券、期货业务；监管证券期货信息传播活动，负责证券期货市场的统计与信息资源管理；依法对证券期货违法违规行为进行调查、处罚。①

第三节　自律监管主体

一、我国主要金融行业协会

（一）中国银行业协会

中国银行业协会成立于2000年5月，是全国性银行业自律组织，属于非营利性社会团体法人。中国银行业协会受国家金融监督管理总局与民政部的业务指导与监管。中国银行业协会的会员单位包括开发性金融机构、政策性银行、国有大型商业银行、股份制商业银行、金融资产管理公司、城市商业银行、民营银行、农村商业银行、农村信用社、外资银行、台资银行、地方银行协会（公会）、金融租赁公司、汽车金融公司、消费金融公司、货币经纪公司、理财公司、其他类会员等。根据工作需要，中国银行业协会设立了30个专业（工作）委员会，包括银团贷款与交易专业委员会、外资银行工作委员会、托管业务专业委员会、金融租赁专业委员会、消费者权益保护工作委员会、中间业务专业委员会、贸易金融专业委员会等。中国银行业协会以促进会员单位实现共同利益为宗旨，履行自律、维权、协调、服务职能，维护银行业合法权益，维护银行业市场秩序，提高银行业从业人员素质，提高为会员服务的水平，促进银行业的健康发展。②

---

① 参见《证监会介绍》，载中国证券监督管理委员会官网，http://www.csrc.gov.cn/csrc/c100002/common_zcnr.shtml，最后访问时间：2023年8月30日。

② 参见《中国银行业协会简介》，载中国银行业协会官网，https://www.china-cba.net/Index/lists/catid/8.html，最后访问时间：2023年8月30日。

（二）中国信托业协会

中国信托业协会成立于2005年5月，是全国性信托业自律组织，属于非营利性社会团体法人。中国信托业协会受国家金融监督管理总局与民政部的业务指导与监管。中国信托业协会以促进会员单位实现共同利益为宗旨，遵守宪法、法律、法规与国家政策，依据《信托法》《银行业监督管理法》等法律法规，认真履行自律、维权、协调、服务职能，发挥相关管理部门与信托业间的桥梁与纽带作用，维护信托业合法权益，维护信托业市场秩序，提高信托业从业人员素质，提高为会员服务的水平，促进信托业的健康发展。①

（三）中国保险行业协会

中国保险行业协会成立于2001年2月，是全国性保险业自律组织，属于非营利性社会团体法人。中国保险行业协会受国家金融监督管理总局与民政部的业务指导与监管。根据我国《保险法》第180条第1款的规定，保险公司应当加入保险行业协会，保险代理人、保险经纪人、保险公估机构可以加入保险行业协会。根据工作需要，中国保险行业协会设立了24个专业委员会，包括人身保险专业委员会、养老保险专业委员会、健康保险专业委员会、保险中介专业委员会、保险科技专业委员会、反保险欺诈专业委员会、消费者权益保护专业委员会、公司治理与内审专业委员会等。中国保险行业协会的宗旨是：深入贯彻毛泽东思想、邓小平理论、“三个代表”重要思想、科学发展观、习近平新时代中国特色社会主义思想，依据《保险法》的规定，督促会员自律，维护行业利益，促进行业发展，为会员提供服务，促进市场公开、公平、公正，全面提高保险业服务社会主义经济社会的能力。②

（四）中国证券业协会

中国证券业协会成立于1991年8月，是全国性证券业自律组织，属于非营利性社会团体法人。中国证券业协会受证监会与民政部的业务指导与监管，在证监会的监督指导下履行“自律、服务、传导”三大职能，在推进行业自律管理、反映行业意见建议、改善行业发展环境等方面开展工作。中国证券业协会的宗旨是：在国家对证券业实行集中统一监管的前提下，进行证券业自律管理；发挥政府与证券行业间的桥梁和纽带作用；为会员服务，维护会员的合法权益；维持证券业的正当竞争秩序，促进证券市场的

---

① 参见《协会简介》，载中国信托业协会官网，http://www.xtxh.net/xtxh/aboutus/index.htm，最后访问时间：2023年8月30日。

② 参见《中国保险行业协会简介》，载中国保险行业协会官网，http://www.iachina.cn/col/col12/index.html，最后访问时间：2023年8月30日。

公开、公平、公正，推动证券市场的健康稳定发展。①

（五）中国期货业协会

中国期货业协会成立于2000年12月，是全国性期货业自律性组织，属于非营利性社会团体法人。中国期货业协会受证监会与民政部的业务指导与监管。中国期货业协会设立专业委员会、专项基金管理委员会，按照理事会的授权开展工作。中国期货业协会的宗旨是：在国家对期货业实行集中统一监管的前提下，进行期货业自律管理；发挥政府与期货业间的桥梁和纽带作用，为会员服务，维护会员的合法权益；坚持期货市场的公开、公平、公正，维护期货业的正当竞争秩序，保护交易者的合法权益，推动期货市场的规范发展。②

（六）中国证券投资基金业协会

中国证券投资基金业协会成立于2012年6月，是全国性证券投资基金行业自律组织，属于非营利性社会团体法人。中国证券投资基金业协会受证监会与民政部的业务指导与监管。根据《证券投资基金法》第108条第2款的规定，基金管理人、基金托管人应当加入基金行业协会，基金服务机构可以加入基金行业协会。中国证券投资基金业协会的主要职责包括：教育与组织会员遵守有关证券投资的法律、行政法规，维护投资人合法权益；依法维护会员的合法权益，反映会员的建议与要求；制定并实施行业自律规则，监督、检查会员及其从业人员的执业行为，对违反自律规则与协会章程的，按照规定给予纪律处分；制定行业执业标准与业务规范；依法办理非公开募集基金的登记、备案；等等。③

二、我国主要金融产品交易场所

（一）中国银行间市场交易商协会

中国银行间市场交易商协会（National Association of Financial Market Institutional Investors，NAFMII）成立于2007年9月，属于非营利性社会团体法人，业务主管部门为中国人民银行。中国银行间市场交易商协会是由市场参与者自愿组成的，包括银行间债券市场、同业拆借市场、外汇市场、票据市场、黄金市场和衍生品市场在内的银行间

---

① 参见《中国证券业协会简介》，载中国证券业协会官网，https://www.sac.net.cn/ljxh/xhjj/，最后访问时间：2023年8月30日。

② 参见《协会简介》，载中国期货业协会官网，http://www.cfachina.org/aboutassociation/associationintroduction/associationintroduction/，最后访问时间：2023年8月30日。

③ 参见《协会简介》，载中国证券投资基金业协会官网，https://www.amac.org.cn/aboutassociation/associationintroduction/briefintroduction/，最后访问时间：2023年8月30日。

市场的自律组织。中国银行间市场交易商协会会员包括单位会员与个人会员,银行间债券市场、拆借市场、外汇市场、票据市场、黄金市场和衍生品市场的参与者、中介机构及相关领域的从业人员与专家学者均可自愿申请成为协会会员。中国银行间市场交易商协会单位会员涵盖政策性银行、商业银行、信用社、保险公司、证券公司、信托公司、投资基金、财务公司、信用评级公司、大中型工商企业等各类金融机构与非金融机构。① 中国银行间市场交易商协会除作为自律组织管理银行间市场外,还负责非金融企业债务融资工具的准入监管等,因此亦属于金融基础设施。

(二)上海票据交易所

上海票据交易所股份有限公司(以下简称上海票据交易所)是按照国务院决策部署,由中国人民银行批准设立的全国统一的票据交易平台,于2016年12月开业运营。上海票据交易所是我国金融市场的重要基础设施,具备票据报价交易、登记托管、清算结算、信息服务等功能,承担中央银行货币政策再贴现操作等政策职能,是我国票据领域的登记托管中心、业务交易中心、创新发展中心、风险防控中心、数据分析中心、信息服务中心。上海票据交易所的建设与发展,将大幅度提高票据市场的安全性、透明度与交易效率,激发票据市场活力,更好地防范票据业务风险;有利于进一步完善中央银行宏观调控,优化货币政策传导,增强金融服务实体经济的能力。②

(三)证券交易所与全国中小企业股份转让系统

上海证券交易所于1990年12月开业,受证监会监管,是为证券集中交易提供场所与设施、组织与监督证券交易、实行自律管理的会员制法人,主要职能包括:提供证券集中交易的场所、设施与服务;制定与修改业务规则;按照国务院及证监会的规定,审核证券公开发行上市申请;审核、安排证券上市交易,决定证券终止上市与重新上市等;提供非公开发行证券转让服务;组织与监督证券交易;组织实施交易品种与交易方式创新;对会员进行监管;设立或者参与设立证券登记结算机构;管理与公布市场信息;开展投资者教育与保护;等等。③

深圳证券交易所于1990年12月开业,亦属于受证监会监管的会员制法人。深圳证券交易所在职能类型上与上海证券交易所基本相同,主要包括提供证券集中交易的

① 参见《中国银行间市场交易商协会介绍》,载中国银行间市场交易商协会官网,https://www.nafmii.org.cn/ljxh/xhjs/,最后访问时间:2023年8月30日。

② 参见《票交所介绍》,载上海票据交易所官网,http://www.shcpe.com.cn/content/shcpe/about/introduction.html,最后访问时间:2023年8月30日。

③ 参见《本所简介》,载上海证券交易所官网,http://www.sse.com.cn/aboutus/sseintroduction/introduction/,最后访问时间:2023年8月30日。

场所、设施与服务，依法审核证券发行上市申请，组织与监督证券交易，对会员、上市公司及其他信息披露义务人进行监管，开展投资者教育与保护等。[①] 在股票板块的管理上，深圳证券交易所与其他证券交易所各有分工。

北京证券交易所于 2021 年 9 月注册成立，是经国务院批准设立的我国第一家公司制证券交易所，发起人为全国中小企业股份转让系统有限责任公司（以下简称全国股转公司），受证监会监管，经营范围包括依法为证券集中交易提供场所与设施、组织与监督证券交易以及证券市场管理服务等。[②]

全国中小企业股份转让系统（以下简称新三板）是经国务院批准，依据《证券法》设立的继上海证券交易所、深圳证券交易所之后的第三家全国性证券交易场所。全国股转公司为其运营机构，为新三板市场提供场所与设施，组织新三板市场的具体运营，监督与管理新三板市场，于 2013 年 1 月开业，隶属于证监会，由其直接管理。全国股转公司的主要职能包括：建立、维护与完善股票交易相关技术系统与设施；制定与修改新三板业务规则；接受并审查股票挂牌及其他相关业务申请，安排符合条件的公司股票挂牌；组织、监督股票交易及相关活动；对主办券商等新三板参与人进行监管；对挂牌公司及其他信息披露义务人进行监管；管理并公布新三板相关信息。2013 年 12 月，国务院发布《关于全国中小企业股份转让系统有关问题的决定》，明确了新三板的市场性质为全国性公开证券市场，市场定位为主要为创新型、创业型、成长型的中小微企业发展服务，符合条件的股份公司均可以通过主办券商申请挂牌，公开转让股份，进行股权融资、债权融资、资产重组等。2019 年 10 月，证监会启动全面深化新三板改革，重点推出向不特定合格投资者公开发行并设立精选层等改革举措。2019 年《证券法》进一步明确新三板作为“国务院批准的其他全国性证券交易场所”的法律地位。2020 年 7 月，新三板精选层正式设立并开市交易。[③]

（四）期货交易所

郑州商品交易所成立于 1990 年 10 月，是我国第一家期货交易所，交易的品种有普通小麦、优质强筋小麦、精对苯二甲酸、白糖、菜籽油、早籼稻、玻璃、油菜籽、菜籽粕、甲醇等。

---

① 参见《本所简介》，载深圳证券交易所官网，http://www.szse.cn/aboutus/sse/introduction/index.html，最后访问时间：2023 年 8 月 30 日。

② 参见《本所简介》，载北京证券交易所官网，https://www.bse.cn/company/introduce.html，最后访问时间：2023 年 8 月 30 日。

③ 参见《公司简介》，载全国中小企业股份转让系统官网，http://www.neeq.com.cn/company/introduce.html，最后访问时间：2023 年 8 月 30 日。

上海期货交易所成立于1990年11月，交易的品种有铜、铝、锌、铅、黄金、白银、螺纹钢、线材、燃料油、天然橡胶等。

大连商品交易所成立于1993年2月，交易的品种有玉米、黄大豆1号、黄大豆2号、豆粕、豆油、棕榈油、胶合板、纤维板、鸡蛋、聚氯乙烯、聚丙烯、焦炭、焦煤、铁矿石等。

中国金融期货交易所成立于2006年9月，交易的品种有股指期货、国债期货等。

上海国际能源交易中心股份有限公司于2013年11月注册，是经证监会批准，由上海期货交易所发起设立的、面向期货市场参与者的国际交易场所，经营范围包括组织安排原油、天然气、石化产品等能源类衍生品上市交易、结算与交割等。

广州期货交易所成立于2021年4月，主要立足于服务实体经济、服务绿色发展，助力粤港澳大湾区建设与共建“一带一路”倡议。

（五）保险交易所

上海保险交易所于2015年11月获国务院批准同意设立，于2016年6月开业，由国家金融监督管理总局直接监管，是按照《中华人民共和国公司法》（以下简称《公司法》）组建的股份有限公司。具有“辅助监管、规范市场”的职责定位，为保险、再保险、保险资管等各类保险活动提供系统、规则和标准等基础性公共服务，推进保险供需互联互通、促进全产业链降本增效、全生态圈共创共赢，打造全球领先的保险交易市场。① 上海保险交易所的经营范围为：为保险、再保险、保险资产管理及相关产品的交易提供场所、设施与服务，制定并实施相关业务规则，协助委托人选择保险经纪公司、保险公司、再保险公司等保险机构及办理相关手续，代理销售保险及相关产品并代理收取费用，提供保险、再保险、保险资产管理的支付、结算，提供信息安全咨询、信息技术外包服务，提供与保险、再保险市场相关的研究咨询、教育培训及数据信息服务，开展与公司业务相关的投资，法律法规允许的其他业务。②

思考题

1. 如何理解与证成金融调控与金融监管在制度机理层面的可协同性？
2. 金融调控与金融监管主体在行使调控与监管权力时分别承担哪些法律责任？

---

① 参见《公司简介》，载上海保险交易所官网，https://www.shie.com.cn/html/shie/gywm/ggjj/index.html，最后访问时间：2023年8月21日。

② 同上。

3. 自律监管主体通过软法约束市场主体的维度包括哪些？

拓展阅读

1. 周昌发：《金融调控法律制度论》，法律出版社 2013 年版。

2. 阙方平、陶雄华编著：《中国金融生态制度变迁研究——金融运行中的矛盾与调和》，中国金融出版社 2014 年版。

3. 朱崇实、刘志云等：《混业经营趋势下的中国金融监管法：挑战与革新》，厦门大学出版社 2013 年版。

4. 许凌艳：《金融监管法制比较研究：全球金融法制变革与中国的选择》，法律出版社 2016 年版。

第四章　金融服务主体

学习目标

1. 低阶学习目标

(1) 了解我国金融服务主体的内涵

(2) 了解我国开发性、政策性金融机构的外延

(3) 了解我国市场化金融机构的外延

2. 高阶学习目标

(1) 了解金融投资商品与金融服务之间的联系

(2) 熟悉金融服务主体的市场准入与退出条件

(3) 阐述金融服务主体的主要监管方式

案例研讨

2022 年 8 月 23 日，北京市第三中级人民法院一审公开开庭审理了国家开发银行原副行长何某祥受贿、违规出具金融票证、违法发放贷款、隐瞒境外存款案。

何某祥在金融行业工作 39 年，曾任中国银行吉林、海南、山东 3 个省份的分行领导，后任职中国农业发展银行党委委员、副行长近 6 年，2020 年 4 月转任国家开发银行党委委员，后任副行长。在国家开发银行工作 1 年半，2021 年 9 月 9 日在任上落马，接受审查调查。

北京市人民检察院第三分院指控被告人何某祥的行为构成受贿罪、违规出具金融票证罪、违法发放贷款罪、隐瞒境外存款罪。

何某祥被指控犯有受贿罪，犯罪事实如下：2006 年至 2021 年，被告人何某祥利用担任中国银行海南省分行行长、中国银行山东省分行行长、中国农业发展银行副行长、国家开发银行副行长等职务便利，或者利用职权、地位形成的便利条件，通过其他国家工作人员职务上的行为，为有关单位和个人在贷款审批、人事安排等方面提供帮助，直接或通过其亲属非法收受他人财物折合人民币 6636 万余元。

何某祥被指控犯有违规出具金融票证罪、违法发放贷款罪，犯罪事实如下：2012 年

至2014年，何某祥在担任中国银行山东省分行行长期间，违反规定，为有关企业出具信用证、保函63.49亿余元人民币、1.04亿余元美元；违反国家规定，向有关公司发放贷款18.23亿余元人民币。

何某祥被指控犯有隐瞒境外存款罪，犯罪事实如下：2010年至2021年，何某祥明知国家工作人员在境外的存款应当依照国家规定申报，实际控制其亲属账户共计折合人民币3369万余元而隐瞒不报。

庭审中，检察机关出示了相关证据，被告人何某祥及其辩护人进行了质证，控辩双方在法庭的主持下充分发表了意见，何某祥进行了最后陈述并当庭表示认罪、悔罪。人大代表与各界群众20余人旁听了庭审。

在庭审结束之后，法庭宣布休庭，择期宣判。

请研讨：

1. 政策性银行和政府、中央银行、商业银行的关系如何？
2. 政策性银行的特殊职能有哪些？我国创建政策性银行有何意义？
3. 以本案为基础，分析我国政策性银行在运营中存在何种制度漏洞和操作风险。
4. 以本案为基础，分析我国政策性银行制度应当如何完善。

第一节　开发性、政策性金融机构

一、国家开发银行

（一）国家开发银行的地位

国家开发银行成立于1994年，是国家出资设立、直属中国国务院领导、支持中国经济重点领域和薄弱环节发展、具有独立法人地位的政策性金融机构，是我国唯一具有正部级级别的政策性金融机构。2008年12月，国家开发银行改制为国家开发银行股份有限公司。2015年3月，国务院明确国家开发银行定位为开发性金融机构。2017年4月，“国家开发银行股份有限公司”名称变更为“国家开发银行”，组织形式由股份有限公司变更为有限责任公司。国家开发银行目前是全球最大的开发性金融机构，我国最大的对外投融资合作银行、中长期信贷银行与债券银行。①

（二）国家开发银行的主要职能

2015 年 3 月，国务院发布《关于同意国家开发银行深化改革方案的批复》对国家开发银行进行深化改革，明确了国家开发银行的开发性金融机构的功能定位。国家开发银行深化改革的目标，即围绕服务国家经济重大中长期发展战略，建立市场化运行、约束机制，建设成为资本充足、治理规范、内控严密、运营安全、服务优质、资产优良的开发性金融机构，进一步发挥开发性金融在重点领域、薄弱环节、关键时期的功能与作用，促进国民经济持续健康发展。

国家开发银行主要通过开展中长期信贷与投资等金融服务，履行“增强国力，改善民生”的使命，②具体体现为：（1）贯彻国家宏观经济政策，筹集和引导社会资金，突破经济社会发展的制约；（2）致力以融资推动市场建设和规划，支持国家基础设施、基础产业、支柱产业以及高新技术等领域的发展和国家重点项目建设；（3）支持国家“走出去”战略与“一带一路”倡议，积极拓展国际合作业务；（4）支持城镇化、中小企业、“三农”教育、医疗卫生以及环境保护等领域的发展。③

二、中国进出口银行

（一）中国进出口银行的地位

中国进出口银行是由国家出资设立、直属国务院领导、支持我国对外经济贸易投资发展与国际经济合作、具有独立法人地位的国有政策性银行。建立政策性银行的目的是实现政策性金融与商业性金融分离，以解决国有专业银行身兼两任的问题，切断政策性贷款与基础货币的直接联系，确保中国人民银行调控基础货币的主动权。中国进出口银行依托国家信用支持，积极发挥在稳增长、调结构、支持外贸发展、实施“走出去”战略等方面的重要作用，加大对重点领域与薄弱环节的支持力度，促进经济社会持续健康发展。中国进出口银行的经营宗旨是：紧紧围绕服务国家战略，建设定位明确、业务清晰、功能突出、资本充足、治理规范、内控严密、运营安全、服务良好、具备可持续发展能力的政策性银行。中国进出口银行支持外经贸发展与跨境投资、“一带一路”建设、国际产能与装备制造合作，科技、文化以及中小企业“走出去”与开放型经济建设等

① 参见《开行简介》，载国家开发银行官网，http://www.cdb.com.cn/gykh/khjj/，最后访问时间：2023 年 8 月 21 日。

② 同上。

③ 参见朱崇实、刘志云主编：《金融法》，法律出版社 2022 年版，第 155 页。

领域。①

（二）中国进出口银行的主要职能

中国进出口银行的主要职能包括：（1）经批准办理配合国家对外贸易与“走出去”领域的短期、中期与长期贷款，含出口信贷、进口信贷、对外承包工程贷款、境外投资贷款、我国政府援外优惠贷款与优惠出口买方信贷等；（2）办理国务院指定的特种贷款；（3）办理外国政府与国际金融机构转贷款（转赠款）业务中的三类项目及人民币配套贷款；（4）吸收授信客户项下存款；（5）发行金融债券；（6）办理国内外结算与结售汇业务；（7）办理保函、信用证、福费廷等其他方式的贸易融资业务；（8）办理与对外贸易相关的委托贷款业务；（9）办理与对外贸易相关的担保业务；（10）办理经批准的外汇业务；（11）买卖、代理买卖与承销债券；（12）从事同业拆借、存放业务；（13）办理与金融业务相关的资信调查、咨询、评估、见证业务；（14）办理票据承兑与贴现；（15）代理收付款项及代理保险业务；（16）买卖、代理买卖金融衍生产品；（17）资产证券化业务；（18）企业财务顾问服务；（19）组织或参加银团贷款；（20）海外分支机构在进出口银行授权范围内经营当地法律许可的银行业务；（21）按程序经批准后以子公司形式开展股权投资及租赁业务；（22）经国务院银行业监督管理机构批准的其他业务。②

三、中国农业发展银行

（一）中国农业发展银行的地位

中国农业发展银行是国家出资设立、直属国务院领导、支持农业农村持续健康发展、具有独立法人地位的国有政策性银行。中国农业发展银行以国家信用为基础，以市场为依托，筹集支农资金，支持“三农”事业发展，在农村金融体系中发挥主体和骨干作用。中国农业发展银行的经营宗旨是：紧紧围绕服务国家战略，建设定位明确、功能突出、业务清晰、资本充足、治理规范、内控严密、运营安全、服务良好、具备可持续发展能力的农业政策性银行。③

（二）中国农业发展银行的主要职能

中国农业发展银行的主要职能包括：（1）办理粮食、棉花、油料、食糖、猪肉、化肥等重要农产品收购、储备、调控与调销贷款，办理农业农村基础设施与水利建设、流通体

---

① 参见《章程（摘要）》，载中国进出口银行官网，http://www.eximbank.gov.cn/aboutExim/profile/zczy/201902/t20190225_8813.html，最后访问时间：2023年8月21日。

② 同上。

③ 参见《机构简介》，载中国农业发展银行官网，http://www.adbc.com.cn/n4/index.html，最后访问时间：2023年8月21日。

系建设贷款,办理农业综合开发、生产资料与农业科技贷款,办理棚户区改造与农民集中住房建设贷款,办理易地扶贫搬迁、贫困地区基础设施、特色产业发展及专项扶贫贷款,办理县域城镇建设、土地收储类贷款,办理农业小企业、产业化龙头企业贷款,组织或参加银团贷款,办理票据承兑与贴现等信贷业务;(2)吸收业务范围内开户企事业单位的存款,吸收居民储蓄存款以外的县域公众存款,吸收财政存款,发行金融债券;(3)办理结算、结售汇与代客外汇买卖业务,按规定设立财政支农资金专户并代理拨付有关财政支农资金,买卖、代理买卖与承销债券,从事同业拆借、存放,代理收付款项及代理保险,资产证券化,企业财务顾问服务,经批准后可与租赁公司、涉农担保公司与涉农股权投资公司合作等方式开展涉农业务;(4)经国务院银行业监督管理机构批准的其他业务。①

第二节　市场化金融机构

一、以银行业监督管理机构监管为主的金融机构

(一)银行业金融机构

根据《中国人民银行法》等法律法规的规定,银行业金融机构一般是指在我国境内设立的商业银行、城市信用合作社、农村信用合作社等吸收公众存款的金融机构以及政策性银行。银行一般是指依法设立的吸收公众存款、发放贷款、办理结算等业务的企业法人。其中,农村合作银行是指由辖内农民、农村工商户、企业法人与其他经济组织入股组成的股份合作制社区性地方金融机构;农村商业银行是指由辖内农民、农村工商户、企业法人与其他经济组织共同发起成立的股份制地方性金融机构;村镇银行是指经我国银行业监督管理机构依据有关法律、法规批准,由境内外金融机构、境内非金融机构企业法人、境内自然人出资,在农村地区设立的主要为当地农民、农业与农村经济发展提供金融服务的金融机构。城市信用合作社是指依照有关规定在城市市区内由城市居民、个体工商户与中小企业法人出资设立的,主要为社员提供服务,具有独立企业法人资格的合作金融组织;农村信用合作社是指经相关国家部门批准设立,由社员入股组成、实行社员民主管理、主要为社员提供金融服务的农村合作金融机构。

---

① 参见《机构简介》,载中国农业发展银行官网,http://www.adbc.com.cn/n4/index.html,最后访问时间:2023年8月21日。

农村资金互助社是指经我国银行业监督管理机构批准,由乡(镇)、行政村农民与农村小企业自愿入股组成,为社员提供存款、贷款、结算等业务的社区互助性金融机构。

(二)非银行业金融机构

根据《中国人民银行法》《中国银保监会非银行金融机构行政许可事项实施办法》等法律法规的规定,非银行业金融机构一般包括经国家金融监督管理总局(原银保监会)批准设立的金融资产管理公司、企业集团财务公司、金融租赁公司、汽车金融公司、货币经纪公司、信托公司、消费金融公司等机构。金融资产管理公司是指经国务院决定设立的,收购、管理与处置金融机构、公司与其他企业(集团)不良资产,兼营金融租赁、投资银行等业务的金融机构。企业集团财务公司是指以加强企业集团资金集中管理与提高企业集团资金使用效率为目的,为企业集团成员单位提供财务管理服务的金融机构。金融租赁公司是指经我国银行业监督管理机构批准,以经营融资租赁业务为主的金融机构。汽车金融公司是指经我国银行业监督管理机构批准设立的,为我国境内的汽车购买者与销售者提供金融服务的金融机构。货币经纪公司是指经我国银行业监督管理机构批准在我国境内设立的,通过电子技术或其他手段,专门从事促进金融机构间资金融通与外汇交易等经纪服务,并从中收取佣金的金融机构。信托公司是指依照《公司法》《信托公司管理办法》设立的主要经营信托业务的金融机构。根据《消费金融公司试点管理办法》第2条的规定,消费金融公司是指经我国银行业监督管理机构批准,在我国境内设立的,不吸收公众存款,以小额、分散为原则,为中国境内居民个人提供以消费为目的的贷款的非银行金融机构。

总体而言,从行政许可的视角观察,我国银行业监督管理机构主要发放银行、信托、金融租赁、消费金融等金融牌照,在实施主体监管的同时开展行为监管。

二、以证券监督管理机构监管为主的金融机构

(一)证券从业机构

证券从业机构包括证券公司、基金管理公司、期货公司和投资咨询公司。证券公司是指依照《公司法》规定设立的并经我国证券监督管理机构(中国证监会)审查批准而成立的专门经营证券业务,具有独立法人地位的金融机构。基金管理公司是指证券投资基金管理公司,即经我国证券监督管理机构批准,在我国境内设立,从事证券投资基金管理业务的企业法人。期货公司是指依照《公司法》与《期货交易管理条例》规定设立的经营期货业务的金融机构。投资咨询公司是指经我国证券监督管理机构批准设立,为证券、期货投资人或客户提供证券、期货投资分析、预测或建议等直接或间接有偿咨询服务的金融机构。

(二)证券辅助监管机构

证券辅助监管机构包括证券交易所和证券登记结算机构。证券交易所是指经国家有关主管部门批准设立的,提供证券、商品、期货等集中竞价交易场所,不以营利为目的的法人。证券登记结算机构是指经国家有关主管部门批准设立的,为金融交易提供集中的登记、托管与结算服务,不以营利为目的的法人。

三、以保险监督管理机构监管为主的金融机构

(一)保险从业机构

保险从业机构包括财产保险公司、人身保险公司、再保险公司、保险资产管理公司、保险经纪公司、保险代理公司和保险公估公司。财产保险公司是指经我国保险监督管理机构(国家金融监管总局)批准设立,依法登记注册,从事经营财产损失保险、责任保险、信用保险、短期健康保险和意外伤害保险等财产保险业务的保险公司。人身保险公司是指经我国保险监督管理机构批准设立,依法登记注册,从事意外伤害保险、健康保险、人寿保险等人身保险业务的保险公司。再保险公司是指经我国保险监督管理机构批准设立,并依法登记注册的,专门从事再保险业务、不直接向投保人签发保单的保险公司。保险资产管理公司是指经我国保险监督管理机构同有关部门批准,依法登记注册、受托管理保险资金的金融机构。保险经纪公司是指经我国保险监督管理机构批准设立,基于投保人的利益,为投保人与保险人订立保险合同提供中介服务,并依法收取佣金的金融机构。保险代理公司是指经我国保险监督管理机构批准设立,根据保险公司的委托,向保险公司收取代理佣金,并在保险公司授权的范围内代为办理保险业务的金融机构。保险公估公司是指经我国保险监督管理机构批准设立的,接受保险当事人委托,专门从事保险标的的评估勘验、鉴定、估损、理算等业务的单位。

(二)保险辅助监管机构

保险辅助监管机构主要是指保险交易所。保险交易所是指经国家有关主管部门批准设立的,便于寿险、非寿险、再保险机构进行保险交易,形成保险定价机制,推出保险资产以及保险资产衍生产品的地点。同时,保险交易所也是与保险资产证券化紧密相连的场所,是不以营利为目的的法人。目前我国仅设立了1家保险交易所,即上海保险交易所。

第三节　其他金融服务主体

一、小额贷款公司

（一）小额贷款公司的性质

小额贷款公司是由自然人、企业法人与其他社会组织投资设立，不吸收公众存款，经营小额贷款业务，自主经营、自负盈亏、自我约束、自担风险的有限责任公司或股份有限公司。小额贷款公司是企业法人，享有独立的财产权，以其全部法人财产对其债务承担民事责任。小额贷款公司股东以其认缴的出资额或认购的股份为限对公司承担责任，依法享有收益权、参与重大决策权等权利。

（二）小额贷款公司的监督管理

根据原银监会、中国人民银行《关于小额贷款公司试点的指导意见》的规定，凡是省级政府能明确一个主管部门（地方金融监督管理局或相关机构）负责对小额贷款公司的监督管理，并愿意承担小额贷款公司风险处置责任的，方可在本省（区、市）的县城范围内开展组建小额贷款公司试点。

第一，小额贷款公司应按照《中华人民共和国公司法》（以下简称《公司法》）要求建立健全公司治理结构，明确股东、董事、监事和经理之间的权责关系，制定稳健有效的议事规则、决策程序和内审制度，提高公司治理的有效性。小额贷款公司应建立健全贷款管理制度，明确贷前调查、贷时审查和贷后检查业务流程及操作规范，切实加强贷款管理。小额贷款公司应加强内部控制，按照国家有关规定建立健全企业财务会计制度，真实记录和全面反映其业务活动和财务活动。

第二，小额贷款公司应按照有关规定，建立审慎规范的资产分类制度和拨备制度，准确进行资产分类，充分计提呆账准备金，确保资产损失准备充足率始终保持在100%以上，全面覆盖风险。

第三，小额贷款公司应建立信息披露制度，按要求向公司股东、主管部门、向其提供融资的银行业金融机构、有关捐赠机构披露经中介机构审计的财务报表和年度业务经营情况、融资情况、重大事项等信息，必要时应向社会披露。

第四，小额贷款公司应接受社会监督，不得进行任何形式的非法集资。从事非法集资活动的，按照国务院有关规定，由省级人民政府负责处置。对于跨省份非法集资活动的处置，需要由处置非法集资部际联席会议协调的，可由省级人民政府请求处置非法集资部际联席会议协调处置。其他违反国家法律法规的行为,由当地主管部门依据有关法律法规实施处罚;构成犯罪的,依法追究刑事责任。①

中国人民银行对小额贷款公司的利率、资金流向进行跟踪监测,并将小额贷款公司纳入信贷征信系统。小额贷款公司应定期向信贷征信系统提供借款人、贷款金额、贷款担保和贷款偿还等业务信息。

二、融资担保公司

(一)融资担保公司的性质

融资担保公司是指依法经监督管理部门批准设立、取得融资担保业务经营许可证,经营融资担保业务的有限责任公司和股份有限公司。融资担保是指担保人与银行业金融机构等债权人约定,当被担保人不履行对债权人负有的融资性债务时,由担保人依法承担合同约定的担保责任的行为。

(二)融资担保公司的监督管理

根据《国务院办公厅关于进一步明确融资性担保业务监管职责的通知》的规定,国务院建立融资性担保业务监管部际联席会议。融资性担保业务监管部际联席会议负责研究制定促进融资性担保业务发展的政策措施,拟订融资性担保业务监督管理制度,协调相关部门共同解决融资性担保业务监管中的重大问题,指导地方人民政府对融资性担保业务进行监管和风险处置。

各省、自治区、直辖市人民政府对融资担保公司实施属地管理,并结合本地实际制定促进本地区融资性担保业务健康发展、缓解中小企业贷款难担保难的政策措施,负责制定本地区融资性担保机构风险防范和处置的具体办法并组织实施,负责协调处置融资性担保机构发生的风险,负责做好融资性担保机构重组和市场退出工作,督促融资性担保业务监管部门严格履行职责、依法加强监管,引导融资性担保机构探索建立符合国家产业政策和市场规律的商业模式,并完善运行机制和风险控制体系。

地方金融监管部门要切实负起监管责任。严格依照规定的设立条件审批融资性担保机构,对未经审批擅自开展融资性担保业务的,要坚决予以取缔。加强对融资性担保机构的日常监管,对可能产生的风险实行定期排查和实时监控,对从事违法违规活动的融资性担保机构要依法予以处罚,情节严重的,责令其停止相关业务,直至取消其从事融资性担保业务资格。同时,要引导融资性担保机构建立风险预警和应急机制,切实防范融资性担保风险。

---

① 参见陶广峰主编:《金融法》,中国人民大学出版社2020年版,第116页。

三、外资金融机构

(一)外资金融机构的性质

外资金融机构是指外国金融机构在中国境内投资设立的从事金融业务的分支机构和具有中国法人地位的外商独资金融机构、中外合资金融机构。外资金融机构可分为两类:其一,营业性的外资金融机构,是指外国金融机构依照我国法律规定,独资或参与部分股份,经我国金融主管部门批准,在我国境内设立的从事营利性金融服务的金融机构,如外国银行在我国境内设立的分行等;其二,非营业性外资金融机构,是指外资金融机构的代表机构,如外资金融机构在华所设代表处等。

(二)外资金融机构的监督管理

随着我国金融领域对外开放的程度不断深化,我国外资金融机构的种类日趋多元化,全方位涉及银行业、证券业和保险业。以下将从银行业、证券业和保险业的角度,概括介绍我国对营业性外资金融机构和非营业性外资金融机构的监管。①

1. 营业性外资金融机构的监管

(1)对外资银行及其分支机构的监管。外资银行营业性机构应当按照有关规定,制定本行的业务规则,建立健全风险管理和内部控制制度,并遵照执行。外资银行营业性机构应当遵守国家统一的会计制度和国务院银行业监督管理机构有关信息披露的规定。外资银行营业性机构举借外债,应当按照国家有关规定执行。外资银行营业性机构应当按照有关规定确定存款、贷款利率及各种手续费率。外资银行营业性机构经营存款业务,应当按照中国人民银行的规定交存存款准备金。外资银行营业性机构应当按照规定计提呆账准备金。

(2)对外资证券公司的监管。设立外资证券公司应当符合《公司法》《证券法》《证券公司监督管理条例》和经国务院批准的证监会规定的证券公司设立条件,并满足如下要求:境外股东具备《外商投资证券公司管理办法》规定的资格条件,其出资比例、出资方式符合《外商投资证券公司管理办法》的规定;初始业务范围与控股股东或者第一大股东的经营证券业务经验相匹配;证监会规定的其他审慎性条件。

(3)对外资保险公司的监管。国务院保险监督管理机构有权检查外资保险公司的业务状况、财务状况及资金运用状况,有权要求外资保险公司在规定的期限内提供有关文件、资料和书面报告,有权对违法违规行为依法进行处罚、处理。外资保险公司应当接受国务院保险监督管理机构依法进行的监督检查,如实提供有关文件、资料和书

---

① 参见朱崇实、刘志云主编:《金融法》,法律出版社2022年版,第339页。

面报告，不得拒绝、阻碍、隐瞒。除经国务院保险监督管理机构批准外，外资保险公司不得与其关联企业进行资产买卖或者其他交易。这里的关联企业是指与外资保险公司有下列关系之一的企业：在股份、出资方面存在控制关系；在股份、出资方面同为第三人所控制；在利益上具有其他相关联的关系。

2. 非营业性外资金融机构的监管

（1）对外国银行驻华代表处的监管。根据《中华人民共和国外资银行管理条例》（以下简称《外资银行管理条例》）的规定，外国银行代表处及其工作人员，不得从事任何形式的经营性活动。外国银行代表处可以从事与其代表的外国银行业务相关的联络、市场调查、咨询等非经营性活动。外国银行代表处的行为所产生的民事责任，由其所代表的外国银行承担。外国银行代表处自行终止活动的，应当经国务院银行业监督管理机构批准予以关闭，并在法定期限内向原登记机关办理注销登记。

（2）对外国证券类机构驻华代表处的监管。根据《外国证券类机构驻华代表机构管理办法》的规定，外国证券类机构常驻中国的代表机构（以下简称外国证券机构代表处）及其工作人员，不得与任何法人或自然人签订可能给外国证券机构代表处或所代表的机构带来收入的协议或契约，也不得从事其他经营性活动。首席代表不得由其总管理机构或地区总部有关部门负责人兼任，也不得在中国境内任何机构兼职；首席代表应当常驻外国证券机构代表处主持日常工作，离境时间超过 1 个月，应当指定专人代行其职，并报所在地证监会派出机构备案。外国证券机构代表处应当于每年 2 月底前向所在地证监会派出机构报送上一年度的工作报告，由所在地证监会派出机构转报证监会。

（3）对外国保险机构驻华代表处的监管。根据《外国保险机构驻华代表机构管理办法》的规定，外国保险机构驻华代表机构（以下简称外国保险机构代表机构）及其工作人员不得以任何方式从事或者参与经营性活动。外国保险机构代表机构应当有独立、固定的办公场所和专职的工作人员。每个外国保险机构代表机构的外籍工作人员最多不得超过 3 人。总代表或首席代表不得在 2 个以上代表机构中任职，也不得在中国境内任何经营性机构中任职。总代表或首席代表应当常驻代表机构主持日常工作，并且常驻时间每年累计不得少于 240 日。总代表或者首席代表离开外国保险机构代表机构的时间每次不得连续超过 30 日；离开外国保险机构代表机构连续超过 14 日的，应当指定专人代行其职，并向当地中国（银）保监会派出机构书面报告。

思考题

1. 我国三大政策性银行的主要职能有何异同?

2. 简述我国证券交易所的职能和业务范围。

3. 为什么要设立保险交易所?如何完善现有的保险交易所制度?

4. 何为非银行业金融机构?我国有哪些非银行业金融机构?

拓展阅读

1. [美]迈克尔·P. 马洛伊、[美]威廉·A. 洛维特:《简明银行业和金融机构法》,郑依彤、王天正译,上海人民出版社 2020 年版。

2. [美]弗兰克·J. 法博齐等:《金融市场与金融机构基础》,袁利华、吴迪、韩鑫滔译,机械工业出版社 2023 年版。

3. 刘园主编:《金融机构与金融市场》,中国人民大学出版社 2022 年版。

4. 戚诚伟、蔡晓霁、朱颖编著:《银行金融信贷担保法律要点及案例解析》,法律出版社 2022 年版。

5. 马国建:《小微企业融资再担保体系风险形成、演化及防范研究》,上海三联书店 2021 年版。

第三编

金融调控法

金融宏观调控法律制度

货币管理法律制度

第五章　金融宏观调控法律制度

学习目标

1. 低阶学习目标

(1)掌握金融调控的概念、目标、内容

(2)理解各类货币政策工具的作用机制

(3)理解各类宏观审慎政策工具的作用机制

2. 高阶学习目标

(1)分析法律在金融调控中的地位、作用和局限性

(2)评价金融稳定法的相关制度

(3)评价《中国人民银行法》的修正内容

案例研讨

自2010年以来,受欧洲主权债务危机的影响,欧元区内货币贬值、经济动荡,相关国家财政赤字与负债水平不断上升。为了缓解这些负面影响,享有欧元区内货币政策职能的欧洲中央银行于2015年提出公共部门购买计划(Public Sector Purchase Programme, PSPP)。这一量化宽松刺激措施的主要内容为欧洲中央银行与成员国中央银行在二级市场上大量购买债券,以扩大货币流通量,改善私人和企业的融资条件,促进消费和投资,提高欧元区的通货膨胀率并使其接近2%,最终保证物价稳定。所购债券的发行主体限于欧元区成员国的中央政府、居所地位于欧元区的特定机构、国际组织以及多边开发银行4类。成员国中央银行购买计划总量的90%,剩余的10%由欧洲中央银行购买;成员国间购债比例以成员国在欧洲中央银行认购资本的比例为依据。截至2020年5月,欧洲中央银行及成员国中央银行因执行PSPP而买入的债券总额已达到约2.2万亿欧元,德国购入的债券额已达到5400亿欧元,在所有成员国中列首位。

2015年至2016年,共计1747名德国公民作为原告将德国联邦政府、联邦议会等国家机构作为被告,向德国宪法法院提起4起宪法诉讼,请求确认被告在制定、修改、

执行 PSPP 时，未积极敦促欧洲中央银行对该计划的合法性进行解释及审查，具有不作为的情形，由此侵犯了公民的选举权。原告认为，《德国基本法》第 38 条明确了公民的选举权，其不仅要求在形式上保证国家权力形成的民主正当性，而且要求在实质上避免对民主自决的侵害。因此，本案中德国相关国家机构应履行其欧洲融合职责，避免欧洲中央银行法令的越权在"欧洲一体化"过程中对德国民主、法治等基本原则造成侵害。2017 年 7 月，因本案涉及欧洲中央银行法令的有效性及解释，德国宪法法院中止了该案件的国内审理程序，就涉及 PSPP 合法性的相关问题，提交至欧盟法院进入初步裁决程序。2018 年 12 月，欧盟法院作出判决：PSPP 尚在欧洲中央银行的货币政策职权范围内且符合比例原则，该计划合法。

2020 年 5 月，德国宪法法院对所涉 4 起宪法诉讼作出合并判决，认定德国联邦政府和联邦议会侵犯了原告依据《德国基本法》所享有的权利，因为其没有采取措施质疑欧洲中央银行，后者在通过和实施 PSPP 时没有评估论证相关措施是否符合比例原则。德国宪法法院认为，欧盟法院对 PSPP 的比例原则审查强度较低、范围较窄，没有权衡 PSPP 是否能够以及在何种程度上能够实现货币政策目标，更没有考虑 PSPP 对经济、社会等方面的影响。这样的司法审查不符合欧盟的授权原则，并将对成员国主体地位进行侵蚀，该部分判决应认定为越权行为，不符合《德国基本法》要求的最低限度的民主正当性，宪法法院不受其拘束。德国宪法法院认定，欧洲中央银行没有对 PSPP 各方面的影响、收益、危害进行权衡，没有证明该计划在实现货币政策目标的必要性限度内。如果欧洲中央银行未能在 3 个月过渡期内以可理解和可证实的方式证明 PSPP 所追求的货币政策目标与该计划产生的经济和财政效果相称，德国有关机构将不再被允许继续参与执行这样的越权行为。

请研讨：

1. 货币政策的宽松和紧缩意味着什么？分别会带来哪些经济、社会影响？

2. 如何理解中央银行的法律性质和地位？什么是中央银行独立性？表现在哪些方面？

3. 如何处理金融调控权力与立法权、司法权、行政权之间的关系？

第一节　宏观调控与金融调控

一、宏观调控

（一）宏观调控的概念

宏观调控是国家对国民经济进行调节和控制的行为。市场失灵在宏观经济领域凸显，导致经济总量、结构等宏观层面的失衡、失调和无序，因此，国家从社会公共利益出发，依法运用计划、财政、税收、金融等手段调节和控制宏观经济运行，使之朝着所预期的平衡、协调和有序方向发展。然而，国家干预亦可能存在政府失灵的难题，权力寻租、公共决策失效、政府及其官员的自利行为、公共物品供给的非市场性等因素，都可能导致国家干预的失败，因此，宏观调控必须在法治轨道上运行。宏观调控法作为经济法的重要组成部分，就是规范宏观调控权和宏观调控行为的法律。作为调整宏观调控机关与被调控主体之间的经济社会关系之法，其以规定政府宏观调控的权限、范围、程序、措施及责任等内容为核心，为政府宏观调控立章建制，促进政府宏观调控的法制化。党的十八届三中全会通过的《中共中央关于全面深化改革若干重大问题的决定》指出，“紧紧围绕使市场在资源配置中起决定性作用深化经济体制改革，坚持和完善基本经济制度，加快完善现代市场体系、宏观调控体系”，再次明确了宏观调控在发挥市场机制和规律的前提下调节市场机制失灵、补充市场功能不足的经济职能。

（二）宏观调控的体系

健全宏观调控体系是建立和完善我国社会主义市场经济体制的重要组成部分。以宏观调控的手段为划分依据，可以将宏观调控分为财政调控、税收调控、金融调控和计划调控等类别。①

财政是指国家为实现其职能，采取一定形式通过收支行为参与社会产品的分配所形成的以国家为主体的分配活动。财政是国家参与国民收入分配和再分配的重要工具，其作为国家宏观调控的重要方式，通过预算、政府采购、国债、政府支付转移等手段影响投资和消费，从而调节社会总需求和总供给的平衡，进而达到调节国民经济总量和结构平衡、实现国民经济稳定增长的目标。

税收是指国家为实现其公共职能而凭借其政治权力，依法由政府专门机构向居民

① 参见《经济法学》编写组编：《经济法学》，高等教育出版社 2018 年版。

和非居民就其财产或特定行为实施的强制、无偿地取得财政收入的一种课征行为或手段。税收具有分配收入、配置资源和保障社会稳定的职能，国家通过增税和减免税等手段影响社会成员的经济利益，引导企业、个人的经济行为，从而达到调控宏观经济运行的目的。税收调控政策可以分为总量政策和结构政策。

金融是指以银行等金融机构为中心的各种形式的信用活动以及在信用活动基础上组织起来的货币流通。金融调控以中央银行为主导，以货币政策和宏观审慎政策为双支柱。一方面，通过调节货币供应量、利率和汇率水平，间接影响金融市场，以保持经济总量平衡，促进重大经济结构协调和生产力布局优化。另一方面，通过运用宏观审慎政策工具，减缓经济周期波动影响，防范区域性、系统性金融风险，稳定市场预期，实现经济持续健康发展的目标。

计划是指国家对社会和经济发展预先进行的筹谋，包括未来行动的具体内容和实施步骤等方案。计划是一种理性的体现，国家通过计划的运用，制定经济和社会发展战略，部署、规划和安排以调控国民经济的运行和发展。国家计划调控在宏观上为各级政府和企业提供了经济行动的指针和目标，并为实现这些预期目标提供了具体的政策协调和政策指引。

二、金融调控

金融调控是宏观调控的下位概念。金融调控与财政调控、税收调控、计划调控等各种经济调控手段共同构成宏观调控体系，具有重要的地位。

（一）金融调控的目标

党的十九大报告明确提出“健全货币政策和宏观审慎政策双支柱调控框架”，由此双支柱调控框架将成为我国未来较长一段时期的最重要的宏观金融调控模式。货币政策属于总量性政策，主要针对宏观经济和总需求管理，侧重于价格稳定和经济增长；宏观审慎政策属于结构性政策，直接和集中作用于金融体系本身（如系统重要性金融机构），抑制杠杆过度扩张和顺周期行为，侧重于维护金融稳定。

1. 货币政策目标

货币政策目标是中央银行在货币政策制定和实施过程中所期望达到的结果，一般概括为由最终目标、操作目标和中间目标所构成的多层次目标体系。最终目标是中央银行通过货币政策操作而最终达到的宏观经济目标；操作目标是中央银行通过货币政策工具能够准确实现的直接政策变量；中间目标是连接最终目标和操作目标的传导中介，可以使货币政策的传导过程变得清晰可控。在实践中，中央银行须先确定货币政策所要实现的最终目标，这是货币政策的最终任务，也是评价货币政策有效性的最终标准。但由于货币政策调控效果的显现过程具有一定的时滞性，中央银行需要设立用于保证最终目标实现的操作目标和中间目标，以操作目标为起点和抓手，再以中间目标为支点和信号器，从而按照预期的、可控的、可监测的路径逐渐接近和实现最终目标。（见图1）

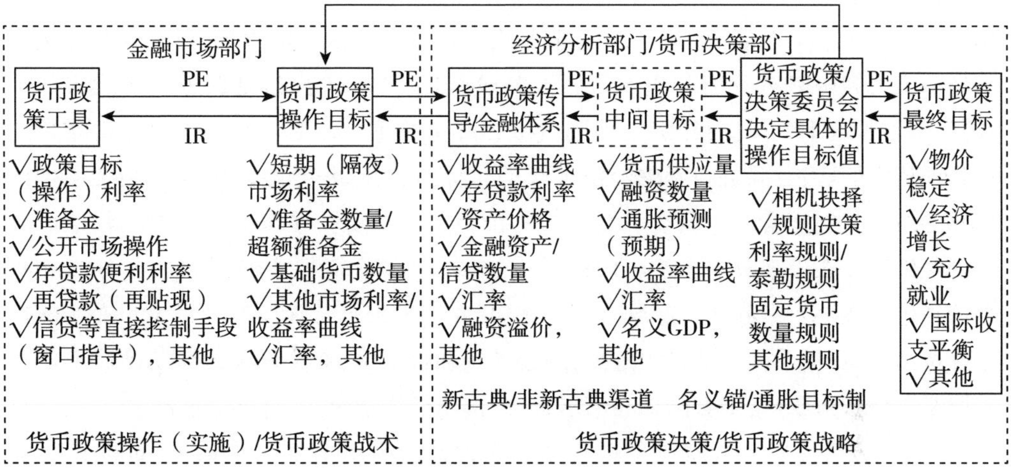

图1　货币政策框架示意

注：(1)PE 即政策影响；(2)IR 即信息反馈。

（资料来源：李宏瑾：《货币政策两分法、操作（中间）目标与货币调控方式》，载《金融评论》2019 年第 3 期）

由于操作目标和中间目标包含较多金融专业技术细节，本书仅对货币政策的最终目标进行阐释。在一般理论意义上，货币政策最终目标包括物价稳定、经济增长、充分就业和国际收支平衡，但 2008 年后，金融稳定也成为广泛讨论的新目标。

(1)物价稳定。物价稳定是指市场中各种商品和劳务的一般价格水平在一定时期内不发生显著或急剧的波动，呈现基本稳定的状态。中央银行物价稳定目标的本质是要维持本国货币币值的稳定。不过维持物价稳定并不是追求价格水平的绝对静止，而是允许其在一定范围内合理波动，毕竟通过价格变动引导资源配置是市场机制的重要作用。这要求既要通过控制通货膨胀，防止物价普遍地、持续地上涨，又要避免通货紧缩，防止物价总水平的绝对下降而使经济增长停滞甚至陷入严重衰退。从现实情况看，由于通货膨胀是侵蚀民众财产权利的主要威胁，而通货紧缩一般不易发生，因而抑制通货膨胀成为中央银行最主要的物价稳定目标。在政策操作中，中央银行一般以消费者价格指数(Consumer Price Index, CPI)、核心 CPI、生产者价格指数(Producer Price

Index, PPI)和国内生产总值(Gross Domestic Product, GDP)平减指数等指标来衡量物价水平的变动情况。需要注意的是,传统的通货膨胀度量标准在现代社会能否反映真实生活成本已经开始受到质疑,未来可能需要更广义的通货膨胀概念来对中央银行货币政策进行约束。①

(2)经济增长。经济增长是指一国在一定时期内产品与劳务产出的增加,是现实生产水平和潜在生产能力的增长。这既是提高民众生活水平的物质基础,也是衡量一国经济实力和国际竞争力的重要因素。一般而言,经济增长只是促进经济发展的手段,经济增长偏重数量,而经济发展则数量和质量并重。作为宏观经济目标的增长应是长期稳定的增长,并且在考虑经济增长的目标时,应认识到经济增长包括社会生活内部的结构与制度变革。从经济增长与物价稳定的辩证关系来看:一方面,快速而合理的经济增长在带来总需求扩张的同时,提高了货币需求量,从而使经济能够吸收更多的货币而不至于引起通货膨胀。另一方面,如果中央银行为刺激经济增长而实施扩张性货币政策,货币和信贷供给过度,则会导致物价上涨,而为降低或预防通货膨胀而采取紧缩性货币政策,则会降低总需求,从而抑制经济增长。

(3)充分就业。充分就业是指有劳动能力并且自愿参加工作的人,都能在合理的条件下找到合适工作的一种状态。此处的充分就业并非社会劳动力百分之百就业,由于摩擦性失业和自愿性失业②的存在,一定程度的失业在经济的正常运行中是不可避免的。政府宏观调控的一个重要目标是尽力避免总需求不足导致的失业。就业水平受经济发展的规模、速度、结构以及经济周期的不同阶段等众多因素的影响,而货币政策逆经济风向进行调节,对于促进经济发展、降低失业率具有重要意义。

(4)国际收支平衡。国际收支平衡是指一国在一定时期内对其他国家的全部货币收入和货币支出相抵后基本平衡,即略有顺差(收入大于支出)或略有逆差(支出大于收入)。这一目标是针对开放经济体而言的,经济体越是依赖对外贸易和经济往来,这一目标的重要性就越高。如果国际收支长期处于失衡状态,无论是过度顺差还是过度逆差,都会对经济发展造成不良影响。如果一国的国际收支逆差过大,会导致资本大量外流,该国外汇市场上外汇供给减少(该国对外币的供给)、需求增加(该国对外币的需求),而本币供过于求,从而使外汇市场对本币信心下降,最终导致本币大幅贬值,严

---

① 参见周小川:《拓展通货膨胀的概念与度量》,载《中国金融》2020 年第 24 期。

② 摩擦性失业是指季节、技术及经济结构的变化等原因造成的临时性失业。自愿性失业是指劳动者不愿接受现行的货币工资水平和现有的工作条件而自愿放弃工作所引起的失业。

重时可能诱发货币和金融危机,20 世纪 90 年代爆发的墨西哥金融危机和亚洲金融危机即是例证。反之,巨额的国际收支顺差会导致大量的外国资本流入,外汇储备过度积累而闲置浪费,并且由于外汇储备增加,本币发行也相应增加,从而产生潜在的国内通货膨胀压力。

(5)金融稳定。金融稳定是指金融机构、金融市场和市场基础设施能够正常运转和实现其基本功能,抵御各种冲击,而不存在可能引起系统性风险和金融危机的重大金融失衡,如信贷过度扩张、资产价格泡沫、流动性错配、债务杠杆过多等。2008 年次贷危机爆发后,“价格稳定与金融稳定彼此分离”的观点得到了反思,“金融稳定和价格稳定具有各自独立的内涵,但又彼此关联”的观点逐渐成为学界的新共识。虽然金融稳定的目标在总体上主要分配给在该方面更具比较优势的宏观审慎政策,但货币政策仍应继续关注金融稳定状况,并且在特定情形下,如金融波动已经对实体经济产生明显影响时,货币政策可能需要配合宏观审慎政策,对金融波动作出直接的政策反应。

2. 我国的货币政策目标

《中国人民银行法》第 3 条规定:“货币政策目标是保持货币币值的稳定,并以此促进经济增长。”这是从最终目标层面对我国货币政策目标作出的法律规定。在 1998 年之前,我国经济运行的常态是通货膨胀,因而无论是货币当局还是学术界,对币值稳定的理解仅是“从抑制通货膨胀的角度来实现物价稳定”。1997 年亚洲金融危机爆发后,中国人民银行对币值稳定的理解增加了“人民币名义汇率稳定”的含义。此后,由于国内通货紧缩的加剧,对物价稳定的解释又增加了“防范通货紧缩”的含义。在币值稳定与经济增长的关系方面,相关的讨论呈现如下特征:在经济繁荣阶段或经济运行以通货膨胀为主要特征时,扩张性货币政策对币值稳定和经济增长两个目标产生的作用是矛盾的,争论焦点在于是否执行扩张性货币政策。占主流的意见是保持物价稳定为货币政策的首要目标,即便是实现经济增长,也必须以物价稳定为前提。在经济衰退期间,如 1998 年后出现的通货紧缩时期,由于扩张性货币政策同时有利于币值稳定和经济增长的实现,争论则主要集中于扩张性货币政策的力度问题。①

中国人民银行前行长周小川认为,该条规定“确立了币值稳定在货币政策目标中的首要地位,其科学性和实效性也被我国金融宏观调控实践所证明。由于我国经济结构的特殊性和复杂性,中央银行在货币政策决策和实施过程中不能只盯住币值稳定目标,还要兼顾经济增长、充分就业、国际收支平衡等多个目标,并根据一段时期内宏观

① 参见汪洋编著:《中央银行学》,机械工业出版社 2019 年版,第 178 ~ 179 页。

经济运行中的主要矛盾和突出问题,有所侧重,有所强调,及时调整政策取向”。[①] 中国人民银行前货币政策司司长孙国峰认为,该规定“意味着首先要保持币值稳定,对内保持物价稳定,对外保持人民币汇率在合理均衡水平上基本稳定,为经济发展提供适宜的货币金融环境。同时要以服务实体经济为方向,将就业纳入考量。坚持系统观念,加强前瞻性思考、全局性谋划、战略性布局、整体性推进,在多重目标中寻求动态平衡”[②]。

3. 宏观审慎政策目标

2008 年爆发的金融危机使各国中央银行、国际组织和学术界充分认识到,盯住通货膨胀的货币政策和关注单一金融机构经营状况的微观审慎监管无法构建起一张完整的经济金融运行的安全网,既有的危机防御机制在宏观调控层面上存在漏洞。2008 年以来,在二十国集团(Group of 20, G20)框架内,金融稳定理事会(Financial Stability Board, FSB)、国际货币基金组织(International Monetary Fund, IMF)、国际清算银行(Bank for International Settlements, BIS)、巴塞尔银行监管委员会(Basel Committee on Banking Sapervision, BCBS)等国际组织和主要经济体都在致力建立健全宏观审慎政策框架,加大宏观审慎政策实施力度,从而增强全球金融体系的韧性和稳健性,提高应对冲击的逆周期调节能力。

宏观审慎政策目标是防范系统性金融风险的顺周期性积累及跨机构、跨行业和跨市场传染,以维护金融体系的健康与稳定。系统性风险是指整个金融体系出现的普遍性的不稳定或大面积崩溃的风险。[③] 顺周期性是从时间维度而言的,是指金融体系和实体经济之间“同涨同跌、助涨助跌”的同趋势特性。这种动态正反馈机制会放大繁荣和萧条的周期,加剧经济的周期性波动,从而导致经济和金融的不稳定。首先,投资行为具有顺周期性。经济繁荣与资产价格上升时,抵押品价值上升,诱发大量投资,推动经济金融更加繁荣;在经济下行周期,该反馈机制则会导致经济金融形势的进一步恶化。其次,信贷行为具有顺周期性。银行的信贷投放与经济周期高度同步:在经济上升期,银行资产质量更好,资本充足率自动上升,于是信贷投放增加,进一步加速经济增长,反之同理。最后,资本流动具有顺周期性。当国内经济繁荣,资产价格上涨时,国际资本会大规模流入进行投资,导致国内资产价格进一步上升,经济繁荣强化;而在经济下行期,国际资本为规避风险而流出,则会导致资产价格进一步下跌、经济金融进

① 周小川:《建立符合国情的金融宏观调控体系》,载《中国金融》2011 年第 13 期。

② 孙国峰:《健全现代货币政策框架》,载《中国金融》2021 年第 2 期。

③ 参见马勇编著:《中央银行学》,中国人民大学出版社 2020 年版,第 246 ~ 250 页。

一步恶化。从空间维度看,处于金融体系网络结构中的一些金融机构和金融部门会通过金融网络的关联性把自身的风险传递出去,引发多米诺骨牌效应,造成跨机构、跨行业、跨市场的大面积普遍性风险。这是由于金融机构之间的交易错综复杂,而高杠杆往往建立在相互借贷和彼此持有对方资产的基础之上,一旦系统逼近临界状态,任何微小的扰动都可能导致金融网络中的关键节点失效,从而引起整个网络系统的崩溃。风险传染可能是从个别重要金融机构向整个部门和金融体系传染,也可能是从某个金融部门向其他金融部门传染,还可能是从一个国家的金融体系向另一个国家的金融体系跨境传染。整体上,防范系统性风险、维护金融稳定,是宏观审慎政策的最终目标。

(二)金融调控的主体

中央银行是金融调控的核心机构。目前世界各国几乎都设有中央银行,它们的产生有着深厚的社会经济基础,并经历了两三百年的发展历史。各国基本上都将金融调控的权力授予中央银行行使。在货币政策方面,《中国人民银行法》第 2 条规定:"中国人民银行是中华人民共和国的中央银行。中国人民银行在国务院领导下,制定和执行货币政策,防范和化解金融风险,维护金融稳定。"①在宏观审慎政策方面,2019 年年初,中共中央、国务院批定机构改革方案,进一步明确了中国人民银行具有宏观审慎管理的职能,牵头建立宏观审慎管理框架,统筹监管系统重要性金融机构、金融控股公司和重要金融基础设施,并批准设立了宏观审慎管理局。中央银行的调控权力至关重要,具有强大的资源配置能力,不应受特定利益主体的干涉,因此,中央银行的独立性是现代中央银行的核心要义之一。《中国人民银行法》第 7 条规定:"中国人民银行在国务院领导下依法独立执行货币政策,履行职责,开展业务,不受地方政府、各级政府部门、社会团体和个人的干涉。"此外,如本书第三章所述,中央金融委员会是我国金融调控的新主体。

国家金融监督管理总局、证监会和国家外汇管理局承担辅助中央银行实施金融调控的职能。例如,2020 年 9 月,中国人民银行会同原银保监会正式建立我国银行业金融机构逆周期资本缓冲机制,健全宏观审慎政策框架、丰富宏观审慎政策工具箱,缓解金融风险顺周期波动和突发性冲击导致的负面影响,维护我国金融体系稳定运行。

---

① 《中华人民共和国中国人民银行法(修订草案征求意见稿)》[以下简称《中国人民银行法(修订草案征求意见稿)》]第 2 条规定:"中国人民银行是中华人民共和国的中央银行。中国人民银行在国务院领导下,制定和执行货币政策、宏观审慎政策,防范和化解金融风险,维护金融稳定。"请对比该条与现行法律条文的不同之处,并思考其中的缘由。

（三）金融调控的程序

国家经济权力的授权和行使，应接受正当程序原则的约束。金融调控具有很强的政策性和动态性，因而合理配置金融调控权力的权责关系、科学设置其议事行权的程序和规则，显得尤为重要。在此，程序不仅仅具有约束和控制权力的功能，得以将相关各方汇聚于合理的议事程式和规则，还具有产生合法、公正、科学的政策、法律和决议的能力。[①]

《中国人民银行法》第5条规定："中国人民银行就年度货币供应量、利率、汇率和国务院规定的其他重要事项作出的决定，报国务院批准后执行。中国人民银行就前款规定以外的其他有关货币政策事项作出决定后，即予执行，并报国务院备案。"[②]该条对货币政策等相关金融调控事项的决定和执行作出了程序性规定。《中国人民银行法》第6条规定："中国人民银行应当向全国人民代表大会常务委员会提出有关货币政策情况和金融业运行情况的工作报告。"该条规定了中国人民银行对立法机关的工作报告制度。有学者认为，立法机关对货币政策相关意见的表达、公开和反馈是提高货币方针、货币手段及其措施透明化的重要方式，但上述工作报告制度的具体时间、工作报告的处理程序等尚不明确，其究竟是普通的工作方式还是法定的监督形式，有待进一步澄清。[③]

《中国人民银行货币政策委员会条例》在行政法规层面初步建立了我国货币政策决策的部分程序框架，规定了货币政策委员会每季度例会制度等工作程序。货币政策委员会是中国人民银行制定货币政策的咨询议事机构。上述条例第24条规定："中国人民银行报请国务院批准有关年度货币供应量、利率、汇率或者其他货币政策重要事项的决定方案时，应当将货币政策委员会建议书或者会议纪要作为附件，一并报送。中国人民银行报送国务院备案的有关货币政策其他事项的决定，应当将货币政策委员建议书或者会议纪要，一并备案。"

---

① 参见刘少军：《论法程序的本质与经济法程序》，载《法学家》2006年第3期。

② 《中国人民银行法（修订草案征求意见稿）》第6条规定："中国人民银行就利率、汇率和国务院规定的其他重要事项作出的决定，报国务院批准后执行。中国人民银行就前款规定以外的其他有关货币政策事项作出决定后，即予执行，并报国务院备案。"请对比该条与现行法律条文的不同之处，并思考其中的缘由。

③ 参见徐澜波：《我国宏观调控程序规范的法律属性》，载《法学》2017年第11期。

第二节　金融调控政策工具及其法律制度

一、货币政策工具及其法律制度

(一)货币政策工具的概念和特征

货币政策目标的实现有赖于货币政策工具的运用,货币政策工具即为中央银行为实现货币政策目标而使用的各种策略和手段。货币政策工具多种多样,按传统分类方法可分为一般性货币政策工具和选择性货币政策工具,而在2008年次贷危机后则出现了一些应用于特定场景的定向政策方案,被称为非常规货币政策工具。各类货币政策工具皆有其适用特点和适用条件,且各国各个时期的经济管理体制和金融体制的差别对货币政策工具的有效性发挥具有不同程度的影响。总体上,货币政策工具必须具有可被中央银行直接控制的特点,其运用可对基础货币、银行储备、货币供应量、利率以及金融机构的信贷活动产生直接或间接的影响,从而有利于中央银行货币政策目标的实现。

(二)货币政策工具

1. 一般性货币政策工具

一般性货币政策工具指中央银行经常使用的旨在对货币供给总量或信用总量进行全局性调控的各种工具,主要包括被称为"三大法宝"的法定存款准备金制度、再贴现政策和公开市场业务。

(1)法定存款准备金制度。存款准备金是商业银行等存款类金融机构为保证客户提取存款和资金清算需要而准备的资金。现代商业银行实行部分准备金制度,其无须为所吸收到的存款保留等额的现金准备以应付提现,而是仅保留一部分准备金,然后将其余资金全部贷出(贷出的资金又有一部分作为存款存入银行),如此商业银行就具备了存款派生能力。存款准备金存放在中央银行,其可进一步分为法定存款准备金和超额存款准备金,前者是指中央银行依法强制要求商业银行必须缴存的准备金,后者是指商业银行在法定存款准备金之外自愿存放在中央银行的准备金。商业银行向中央银行缴存的存款准备金占其全部存款总额的比例被称作法定存款准备金率。中央银行在法律赋予的权限范围内可以直接决定和调整法定存款准备金率,以影响商业银行的信用创造能力,从而间接地调节社会货币供应量。具体而言,中央银行提高法定存款准备金率相当于在商业银行的派生存款创造过程中额外冻结了一部分可贷资金,从而减少了整个过程中每一次新增贷款和派生存款的基数，商业银行放款数额和信用创造能力随之降低，后果是社会货币供应量减少、市场利率提高、银根紧缩。相反，当中央银行调低法定存款准备金率时，商业银行可自主运用的超额存款准备金增加，可用资金随之增加，其增加贷款和投资就会引起存款的数倍扩张，从而使市场中的货币供应量得以增加。

作为一种货币政策工具，法定存款准备金制度的优点在于：平等对待所有存款类金融机构，对货币供应量具有极强的影响力，并且中央银行具有运用该工具的完全的自主决定权，具有力度大、速度快、效果明显的特点，更容易实施。但其也有一定的局限性，主要表现在：①对经济的震动过大。整个银行系统存款规模巨大，法定存款准备金率的轻微变动将会因为乘数效应的多倍扩张或收缩，而使货币供应量产生巨大波动。法定存款准备金率的调整对国家经济和公众的心理预期也会产生显著影响，宣示效应太强可能会影响经济体的金融稳定。②对各类金融机构的影响不同。法定存款准备金制度从诞生之日起，仅适用于商业银行等存款类金融机构，这必然造成金融市场上各类金融机构之间的竞争不平等，商业银行的经营成本增加。法定存款准备金率的调整往往会对经营规模较小或超额存款准备金较低的银行产生不利影响，使其易陷入流动性困境，甚至走向破产。同时，法定存款准备金率的频繁调整也会扰乱存款机构正常的现金管理和财务计划。

由于法定存款准备金率调整的时机、幅度可能对经济造成难以预期的冲击，也会影响商业银行的竞争力，法定存款准备金率的降低或取消成为该制度的改革方向。20世纪90年代以来，法定存款准备金制度开始弱化，德国、法国、美国等都大幅降低了法定存款准备金率，加拿大、比利时、英国等则先后实行了零法定存款准备金率制度。不过，是否选择适用该制度调整货币供给以实现既定政策目标，与一国金融体系的发育程度密切相关。因此，法定存款准备金制度的选用在世界范围内呈下降趋势，并不代表所有国家都不应选择该制度。

（2）再贴现政策。贴现是指票据持有人为获取资金，通过贴付一定利息的办法，将未到期票据转让给商业银行或其他金融机构。再贴现则是指商业银行或其他金融机构将贴现获得的未到期票据转让给中央银行以获得中央银行的货币资金。对于中央银行而言，再贴现是买进票据和提供货币资金的过程；而对于金融机构而言，再贴现是卖出票据和获得资金的过程。

再贴现政策是中央银行通过调整再贴现利率、规定申请再贴现的资格或条件，影响商业银行等金融机构从中央银行获得的再贴现贷款和超额存款准备金，以达到增加或减少货币供给量,实现货币政策目标的一种政策工具。再贴现政策的调控作用体现在两个方面:一是通过调整再贴现利率,影响金融机构的资金成本和超额存款准备金,进而对信贷规模和货币供应量产生影响。当中央银行提高再贴现利率时,商业银行向中央银行贴现获取资金的成本上升,就会减少向中央银行进行贴现,结果是金融机构的超额存款准备金相应减少,对客户的贷款和投资规模收缩,从而使货币供应量减少。当中央银行降低再贴现利率时,作用方向与效果相反。二是通过规定再贴现条件,对资金流向施加影响。例如,中央银行可以根据国家产业政策的要求,规定再贴现票据的种类,支持或限制不同用途的信贷,影响资金向该种票据代表的产业、企业流动的难易程度,从而发挥结构性的调控效果。

再贴现政策的最大优点在于中央银行可通过该手段行使最后贷款人(Lender of Last Resort,LLR)的职责,在一定程度上体现中央银行的政策意图,既可以调节货币供给总量,又可以调节信贷结构。另外,中央银行通过调整再贴现利率引导市场利率的变动是符合市场经济基本规律的,且实践证明该政策工具在大多数情况下是可行的。但其也有一定的局限性,主要表现在中央银行在调控上缺乏主动权和硬约束力。中央银行可以调整再贴现利率,但不能强迫商业银行向其融资或借款,使得政策效果相对难以控制。另外,再贴现利率的反复变动会引发市场利率的经常性波动,易导致商业银行及企业等市场主体无所适从,但如果不及时调整又不利于中央银行灵活调整货币供应量,因而中央银行运用该政策并不能完全掌握主动权,导致该政策的弹性不足。再贴现政策的不足,伴随再贴现利率变动对市场利率影响的弱化,使该工具的重要性已逐渐不如其他间接货币政策工具。比如在美国,商业银行向美国联邦储备委员会申请贴现的前提是没有其他资金来源,且再贴现资金不能用于营利目的,这使再贴现利率的调控功能大为减弱,已演变为美国联邦储备委员会发挥最后贷款人角色的一项辅助性工具。

(3)公开市场业务。公开市场业务,又称公开市场操作,是指中央银行通过在公开市场上买卖证券和外汇,改变商业银行等金融机构的超额准备金,进而影响货币供给量和利率,实现货币政策目标。这种通过契约形式联结和实现的证券买卖行为不同于一般的证券买卖活动:中央银行为买卖一方,且买卖的目的不是营利,而是实现一定的货币政策意图。公开市场业务是目前成熟市场经济国家普遍采用的、占主导地位的常规货币政策工具。

中央银行买入有价证券,意味着向金融体系注入基础货币,等于增加了货币投放,放松了银根。如果资金流入公众手中,会直接增加货币量;如果流入商业银行,则会引起信用扩张,货币供应量成倍增加。反之,中央银行卖出有价证券,则意味着基础货币从金融体系流回中央银行,增加货币回笼,银根收紧,货币供应量减少。总之,中央银行通过公开市场业务,可以达到干预金融市场、调节货币供应量和信用规模的目的。

公开市场业务的主动权完全在中央银行,操作时机、规模、方向及实施的步骤都比法定存款准备金制度与再贴现政策更灵活,因而可较为准确地达到政策目标,不会对经济产生过大震动性影响。另外,当中央银行在公开市场业务过程中发现错误时,可立即反向运用该工具以纠正错误,且该业务可进行经常性、连续性的操作,因而是中央银行进行日常性调节的较为理想的工具。其局限性在于:公开市场业务较为细微,技术性较强,中央银行仅作为市场的一员参与交易,因而政策意图的宣示效应相对较弱。另外,该工具须以较为发达的有价证券市场为前提,如果市场发育程度不够、交易工具太少或中央银行库存证券太少等,都将使公开市场业务的效果受到制约。

2. 选择性货币政策工具

选择性货币政策工具是指中央银行针对某些特殊的经济领域或特殊用途的信贷而采用的信用调节工具,主要包括直接信用控制工具和间接信用控制工具。选择性货币政策工具一般仅在有限的时间和范围内使用,起到补充性调节的作用。

(1)直接信用控制工具。直接信用控制是指中央银行基于质与量的信用控制目的,对商业银行创造信用业务进行直接干预。例如:①消费者信用控制,即中央银行对不动产以外的各种耐用消费品的销售融资予以控制的政策措施,包括规定分期购买耐用消费品首期付款的最低限度、消费信贷的最长期限、可用消费信贷购买的耐用消费品种类等。②证券市场信用控制,即中央银行通过规定或调整法定保证金比率或证券抵押贷款保证金比率,对使用贷款进行有价证券交易的活动加以控制,以限制对证券市场的放款规模。其目的在于稳定证券市场价格,限制大量资金流入证券市场,从而使较多的资金用于生产和流通领域。③不动产信用控制,即中央银行对商业银行等金融机构向客户提供不动产抵押贷款的限制措施,包括规定贷款的最高限额、贷款的最长期限、第一次付款的最低金额及分期还款的最低金额等,以达到控制不动产信贷规模、抑制过度投机、避免经济波动的目的。④优惠利率,即中央银行对国家拟重点发展的某些部门、行业和产品规定较低的贷款利率,以鼓励其发展,达到促进国民经济产业结构和产品结构的升级换代的目的。⑤流动性比率,即规定商业银行流动资产占存款的比重。商业银行要保持中央银行规定的流动性比率,必须缩减长期贷款、扩大短期贷款和增加易变现的资产,从而限制信用扩张。

(2)间接信用控制工具。间接信用控制指中央银行通过道义劝告、窗口指导等方式，对商业银行的信用创造施加影响。例如：①道义劝告，即中央银行利用其特殊地位和声望，对商业银行及其他金融机构发出通告、指示，或通过与各金融机构的负责人面谈，解释政策意图，以使商业银行等金融机构自动采取措施来实施中央银行的政策，达到控制和调节信用的目的。②窗口指导，即中央银行根据产业行情、物价趋势和金融市场动向，规定商业银行的贷款重点投向和贷款变动数量等。如商业银行不执行，中央银行可削减对该银行的贷款额度，甚至采取停止提供信用等制裁措施。

3. 非常规货币政策工具

2008 年次贷危机爆发后，中央银行基于常规经济状态建立起来的传统货币政策工具在实践中遭遇了持续性的失灵，尤其是当政策目标利率已经下调至接近零水平的下限时，名义利率无法继续下调，政策刺激的空间受到制约。各经济体中央银行纷纷引入新的政策干预措施，为经济提供进一步的货币刺激，解决货币政策传导不畅的问题。根据国际清算银行全球金融体系委员会工作组的观点，非常规货币政策工具可以分为四类，即负利率政策、大规模再融资操作、大规模资产购买计划和前瞻性指引。①

（1）负利率政策。国际金融危机之前，政策利率的有效下界普遍被认为高于零，理由是受到持有现金成本和金融机构盈利能力的约束。但在次贷危机之后，随着各国政策宽松力度不断加大，许多国家进入负利率区间。从理论上看，负利率政策是指商业银行存放在中央银行的存款或准备金不但不能获得利息，反而还要支付费用。在具体操作方式上，负利率政策主要分为两类：一类是将利率走廊②的下限利率调整为负值，这以欧洲中央银行和瑞典中央银行为代表；另一类是对金融机构在中央银行的准备金存款实施差别化的负利率政策，这以丹麦央行和日本央行为代表。负利率政策之所以是非常规的，一是因为颠覆了对中央银行支付准备金利息的传统认识，二是因为突破了市场对利率下界的预期。负利率对降低货币市场利率效果明显，对通货膨胀和整体经济状况的改善有积极作用，还可以提高借款人的偿债能力。不过，负利率政策可能导致银行息差收窄、盈利能力下降，还会带来汇率贬值压力，一些长期的潜在副作用还有待进一步评估。

（2）大规模再融资操作。大多数中央银行可以启动紧急贷款工具，根据具体情况向具有良好抵押品的机构提供流动性，但受到合格对手方范围和总规模的限制，期限

---

① 参见李文喆、时昱旻：《非常规货币政策工具的跨国分析》，载《中国金融》2020 年第 8 期。

② 利率走廊是指中央银行通过向商业银行等金融机构提供存贷款便利机制，从而依靠设定的利率操作区间来稳定市场拆借利率的调控方法，其利率下限是商业银行的超额存款准备金利率，利率上限是中央银行的再贷款利率。

也较短。次贷危机后，中央银行使用或创设的贷款工具打破了这些限制，以更宽松的条件、更长的期限、更低的利率向范围更广的机构提供充足流动性，同时要求机构将资金投向实体部门。再融资操作本质上不是创新，但在操作方式、范围和规模上是前所未有的。大规模再融资操作的负面影响主要包括金融机构过度依赖中央银行流动性、金融市场去中介化、信贷投放低效以及私人部门去杠杆的意愿降低等。

(3)大规模资产购买计划。顾名思义，大规模资产购买计划即中央银行在公开市场上大规模购买金融资产，向市场投入大量的流动性，扩大中央银行资产负债表的规模，从而稳定金融体系和促进经济复苏。中央银行大规模购买资产会直接影响资产价格，降低相关利率和风险溢价，因此可以绕过受阻的传导链条，降低实体部门融资成本。由于大规模资产购买计划是中央银行从投资者处买走安全资产，所以还可以产生替代效应，刺激对风险资产的需求，放松金融条件。大规模资产购买计划在影响市场价格尤其是收益率方面成效显著，但可能引发国债市场流动性下降、中央银行资产负债表恶化、货币市场萎缩、贫富差距拉大、国际溢出效应等负面效应。

(4)前瞻性指引。在20世纪90年代以前，中央银行的政策决策和操作对于社会公众而言很不透明，在中央银行缺乏与社会公众的沟通交流的情况下，其政策立场、价值取向、目标意图等很可能被市场误读，从而影响货币政策传导的效率和有效性。前瞻性指引旨在表明中央银行愿意采取的政策行动，以不同于过去的沟通方式引导私营部门对未来政策的期望。它不仅预示了政策利率的路径，在介绍和解释其他非常规货币政策工具的使用方面也发挥了关键作用。它的效果取决于中央银行传达意图的有效性和可信度。前瞻性指引有两种方式：一种是综述性指引，阐明工具设置的意图，但对具体操作不作明确评论；另一种是有明确承诺的指引，这种指引可以有效影响市场预期、减少不确定性，但政策的灵活性较低。前瞻性指引在某些情况下可以增强非常规货币政策工具的有效性，中央银行可以就非常规货币政策工具的使用与市场进行明确的沟通。过度依赖前瞻性指引可能会降低私人部门独立预测经济走势的动力，导致市场依赖中央银行引导作出决策，产生“羊群效应”。

(三)我国的货币政策工具

《中国人民银行法》第23条规定了中国人民银行可以采用的各种货币政策工具，主要包括以下几个方面。

1. 要求银行业金融机构按照规定的比例交存存款准备金[①]

我国最初的法定存款准备金制度由 1984 年建立的人民币存款准备金制度、1985 年至 1998 年实行的备付金制度、1991 年实施的外币存款准备金制度三部分构成。1998 年，中国人民银行经过一系列存款准备金制度的改革，理顺了中央银行与商业银行间的资金关系。2004 年 4 月起，我国开始推行差别存款准备金制度，将资本充足率低于 4% 的金融机构的法定存款准备金率提高了 0.5 个百分点。2008 年 9 月，中国人民银行开始按照资产规模大小、不良贷款比率等指标对大型金融机构和中小金融机构实行差别法定存款准备金率，并在以后的利率调整中逐步扩大了不同金融机构的法定存款准备金率差别。2019 年 5 月 6 日，中国人民银行宣布构建"三档两优"准备金率新框架，即金融机构存款准备金率分为高、中、低三个基准档，并在此基础上实行两项优惠政策。"三档"是指根据金融机构系统重要性程度、机构性质、服务定位等，将存款准备金率分为 3 个基准档：第一档即对大型银行实行高一些的存款准备金率，体现防范系统性风险和维护金融稳定的要求；第二档即对中型银行实行较第一档略低的存款准备金率；第三档即对服务县域的银行实行较低的存款准备金率。"两优"是指在 3 个基准档的基础上还有 2 项优惠：一是大型银行和中型银行达到普惠金融定向降准政策考核标准的，可享受 0.5 个百分点或 1.5 个百分点的存款准备金率优惠；二是服务县域的银行达到新增存款一定比例用于当地贷款考核标准的，可享受 1 个百分点的存款准备金率优惠。"三档两优"准备金率框架是新时期我国中央银行调控框架的创新之举，统筹兼顾了宏观调控、流动性管理、风险防范和结构调整等多方面需要，是金融供给侧结构性改革的重大举措。

2. 确定中央银行基准利率[②]

中国人民银行的利率调控工具可以分为三类：一是存贷款基准利率及上下限，即规定金融机构各类、各档次基准利率的水平和允许浮动的区间范围，影响金融机构的存贷款利率定价；二是中央银行利率，包括再贷款利率、再贴现利率、存款准备金利率等；三是公开市场业务利率，即通过市场招标方式形成回购利率和央票利率等，以此引导货币市场利率。1996 年，我国开启了利率市场化进程，从 2007 年开始正式运行上海银行间同业拆放利率（Shibor），并于 2013 年 7 月和 2015 年 10 月分别宣布放开贷款利率下限管制和存款利率上限管制。由于历史沿革和我国金融市场的习惯，中国人民银

---

① 《中国人民银行法（修订草案征求意见稿）》第 25 条将该项表述为"要求金融机构按照规定交存准备金"。

② 《中国人民银行法（修订草案征求意见稿）》第 25 条将该项表述为"确定中央银行政策利率"。

行公布的存贷款基准利率仍是金融机构利率定价的重要参考基准。

3. 为在中国人民银行开立账户的银行业金融机构办理再贴现①

中国人民银行的再贴现业务始于1986年4月16日《中国人民银行再贴现试行办法》的发布，1988年中国人民银行首次公布再贴现率，此后于1997年5月22日发布了《商业汇票承兑、贴现与再贴现管理暂行办法》（已废止），对商业汇票承兑、贴现与再贴现业务的操作进行了规范。金融机构不得将未以商品交易为基础的商业汇票用于申请再贴现，中国人民银行再贴现的授权窗口或转授权窗口不得越权办理再贴现，不得对未以商品交易为基础的商业汇票办理再贴现，并且需要保证再贴现投向合理。

2008年以来，为有效发挥再贴现政策促进结构调整、引导资金流向的作用，中国人民银行进一步完善再贴现管理：适当增加再贴现转授权窗口，以便金融机构尤其是地方中小金融机构法人申请办理再贴现；适当扩大再贴现的对象和机构范围，城乡信用社、存款类外资金融机构法人、存款类新型农村金融机构，以及企业集团财务公司等非银行金融机构均可申请再贴现；推广使用商业承兑汇票，促进商业信用票据化；通过票据选择明确再贴现支持的重点，对涉农票据、县域企业和金融机构及中小金融机构签发、承兑、持有的票据优先办理再贴现；进一步明确再贴现可采取回购和买断两种方式，提高业务效率。

4. 向商业银行提供贷款②

《中国人民银行法》第28条规定："中国人民银行根据执行货币政策的需要，可以决定对商业银行贷款的数额、期限、利率和方式，但贷款的期限不得超过一年。"③再贷款与再贴现在调控机制上类似，都是中国人民银行通过为金融机构提供资金支持来调解基础货币，进而影响货币供应量，区别在于在再贷款不涉及票据转让，而是中国人民银行向金融机构提供信用贷款（无抵押物和质押物的贷款）以及信贷资产质押再贷款。2014年1月，为进一步改善宏观调控，规范再贷款的功能定位，充分发挥中央银行流动性管理和引导金融机构优化信贷结构的功能，中国人民银行发布《关于调整再贷款分

---

① 《中国人民银行法（修订草案征求意见稿）》第25条将该项表述为"为银行业金融机构办理再贴现"。

② 《中国人民银行法（修订草案征求意见稿）》第25条将该项表述为"向商业银行、农村信用合作社、农村合作银行、政策性银行、开发性银行提供贷款"。

③ 《中国人民银行法（修订草案征求意见稿）》第31条规定："中国人民银行提供贷款的，可以决定贷款的数额、期限、利率和方式。中国人民银行可以要求借款方提供担保，并确定担保的种类和方式。中国人民银行发放的贷款资金应当按规定使用，任何单位或个人不得挪用，尚未使用的贷款资金不得冻结或划扣。"请对比该条与现行法律条文的不同之处，并思考其中的缘由。

类的通知》,将再贷款由3类调整为4类,即将原先的流动性再贷款进一步细分为流动性再贷款和信贷政策支持再贷款,金融稳定再贷款和专项政策性再贷款保持不变。

5. 在公开市场上买卖国债、其他政府债券和金融债券及外汇①

中国人民银行公开市场业务主要包括三种方式:回购交易、现券交易和发行中国人民银行票据。首先,回购交易分为两种形式:(1)正回购,即由中国人民银行向一级交易商卖出有价证券,并约定在未来特定日期买回有价证券的交易行为。正回购为中国人民银行从市场收回流动性的操作,正回购到期则为中国人民银行向市场投放流动性的操作。(2)逆回购,即与正回购交易操作完全相反的交易。逆回购为中国人民银行向市场上投放流动性的操作,逆回购到期则为中国人民银行从市场收回流动性的操作。其次,现券交易分为两种形式:(1)现券买断,即由中国人民银行直接从二级市场买入债券,一次性地投放基础货币。(2)现券卖断,即中国人民银行直接卖出持有债券,一次性地回笼基础货币。最后,发行中国人民银行票据(中国人民银行发行的短期债券)可以回笼基础货币,中国人民银行票据到期则产生向市场投放基础货币的作用。

6. 国务院确定的其他货币政策工具

在经济形势复杂多变的背景下,传统的货币政策工具存在局限性。为此,中国人民银行从2013年起创新开发了多项新型货币政策工具,以适应新时期下货币政策调控的需求。

(1)短期流动性调节工具(Short-term Liquidity Operations, SLO)。SLO属于公开市场常规操作的补充,主要以7天期以内的短期回购为主,简单说就是"超短期的逆回购",主要用来调节比7天更短的货币供应和利率。中国人民银行可灵活决定该工具的操作时机、操作规模及期限品种等。SLO对象一般为公开市场业务一级交易商中具有系统重要性、资产状况良好、政策传导能力强的部分金融机构。

(2)常备借贷便利(Standing Lending Facility, SLF)。SLF的主要功能在于满足金融机构的大额流动性需求,期限以1~3个月为主。当金融机构缺少流动资金时,可以将高信用评级的债券类资产及优质信贷资产等作为抵押,向中国人民银行一对一地申请抵押贷款。这样中国人民银行就可以将货币注入市场,调节市场的短期货币供应量和利率。SLF在初期的适用对象为政策性银行和全国性商业银行,2015年年初扩展至相当一部分中小金融机构。SLF的操作具有比较明显的季节性、流动性、补充性。

(3)中期借贷便利(Medium-term Lending Facility, MLF)。MLF是中国人民银行

① 《中国人民银行法(修订草案征求意见稿)》第25条将该项表述为"公开市场操作"。

提供中期基础货币的货币政策工具，并以此引导中期利率。MLF采取质押方式发放，金融机构可以通过质押利率债和信用债等获取中期借贷便利工具的投放。作为逆回购和SLF的补充，MLF的期限较长，一般为3个月、6个月和1年。中国人民银行每月会进行MLF的常态化操作，发放的MLF临近到期可能会重新约定利率并展期。MLF的目的主要在于刺激金融机构向“三农”和小微企业等特定行业和产业发放贷款，政策导向比较明显。

（4）定向中期借贷便利（Targeted Medium-term Lending Facility，TMLF）。TMLF是中国人民银行为加大对小微企业、民营企业的金融支持力度而创设的货币政策工具。中国人民银行根据金融机构对小微企业、民营企业的贷款增长情况，向其提供长期稳定的资金来源。TMLF资金可使用3年，操作利率比MLF利率优惠15个基点。支持实体经济力度大、符合宏观审慎要求的大型商业银行、股份制商业银行和大型城市商业银行，可就此向人民银行提出申请。

（5）抵押补充贷款（Pledged Supplementary Lending，PSL）。PSL是中国人民银行长期基础货币的投放工具，其初衷是为开发性金融机构（如国家开发银行）支持棚户区改造重点项目提供长期稳定且成本适当的资金来源。抵押补充贷款采取质押方式发放，合格抵押品包括高等级债券资产和优质信贷资产，期限是3～5年。PSL的发放对象后来扩展至所有政策性金融机构以及经国务院批准的其他金融机构，坚持“特定用途、专款专用、保本微利、确保安全”的原则，支持国民经济重点领域、薄弱环节和社会事业发展。

二、宏观审慎政策工具及其法律制度

（一）宏观审慎政策工具的概念和特征

实现防范系统性风险、维护金融稳定的宏观审慎政策目标有赖于一系列具体的宏观审慎政策工具。国际货币基金组织、金融稳定理事会、国际清算银行于2016年联合发布的报告——《有效宏观审慎政策要素：国际经验与教训》指出，宏观审慎政策工具可以被定义为：用于防范系统性风险，降低金融危机发生频率和严重程度的政策措施。① 从时间维度防范系统性风险的顺周期积累、从空间维度防范系统性风险的跨部门传染，是设计宏观审慎政策工具的两条核心主线。从时间维度看，系统性金融风险一般由金融活动的一致行为引发并随时间累积，主要表现为金融杠杆过度扩张或收缩

---

① See IMF-FSB-BIS, *Elements of Effective Macroprudential Policies: Lessons from International Experience*, 31 August 2016.

所导致的风险顺周期的自我强化、自我放大。从结构维度看，系统性金融风险一般由特定机构或市场的不稳定引发，通过金融机构、金融市场、金融基础设施间的相互关联等途径扩散，表现为风险跨机构、跨部门、跨市场、跨境传染。系统性金融风险的监测重点包括宏观杠杆率，政府、企业和家庭部门的债务水平和偿还能力，具有系统重要性影响和较强风险外溢性的金融机构、金融市场、金融产品和金融基础设施等。

在中央金融委员会的统筹指导下，中国人民银行作为宏观审慎管理牵头部门，会同相关部门履行宏观审慎管理职责，牵头建立健全宏观审慎政策框架，监测、识别、评估、防范和化解系统性金融风险，畅通宏观审慎政策传导机制，组织运用好宏观审慎政策工具。宏观审慎政策的实施一般包括以下步骤：一是建立相关指标体系，对系统性风险的动态情况进行持续监测；二是综合运用定量和定性手段，对系统性风险和潜在的金融脆弱性进行评估；三是当预警信号发出后，及时采取行动对金融体系的失衡情况进行纠正；四是当金融危机不可预料地突然发生时，运用有效的政策措施来控制危机的蔓延和深化。

宏观审慎政策工具主要用于防范金融体系的整体风险，具有宏观、逆周期、防传染的基本属性，这些属性是其有别于主要针对个体机构稳健、合规运行的微观审慎监管的重要特征。宏观审慎政策工具会运用一些与微观审慎监管类似的工具，如对资本、流动性、杠杆等提出要求，但两类工具的视角、针对的问题和采取的调控方式不同，可以相互补充，但不能替代。宏观审慎政策工具用于防范系统性金融风险，主要是在既有的微观审慎监管要求之上提出附加要求，以提高金融体系应对顺周期波动和防范风险传染的能力。宏观审慎管理往往具有时变的特征，即根据系统性金融风险状况进行动态调整，以起到逆周期调节的作用。

（二）宏观审慎政策工具

针对不同类型的系统性金融风险，宏观审慎政策工具可按照时间维度和结构维度进行划分，也有部分工具兼具两种属性。时间维度的工具用于逆周期调节，平滑金融体系的顺周期波动；结构维度的工具，通过提高对金融体系关键节点的监管要求，防范系统性金融风险跨机构、跨部门、跨市场和跨境传染。时间维度的工具主要包括资本管理工具、流动性管理工具、资产负债管理工具、金融市场交易行为工具、跨境资本流动管理工具等，结构维度的工具主要包括特定机构附加监管规定、金融基础设施管理工具、跨市场金融产品管理工具、风险处置等阻断风险传染的管理工具等。

从系统性风险的积累过程出发，宏观审慎政策工具可以按事前、事中、事后三个阶段分为早期监测和预警类工具、中期应对和管理类工具、后期处置和救助类工具。

1. 事前阶段:早期监测和预警类工具

通过及时有效的追踪、监测、评估和预警,将各种金融不稳定因素尽可能控制在市场可以自我吸收和承受的合理范围之内,防患于未然,是实现金融稳定目标的最佳选择。事前阶段的宏观审慎政策工具可以帮助政策当局动态地掌握金融稳定相关信息,也能一定程度上激发市场的风险自我控制。代表性的事前阶段政策工具包括:

(1)金融稳定指标体系(Financial Soundness Indicators, FSI)。国际货币基金组织的 FSI 是国际上出于维护金融稳定目的最早建立的指标体系,是该领域影响力最大、应用最广泛的指标体系。FSI 关于金融稳健的统计指标包括核心指标和鼓励性指标。其中,核心指标主要针对存款机构,从资本充足、资产质量、收益与利润、流动性和对市场分析的敏感程度 5 个方面对存款机构进行金融稳健性评价;而鼓励性指标则进一步将金融稳健评估范围扩大到整个金融体系。

(2)早期预警系统。早期预警系统通常以一些关键的宏观经济和金融指标作为解释变量,对金融危机的触发条件保持关注,并对可能的危机事件进行预测。该方法的步骤包括:确定历史上危机事件的时间—选择预测危机的现行指标—设定被选择现行指标的临界值—构造综合指标—预测危机。

(3)宏观压力测试。宏观压力测试是一种前瞻性的评估方法,用以模拟和评估潜在金融危机等极端事件对金融体系稳定性的影响。其主要步骤包括:识别所关注领域的特定潜在风险—构建相应的情景模式—将情景模式转化为可进行数值分析的形式—考虑其他间接影响—得出分析结果。

(4)网络模型。网络模型是从整体性和关联性的角度来量化分析系统性风险的模型,一方面能够识别具有系统重要性的金融机构,另一方面能够捕捉单个机构风险对系统性风险的边际贡献,从而帮助政策当局更好地实施逆周期调控。

2. 事中阶段:中期应对和管理类工具

当系统性风险已经具有一定程度的积累,显示出金融不稳定的征兆时,政策主管机构可以使用针对性的工具积极控制和管理各类金融风险,从而避免发生重大的金融危机或金融不稳定事件。代表性的事中阶段工具包括:

(1)留存资本缓冲。巴塞尔银行监管委员会在 2010 年公布的《巴塞尔协议Ⅲ》中引入了留存资本缓冲。留存资本缓冲是指商业银行在正常的最低资本金要求之外,于经济和金融体系正常运行的时期留存的额外资本金,这部分额外的资本金在发生金融危机时优先弥补银行亏损。在未足额弥补这部分额外资本金之前,商业银行不能进行股票分红和员工奖金发放等利润分配行为。留存资本缓冲以限制利润分配的形式来迫使银行补充资本,是让股东承担未来风险的机制设计,即商业银行未来遭遇的风险应由银行股东来承担,而不是由广大存款者来承担,以此避免对金融体系的稳定性和公平性造成伤害。

(2)逆周期资本缓冲。《巴塞尔协议Ⅲ》中亦引入了逆周期资本缓冲机制。逆周期资本缓冲在商业银行的资本监管框架内对经济周期与商业银行信贷周期之间的正反馈关系进行考量。过度的信贷扩张通常会造成金融体系的不稳定,而由于商业银行的贷款损失普遍在经济萧条时期发生,这部分贷款损失会导致银行资本金的下降,商业银行为满足最低资本金要求往往会在此时缩减信贷规模,下降的信贷规模又会导致企业总投资的下降,进一步导致经济形势的恶化。逆周期资本缓冲是针对信贷过度扩张而设定的自动稳定机制,要求银行在信贷高速扩张时期(经济上行期)进行额外资本留存,抑制信用的过度增长,在经济下行期则将逆周期资本缓冲用于吸收损失,从而维护整个经济周期内的信贷供给平衡,促进金融稳定。

(3)动态拨备。银行的拨备是指其对承担风险和损失的金融资产计提的准备金,即对可能出现的贷款损失所预留的准备资金。动态拨备就是在现有贷款损失准备框架的基础上引入动态的概念,在经济上升时期要求银行机构提高拨备水平,以限制信贷扩张,在经济下行时期要求银行机构降低拨备水平,以增加信贷投放。当银行发放一笔贷款后,即便当前没有任何迹象表明该笔贷款会成为问题贷款,也必须根据对该种贷款发生损失时的历史经验数据建立相应的拨备。动态拨备可以使银行更好地抵御非预期损失,平滑经济周期对银行经营的冲击。

(4)资产准备金。资产准备金(Asset-based Reserve Requirement, ABRR)主要解决特定领域和单个类别资产(如房地产)的过度投资问题,要求金融机构对信贷和投资集中度过高的资产计提准备金。这一机制在经济上行期对过度的风险资产投资计提准备金,以控制该部门信贷的过快增长,在经济下行期释放这些准备金,为市场提供流动性。

(5)针对系统重要性金融机构的特别监管工具。系统重要性金融机构是指业务规模较大、业务复杂程度较高,一旦发生风险事件将给地区或全球金融体系带来冲击的金融机构("大而不能倒")。2010 年,金融稳定理事会正式提出系统重要性金融机构监管框架,确立了全球金融监管改革的基调。巴塞尔银行监管委员会和国际保险监督官协会(International Association of Insurance Supervisors, IAIS)按照金融稳定理事会的要求,分别发布了全球系统重要性银行(Global Systemically Important Banks, G-SIBs)和全球系统重要性保险机构(Global Systemically Important Insurers, G-SIIs)的评估方法与损失吸收能力要求。政策当局可以针对系统重要性金融机构设定附加资本要求、杠杆率要求，提出流动性、大额风险暴露等其他附加监管要求。

(6)防范金融机构间风险传染的监管工具。金融机构间风险的交叉传染是金融危机得以快速蔓延的重要原因。政策当局可以通过以下工具抑制金融机构间的风险传染：①实行金融机构间敞口[①]限制，这种限制既包括银行对单一对手方的敞口限制，也包括对一类对手方(如银行间)敞口的限制。②对金融系统内的敞口采用更高的风险权重。差异化的风险权重可以通过两种形式实现：一是对某一类对手方的敞口采用更高的风险权重；二是对某一类金融体系内活动或工具的敞口实行更高的风险权重。③通过流动性要求引导银行减少对短期批发资金(尤其是来自其他金融机构的短期批发资金)的依赖。④完善金融市场基础设施，如对所有标准化场外交易市场(Over-the-counter, OTC)衍生品推行中央对手方清算机制，避免某一主要对手方的风险在市场中扩散。

3. 事后阶段：后期处置和救助类工具

当难以避免的金融不稳定或危机事件发生时，就需要后期处置和救助类工具来及时控制危机的蔓延、持续时间和影响程度，尽可能减少危机所造成的各种经济社会损失。

(1)最后贷款人。最后贷款人是一国货币管理机构为化解银行风险，向暂时出现流动性困难而非处于破产边缘的银行提供紧急援助的一种制度安排。最后贷款人的一般原则包括以下几个方面：一是中央银行的最后贷款人应仅向陷入暂时性流动危机但资可抵债的银行提供援助，使之免遭经营失败的厄运(这决定了贷款必须是短期的)；二是中央银行紧急援助资金的数量不受限制，并执行惩罚性高利率；三是中央银行应向提供良好抵押品的申请人安排流动贷款，抵押品价值以银行风险发生前的价格计算。

(2)存款保险。存款保险是指投保机构向存款保险基金管理机构交纳保费，形成存款保险基金，存款保险基金管理机构依照规定向存款人偿付被保险存款，并采取必要措施维护存款以及存款保险基金安全的制度。存款保险实行限额偿付，最高偿付限额为人民币50万元。中国人民银行会同国务院有关部门可以根据经济发展、存款结构变化、金融风险状况等因素调整最高偿付限额，报国务院批准后公布执行。存款保

① 敞口(Exposure)是指在金融活动中存在金融风险的部位以及受金融风险影响的程度，反映了可能的潜在损失金额。

险基金管理机构偿付存款人的被保险存款后,即在偿付金额范围内取得该存款人对投保机构相同清偿顺序的债权。

(3)恢复与处置计划。恢复与处置计划主要通过强化金融机构及金融基础设施风险处置安排,要求相关机构预先制定方案,当发生重大风险时根据预案恢复持续经营能力或实现有序处置,保障关键业务和服务不中断,避免引发系统性金融风险或降低风险发生后的影响。被处置金融机构应当切实履行风险处置的主体责任,穷尽自救手段,采取一切必要措施清理债权债务,挽回损失。被处置金融机构的股东、实际控制人按照恢复和处置计划或者监管承诺补充资本,对金融风险负有责任的股东、实际控制人依法承担相应赔偿责任,归还违反规定占用或者转移的资金。被处置金融机构的债权人以及其他利益主体在金融风险处置中的所得应当不低于被处置金融机构直接破产清算时的所得。

思考题

1. 2020 年 10 月 23 日,中国人民银行发布《中国人民银行法(修订草案征求意见稿)》,请简述相关修改内容,并思考修改的原因。

2. 请谈谈出台金融稳定法的意义,并论述该法是如何助力防范化解金融风险的。

3. 法定数字货币的推出,对金融调控而言有什么影响?

拓展阅读

1. [美]托马斯·F. 卡吉尔:《金融部门、金融监管和中央银行政策》,韩汉军、徐美芳等译,上海社会科学院出版社 2019 年版。

2. [德]马库斯·布伦纳梅尔、[英]哈罗德·詹姆斯、[法]让－皮埃尔·兰多:《欧元的思想之争》,廖岷、丛阳、许晓骁译,中信出版集团股份有限公司 2017 年版。

3. 冯果、袁康:《社会变迁视野下的金融法理论与实践》,北京大学出版社 2013 年版。

4. 伏军:《危机银行处置:原理、制度与方法》,法律出版社 2018 年版。

5. 顾功耘主编:《金融稳定发展的法治保障》,北京大学出版社 2019 年版。

6. 郭金良:《系统重要性金融机构危机市场化处置法律制度研究》,法律出版社 2016 年版。

7. 刘志云等:《防范系统性金融风险的法律治理创新研究》,法律出版社 2022

年版。

8. 苏洁澈:《银行破产监管责任研究》,中国政法大学出版社 2016 年版。

9. 席涛:《经济稳定与金融稳定研究》,中国人民大学出版社 2016 年版。

10. 许多奇:《信贷资产证券化之现实冲突与法律整合》,法律出版社 2016 年版。

11. 叶文庆:《金融业宏观审慎监管法律问题研究》,法律出版社 2015 年版。

12. 袁达松:《金融稳定法论》,法律出版社 2019 年版。

13. 张红编译:《资本市场系统性风险的法律规制》,中国政法大学出版社 2016 年版。

14. 郑彧、季奎明、曾大鹏:《金融市场基础设施的法律保护》,上海人民出版社 2018 年版。

15. 陈承堂:《宏观调控行为的可诉性研究》,北京大学出版社 2014 年版。

16. 马勇编著:《中央银行学》,中国人民大学出版社 2020 年版。

17. 汪洋编著:《中央银行学》,机械工业出版社 2019 年版。

第六章　货币管理法律制度

学习目标

1. 低阶学习目标

(1)掌握反洗钱法律制度和外汇管理法律制度的基本概念

(2)理解洗钱的行为模式以及反洗钱各项制度的内容

(3)理解外汇管理各项制度的内容

2. 高阶学习目标

(1)分析反洗钱法律制度和外汇管理法律制度对金融机构和相关主体的要求

(2)应用相关规范,评估实践中的反洗钱合规措施的有效性,识别潜在的洗钱风险

(3)分析当前反洗钱法律制度和外汇管理法律制度的局限性,探究相应的改革方向

案例研讨

2015 年 8 月至 2018 年 10 月,陈某波注册成立意某金融信息服务公司,未经国家有关部门批准,以公司名义向社会公开宣传定期固定收益理财产品,自行决定涨跌幅,资金主要用于兑付本息和个人挥霍,后期拒绝兑付;开设数字货币交易平台发行虚拟币,通过虚假宣传诱骗客户在该平台充值、交易,虚构平台交易数据,并通过限制大额提现提币、谎称黑客盗币等方式掩盖资金缺口,拖延甚至拒绝投资者提现。2018 年 11 月 3 日,上海市公安局浦东分局对陈某波以涉嫌集资诈骗罪立案侦查,涉案金额 1200 余万元,陈某波潜逃境外。

2018 年年中,陈某波将非法集资款中的 300 万元转账至陈某枝个人银行账户。2018 年 8 月,为转移财产,掩饰、隐瞒犯罪所得,陈某枝、陈某波二人离婚。2018 年 10 月底至 11 月底,陈某枝明知陈某波因涉嫌集资诈骗罪被公安机关调查、立案侦查并逃往境外,仍将上述 300 万元转至陈某波个人银行账户,供陈某波在境外使用。另外,陈某枝按照陈某波指示,将陈某波用非法集资款购买的车辆以 90 余万元的低价出售,随后在陈某波组建的微信群中联系比特币"矿工",将卖车钱款全部转账给"矿工"换取比

特币密钥,并将密钥发送给陈某波,供其在境外兑换使用。陈某波仍未到案。

上海市公安局浦东分局在查办陈某波集资诈骗案中发现陈某枝洗钱犯罪线索,经立案侦查,于 2019 年 4 月 3 日以陈某枝涉嫌洗钱罪将案件移送起诉。上海市浦东新区人民检察院经审查提出补充侦查要求,公安机关根据要求向中国人民银行上海总部调取证据。中国人民银行上海总部指导商业银行等反洗钱义务机构排查可疑交易,通过穿透资金链、分析研判可疑点,向公安机关移交了相关证据。上海市浦东新区人民检察院经审查认为,陈某枝以银行转账、兑换比特币等方式帮助陈某波向境外转移集资诈骗款,构成洗钱罪;陈某波集资诈骗犯罪事实可以确认,其潜逃境外不影响对陈某枝洗钱犯罪的认定,于 2019 年 10 月 9 日以洗钱罪对陈某枝提起公诉。2019 年 12 月 23 日,上海市浦东新区人民法院作出判决,认定陈某枝犯洗钱罪,判处有期徒刑 2 年,并处罚金 20 万元。陈某枝未提出上诉,判决已生效。

请研讨:

1. 请结合数字技术的发展,分析当前可能出现哪些新的洗钱手段。
2. 洗钱罪与上游犯罪之间是什么关系?
3. 如何完善法律机制,以应对新型跨境洗钱活动的复杂性和隐蔽性带来的挑战?

第一节　反洗钱法律制度

一、反洗钱概述

反洗钱,是指为了预防通过各种方式掩饰、隐瞒犯罪所得及其收益的来源和性质的洗钱活动,遏制相关违法犯罪活动,采取相关措施的行为。传统上一般认为,洗钱罪的上游犯罪类型范围包括毒品犯罪、黑社会性质的组织犯罪、恐怖活动犯罪、走私犯罪、贪污贿赂犯罪、破坏金融管理秩序犯罪、金融诈骗犯罪,但目前的立法趋势是扩大这一范围。根据《中华人民共和国刑法》第 191 条第 1 款的规定,掩饰、隐瞒相关犯罪的所得及其产生的收益的来源和性质,主要包括以下几种行为:(1)提供资金账户;(2)将财产转换为现金、金融票据、有价证券;(3)通过转账或者其他支付结算方式转移资金;(4)跨境转移资产;(5)以其他方法掩饰、隐瞒犯罪所得及其收益的来源和性质。反洗钱不仅包括预防洗钱犯罪,还包括遏制洗钱犯罪相关的违法活动。

洗钱实质上是指将犯罪所得收入通过各种手段进行掩饰、隐瞒、转化,使其在形式上合法化的行为。“洗钱”这个词汇出自20世纪20年代美国黑手党通过经营投币式洗衣店的形式,将非法所得的赃款算入店面正常的营业收入中,最后一起向税务部门申报,使犯罪收入变为合法收入。洗钱过程通常分为放置、分层、融合3个步骤。放置是将赃款投入金融体系的行为,包括将资金与合法收入混合、以赃款偿还债务、赌博、房地产投资、外币走私和兑换等。分层是通过难以追踪的多层嵌套交易等各种复杂操作来隐匿资金来源,一般会涉及多次分割和跨境转账,从而将非法所得与其真实来源分离。融合是为赃款提供表面合法性的过程,将看似干净的资金取出并重新投入正常的经济活动中,如投资不动、购买奢侈消费品等,从而使得合法财富与非法资金难以区分。

二、反洗钱监督管理制度

中国人民银行作为国务院反洗钱行政主管部门,负责全国的反洗钱监督管理工作。中国人民银行设立反洗钱局,履行下列职责:(1)组织协调反洗钱和反恐怖融资工作;(2)牵头拟订反洗钱和反恐怖融资政策规章;(3)监督检查金融机构及非金融高风险行业履行反洗钱和反恐怖融资义务情况;(4)收集、分析、监测相关部门提供的大额和可疑交易信息并开展反洗钱和反恐怖融资调查,协助相关部门调查涉嫌洗钱、恐怖融资及相关犯罪案件;(5)承担反洗钱和反恐怖融资国际合作工作。中国人民银行设立中国反洗钱监测分析中心,负责大额交易和可疑交易报告、巨额现金收付报告的接收、分析等职责,根据需要可以要求报送交易报告的机构补充提供相关信息。中国反洗钱监测分析中心还负责管理集中统一的国家反洗钱信息数据库,并采取必要措施维护反洗钱信息安全。

国务院有关金融监督管理机构参与制定所监督管理的金融机构反洗钱规章,对所监督管理的金融机构提出按照规定建立健全反洗钱内部控制制度的要求,履行法律和国务院规定的有关反洗钱的其他职责。

国务院反洗钱行政主管部门,国务院有关部门、机构,监察机关,司法机关在反洗钱工作中应当相互配合。一方面,中国人民银行为履行反洗钱资金监测职责,可以从国务院有关部门、机构获取所必需的信息,国务院有关部门、机构应当提供;另一方面,中国人民银行也要向国务院有关部门、机构定期通报反洗钱工作情况。中国人民银行和其他依法负有反洗钱监督管理职责的部门、机构发现涉嫌洗钱犯罪的交易活动,应当及时向侦查机关报告。

三、反洗钱义务制度

金融机构和按照规定应当履行反洗钱义务的特定非金融机构应当依法采取预防、

监控措施,建立健全反洗钱内部控制制度,履行客户尽职调查、客户身份资料和交易记录保存、大额交易和可疑交易报告、反洗钱特别预防措施等反洗钱义务。随着反洗钱工作形势不断变化,反洗钱监管从"规则为本"原则过渡到"风险为本"原则。

根据我国现行法律,承担反洗钱义务的主体主要是金融机构,主要包括:(1)政策性银行、商业银行、农村合作银行、城市信用合作社、农村信用合作社;(2)证券公司、期货公司、基金管理公司;(3)保险公司、保险资产管理公司;(4)信托公司、金融资产管理公司、财务公司、金融租赁公司、汽车金融公司、货币经纪公司;(5)中国人民银行确定并公布的其他金融机构。从事汇兑业务、支付清算业务和基金销售业务的机构也应履行相关义务。

金融机构应当建立健全反洗钱内部控制制度,评估机构洗钱风险状况并制定相应的风险管理措施,结合实际情况建设反洗钱相关系统。金融机构应当设立反洗钱专门机构或者指定内设机构负责反洗钱工作,根据经营规模和洗钱风险状况配备相应的人力资源,按照要求开展反洗钱培训和宣传工作。金融机构应当通过内部审计或者独立审计等方式,监督检查反洗钱内部控制制度的有效实施,金融机构的负责人对反洗钱内部控制制度的有效实施负责。

中国人民银行在《中华人民共和国反洗钱法(修订草案公开征求意见稿)》中特别提出,除了金融机构受到反洗钱义务的要求外,单位和个人也应当依法配合金融机构和特定非金融机构为履行反洗钱义务开展的客户尽职调查,配合反洗钱调查,并依法履行巨额现金收付申报、反洗钱特别预防措施等义务,不得为洗钱等违法犯罪活动提供便利。

(一)客户身份识别制度

建立客户身份识别制度(Know Your Customer, KYC)是金融机构反洗钱义务的重要内容和基本制度。客户身份识别制度遵循真实性、有效性、完整性、持续性、差异性原则。金融机构在与客户建立业务关系或者为客户提供规定金额以上的现金汇款、现钞兑换、票据兑付等一次性金融服务时,应当要求客户出示真实有效的身份证件或者其他身份证明文件,进行核对并登记。如果客户由他人代理办理业务,金融机构应当同时对代理人和被代理人的身份证件或者其他身份证明文件进行核对并登记。与客户建立人身保险、信托等业务关系,如果合同的受益人不是客户本人,金融机构还应当对受益人的身份证件或者其他身份证明文件进行核对并登记。换言之,金融机构不得为身份不明的客户提供服务或者与其进行交易,也不能为客户开立匿名账户或者假名账户。当金融机构对先前获得的客户身份资料的真实性、有效性、完整性存有疑问时,应当重新识别客户身份。这同时也反过来要求金融机构的相对方,即任何单位和个人在与金融机构建立业务关系或者要求金融机构为其提供一次性金融服务时,都应当提供真实有效的身份证件或者其他身份证明文件。

金融机构通过第三方识别客户身份时,应当确保第三方已经采取符合《反洗钱法》要求的客户身份识别措施;第三方未采取符合《反洗钱法》要求的客户身份识别措施的,由该金融机构承担未履行客户身份识别义务的责任。金融机构进行客户身份识别,认为必要时,可以向公安、市场监督管理等部门核实客户的有关身份信息。单位和个人对依法履行反洗钱义务获得的客户身份资料和交易信息以及反洗钱调查信息,应当予以保密;非依法律规定,不得向任何单位和个人提供。国家有关机关、部门、机构使用反洗钱信息应当依法保护国家秘密、商业秘密和个人隐私。

金融机构在与客户建立业务关系时,应当根据客户尽职调查所获得的信息,及时评估客户风险,划分风险等级,并根据客户风险状况确定业务存续期间对客户身份状况的定期审核频次和方式。对洗钱或者恐怖融资风险等级最高的客户,金融机构应当至少每年进行一次审核。金融机构应当持续关注客户的风险状况、交易情况和身份信息变化,及时调整客户洗钱和恐怖融资风险等级。

(二)客户身份资料和交易记录保存制度

金融机构应当按照规定建立客户身份资料和交易记录保存制度,按照安全、准确、完整、保密的原则,妥善保存客户身份资料和交易记录,确保能足以重现每项交易,以提供识别客户身份、监测分析交易情况、调查可疑交易活动和查处洗钱案件所需的信息。

客户身份资料包括记载客户身份信息以及反映金融机构开展客户尽职调查工作情况的各种记录和资料,在业务关系存续期间,客户身份资料发生变更的,应当及时更新客户身份资料。交易记录包括关于每笔交易的数据信息、业务凭证、账簿以及有关规定要求的反映交易真实情况的合同、业务凭证、单据、业务函件和其他资料。

客户身份资料自业务关系结束后或者一次性交易结束后至少保存 5 年,交易记录自交易结束后至少保存 5 年。如客户身份资料及交易记录涉及正在被反洗钱调查的可疑交易活动,且反洗钱调查工作在前款规定的最低保存期限届满时仍未结束的,金融机构应当将相关客户身份资料及交易记录保存至反洗钱调查工作结束。同一介质上存有不同保存期限客户身份资料或者交易记录的,应当按最长保存期限保存。同一客户身份资料或者交易记录采用不同介质保存的,应当按照上述期限要求至少保存一种介质的客户身份资料或者交易记录。法律、行政法规对客户身份资料及交易记录有更长保存期限要求的，从其规定。

金融机构破产或者解散时，应当将客户身份资料、交易记录以及包含客户身份资料、交易记录的介质移交给国务院有关部门指定的机构。

（三）大额交易和可疑交易报告制度

金融机构应当履行大额交易和可疑交易报告义务，向中国反洗钱监测分析中心报送大额交易和可疑交易报告，接受中国人民银行及其分支机构的监督、检查。

应当报告的大额交易主要包括：(1)当日单笔或者累计交易人民币5万元以上（含5万元）、外币等值1万美元以上（含1万美元）的现金缴存、现金支取、现金结售汇、现钞兑换、现金汇款、现金票据解付及其他形式的现金收支；(2)非自然人客户银行账户与其他的银行账户发生当日单笔或者累计交易人民币200万元以上（含200万元）、外币等值20万美元以上（含20万美元）的款项划转；(3)自然人客户银行账户与其他的银行账户发生当日单笔或者累计交易人民币50万元以上（含50万元）、外币等值10万美元以上（含10万美元）的境内款项划转；(4)自然人客户银行账户与其他的银行账户发生当日单笔或者累计交易人民币20万元以上（含20万元）、外币等值1万美元以上（含1万美元）的跨境款项划转。原则上累计交易金额以客户为单位，按资金收入或者支出单边累计计算并报告。对同时符合两项以上大额交易标准的交易，金融机构应当分别提交大额交易报告。金融机构应当在大额交易发生之日起5个工作日内以电子方式提交大额交易报告。

对下列情形的大额交易，如未发现交易或行为可疑，金融机构可以不报告：(1)定期存款到期后，不直接提取或者划转，而是本金或者本金加全部或者部分利息续存入在同一金融机构开立的同一户名下的另一账户；活期存款的本金或者本金加全部或者部分利息转为在同一金融机构开立的同一户名下的另一账户内的定期存款；定期存款的本金或者本金加全部或者部分利息转为在同一金融机构开立的同一户名下的另一账户内的活期存款。(2)自然人实盘外汇买卖交易过程中不同外币币种间的转换。(3)交易一方为各级党的机关、国家权力机关、行政机关、司法机关、军事机关、人民政协机关和人民解放军、武警部队，但不包含其下属的各类企事业单位。(4)金融机构同业拆借、在银行间债券市场进行的债券交易。(5)金融机构在黄金交易所进行的黄金交易。(6)金融机构内部调拨资金。(7)国际金融组织和外国政府贷款转贷业务项下的交易。(8)国际金融组织和外国政府贷款项下的债务掉期交易。(9)政策性银行、商业银行、农村合作银行、农村信用社、村镇银行办理的税收、错账冲正、利息支付。(10)中国人民银行确定的其他情形。

金融机构发现或者有合理理由怀疑客户、客户的资金或者其他资产、客户的交易或者试图进行的交易与洗钱、恐怖融资等犯罪活动相关的,无论所涉资金金额或者资产价值大小,应当提交可疑交易报告。金融机构应当制定本机构的交易监测标准,并对其有效性负责。交易监测标准包括并不限于客户的身份、行为,交易的资金来源、金额、频率、流向、性质等存在异常的情形,还应当参考以下因素:(1)中国人民银行及其分支机构发布的反洗钱、反恐怖融资规定及指引、风险提示、洗钱类型分析报告和风险评估报告。(2)公安机关、司法机关发布的犯罪形势分析、风险提示、犯罪类型报告和工作报告。(3)本机构的资产规模、地域分布、业务特点、客户群体、交易特征,洗钱和恐怖融资风险评估结论。(4)中国人民银行及其分支机构出具的反洗钱监管意见。(5)中国人民银行要求关注的其他因素。金融机构应当在按本机构可疑交易报告内部操作规程确认为可疑交易后,及时以电子方式提交可疑交易报告,最迟不超过5个工作日。

四、反洗钱调查制度

中国人民银行或者其省一级派出机构发现可疑交易活动,需要调查核实的,可以向金融机构进行调查,金融机构应当予以配合,如实提供有关文件和资料。调查可疑交易活动时,调查人员不得少于2人,并出示合法证件和中国人民银行或者其省一级派出机构出具的调查通知书。调查人员少于2人或者未出示合法证件和调查通知书的,金融机构有权拒绝调查。

调查可疑交易活动,可以询问金融机构有关人员,要求其说明情况。询问应当制作询问笔录。询问笔录应当交被询问人核对。记载有遗漏或者差错的,被询问人可以要求补充或者更正。被询问人确认笔录无误后,应当签名或者盖章;调查人员也应当在笔录上签名。

调查中需要进一步核查的,经国务院反洗钱行政主管部门或者其省一级派出机构的负责人批准,可以查阅、复制被调查对象的账户信息、交易记录和其他有关资料;对可能被转移、隐藏、篡改或者毁损的文件、资料,可以予以封存。调查人员封存文件、资料,应当会同在场的金融机构工作人员查点清楚,当场开列清单一式两份,由调查人员和在场的金融机构工作人员签名或者盖章,一份交金融机构,另一份附卷备查。

经调查仍不能排除洗钱嫌疑的,应当立即向有管辖权的侦查机关报案。客户要求将调查所涉及的账户资金转往境外的,经中国人民银行有关负责人批准,可以采取临时冻结措施。侦查机关接到报案后,对已依照前述规定临时冻结的资金,应当及时决定是否继续冻结。侦查机关认为需要继续冻结的,依照《中华人民共和国刑事诉讼法》

的规定采取冻结措施;认为不需要继续冻结的,应当立即通知中国人民银行,中国人民银行应当立即通知金融机构解除冻结。临时冻结不得超过48小时。金融机构在按照国务院反洗钱行政主管部门的要求采取临时冻结措施后48小时内,未接到侦查机关继续冻结通知的,应当立即解除冻结。

五、反洗钱国际合作制度

金融行动特别工作组(Financial Action Task Force on Money Laundering, FATF)等国际组织在推动反洗钱国际合作方面发挥着重要作用,这些组织制定了国际标准和指南,并通过监督和评估国家的合规性来推动反洗钱工作。各国可以在信息共享、行动协调、司法协助和资产追踪等方面开展反洗钱国际合作。

我国根据缔结或者参加的国际条约,或者按照平等互惠原则,开展反洗钱国际合作。中国人民银行根据国务院授权,代表中国政府与外国政府和有关国际组织开展反洗钱合作,依法与境外反洗钱机构交换与反洗钱有关的信息和资料。涉及追究洗钱犯罪的司法协助,由司法机关依照有关法律的规定办理。

第二节 外汇管理法律制度

一、外汇管理概述

外汇是指以外币表示的可以用作国际清偿的支付手段和资产,主要包括:(1)外币现钞(纸币、铸币);(2)外币支付凭证或者支付工具,包括票据、银行存款凭证、银行卡等;(3)外币有价证券,包括债券、股票等;(4)特别提款权;(5)其他外汇资产。

外汇管理是指一国依法对所辖境内的外汇收支、买卖、借贷、转移以及国际结算、外汇汇率和外汇市场所实施的行政限制性措施。外汇管理主要发挥以下作用:(1)稳定本国货币的对外汇率,防范外汇风险;(2)防止资本外逃或大规模的投机性资本流动,维护本国金融市场的稳定;(3)平衡本国国际收支;(4)增加本国的外汇储备;(5)有效利用外汇资金。

我国目前的外汇管理主要表现为:(1)对经常项目实行可兑换,对资本项目实行一定的管制;(2)对金融机构的外汇业务实行监督管理,禁止外币在境内计价流通;(3)保税区实行有区别的外汇管理。我国对经常性国际支付和转移不予限制。经常性国际支付和转移是指不以资本转移为目的的支付,包括但不限于所有有关对外贸易(货物与服务)、劳务以及正常银行短期信贷业务的支付,以及贷款利息及其他投资净收入的支付、数额不大的偿还贷款本金或者摊提直接投资折旧的支付、数额不大的赡家汇款等。真实合规的经常性国际支付和转移,凭真实有效的交易单证可以直接到商业银行办理,对其不予限制,包括货物贸易、服务贸易及股息、红利等对外支付和转移等。

二、经常项目外汇管理制度

经常项目是指在国际收支中经常发生的交易项目,主要包括贸易收支、劳务收支和单方面转移等。经常项目外汇管理是指对属于经常项目下和各类交易,包括进口货物、支付运输费、保险费,办务服务、出境旅游、投资利润、借款利息、股息、红利等,在向银行购汇或从银行外汇账户上支付时不受限制。经常项目外汇收支应当具有真实、合法的交易基础。

经营结汇、售汇业务的金融机构应当按照国务院外汇管理部门的规定,对交易单证的真实性及其与外汇收支的一致性进行合理审查。经常项目外汇收入,可以按照国家有关规定保留或者卖给经营结汇、售汇业务的金融机构。经常项目外汇支出,应当按照国务院外汇管理部门关于付汇与购汇的管理规定,凭有效单证以自有外汇支付或者向经营结汇、售汇业务的金融机构购汇支付。携带、申报外币现钞出入境的限额,由国务院外汇管理部门规定。

三、资本项目外汇管理制度

境外机构、境外个人在境内直接投资,境外机构、境外个人在境内从事有价证券或者衍生产品发行、交易,境内机构、境内个人向境外直接投资或者从事境外有价证券、衍生产品发行、交易,都应当按照相关规定经过批准或办理登记。

国家对外债实行规模管理。借用外债应当按照国家有关规定办理,并到外汇管理机关办理外债登记。国务院外汇管理部门负责全国的外债统计与监测,并定期公布外债情况。

提供对外担保,应当向外汇管理机关提出申请,由外汇管理机关根据申请人的资产负债等情况作出批准或者不批准的决定;国家规定其经营范围需经有关主管部门批准的,应当在向外汇管理机关提出申请前办理批准手续。申请人签订对外担保合同后,应当到外汇管理机关办理对外担保登记。但是,经国务院批准为使用外国政府或者国际金融组织贷款进行转贷提供对外担保的,无须受此约束。

银行业金融机构在经批准的经营范围内可以直接向境外提供商业贷款。其他境内机构向境外提供商业贷款,应当向外汇管理机关提出申请,外汇管理机关根据申请人的资产负债等情况作出批准或者不批准的决定;国家规定其经营范围需经有关主管部门批准的,应当在向外汇管理机关提出申请前办理批准手续。向境外提供商业贷款,应当按照国务院外汇管理部门的规定办理登记。

资本项目外汇收入保留或者卖给经营结汇、售汇业务的金融机构,应当经外汇管理机关批准,但国家规定无须批准的除外。

资本项目外汇支出,应当按照国务院外汇管理部门关于付汇与购汇的管理规定,凭有效单证以自有外汇支付或者向经营结汇、售汇业务的金融机构购汇支付。国家规定应当经外汇管理机关批准的,应当在外汇支付前办理批准手续。依法终止的外商投资企业,按照国家有关规定进行清算、纳税后,属于外方投资者所有的人民币,可以向经营结汇、售汇业务的金融机构购汇汇出。

资本项目外汇及结汇资金,应当按照有关主管部门及外汇管理机关批准的用途使用。外汇管理机关有权对资本项目外汇及结汇资金使用和账户变动情况进行监督检查。

四、金融机构外汇业务管理制度

金融机构经营或者终止经营结汇、售汇业务,应当经外汇管理机关批准;经营或者终止经营其他外汇业务,应当按照职责分工经外汇管理机关或者金融业监督管理机构批准。外汇管理机关对金融机构外汇业务实行综合头寸管理。

金融机构的资本金、利润以及因本外币资产不匹配需要进行人民币与外币间转换的,应当经外汇管理机关批准。

五、人民币汇率和外汇市场管理

人民币汇率实行以市场供求为基础的、有管理的浮动汇率制度。经营结汇、售汇业务的金融机构和符合国务院外汇管理部门规定条件的其他机构,可以按照国务院外汇管理部门的规定在银行间外汇市场进行外汇交易。外汇市场交易应当遵循公开、公平、公正和诚实信用的原则。外汇市场交易的币种和形式由国务院外汇管理部门规定。国务院外汇管理部门依法监督管理全国的外汇市场。国务院外汇管理部门可以根据外汇市场的变化和货币政策的要求,依法对外汇市场进行调节。

思考题

1. 如何将人工智能等技术创新和法律制度创新结合起来,加强反洗钱效果?

2. 如何确保反洗钱法律制度在保护公共利益的同时,尊重个人隐私权和数据保护原则? 在涉及数据跨境流动的相关限制时,应当如何处理?

3. 如何加强国际合作,克服司法跨界问题,以更有效地追踪和打击跨境洗钱和外汇违规活动?

拓展阅读

1. 韩龙:《金融法与国际金融法前沿问题》,清华大学出版社 2018 年版。

2. 金赛波、付荣等编著:《中国法院审理洗钱罪实务和案例判决书精选》,法律出版社 2016 年版。

3. 何萍:《洗钱与反洗钱动态研究》,法律出版社 2012 年版。

4. 中国人民银行反洗钱局、中国反洗钱监测分析中心编:《反洗钱监管典型案例汇编》,中国金融出版社 2019 年版。

5. 欧阳卫民主编:《中外洗钱案例评析》,法律出版社 2005 年版。

6. 林安民:《我国反洗钱立法演变研究》,厦门大学出版社 2010 年版。

7. 孙陵霞:《基于国际视角的反洗钱政策研究》,中国财政经济出版社 2019 年版。

8. 储峥、魏玮主编:《反洗钱监管概论》,中国财政经济出版社 2021 年版。

9. 孙天琦主编:《外汇管理体制改革与创新》,中国金融出版社 2018 年版。

10. 郑双庆编著:《中国外汇管理体制改革百题问答》,新华出版社 2014 年版。

11. 翟东升:《货币、权力与人》,中国社会科学出版社 2019 年版。

12. [美]乔纳森・科什纳:《货币与强制》,李巍译,上海人民出版社 2020 年版。

第四编

金融监管法

银行业监管法律制度
保险业监管法律制度
证券与期货市场监管法律制度
信托与基金市场监管法律制度

第七章　银行业监管法律制度

学习目标

1. 低阶学习目标

(1) 了解银行业监管的法律内涵与外延

(2) 了解银行业监管法规体系

(3) 熟悉银行业监管行为规则、审慎经营规则与行为监管规则之间的区别与联系

2. 高阶学习目标

(1) 分析银行业审慎监管与行为监管之间的关系

(2) 阐述银行业资本监管的主要框架

(3) 阐述普惠金融与银行业消费者保护之间的区别与联系

案例研讨

2014 年 7 月 4 日，上海浦东发展银行股份有限公司济南分行(以下简称浦发银行)与山东大禹建工机械有限公司(以下简称大禹公司)签订了《流动资金借款合同》，约定大禹公司向浦发银行贷款人民币 300 万元。同日，浦发银行与大禹公司签订了《保证金质押合同》。合同签订后，浦发银行依约于 2014 年 7 月 4 日向大禹公司发放贷款 300 万元，大禹公司于同日向浦发银行指定保证金账户存入保证金 60 万元。借款到期后，大禹公司未按约还本付息。

一审法院认为，浦发银行已经按约履行了放款义务，大禹公司应当按约偿还借款并支付利息。浦发银行未扣划造成利息损失，系自己未及时履行扣划款造成。浦发银行认为一审法院扣除大禹公司保证金 60 万元作为利息计算基准不当，故提起上诉。大禹公司抗辩称，偿还借款利息应当按实际借款数额计算，不应当按合同数额计算。浦发银行的贷款行为违反原银监会《关于整治银行业金融机构不规范经营的通知》第 1 条关于银行贷款不得以贷转存、不得存贷挂钩等变相增加利息的规定。

二审法院认为，浦发银行与大禹公司签订的《流动资金借款合同》明确约定借款金额为 300 万元，合同签订后，大禹公司也认可收到 300 万元。至于大禹公司同日打入浦

发银行保证金账户的60万元,系大禹公司在履行《保证金质押合同》约定的担保义务,并不影响实际放款300万元的事实。因此,二审法院纠正了一审判决对利息的认定。①

另外,国家金融监督管理总局官网显示,恒丰银行股份有限公司西安分行曾因“以贷转存,贷款资金回流用于购买本行理财、办理存单、缴存保证金”被原陕西银保监局依据《银行业监督管理法》第46条而处以罚款40万元人民币。②

请研讨:

1. 浦发银行要求大禹公司提供60万元保证金的行为是否违反原银监会《关于整治银行业金融机构不规范经营的通知》第1条关于银行贷款不得以贷转存等相关规定?

2. 如同恒丰银行股份有限公司西安分行曾被监管部门以以贷转存实施处罚,假设浦发银行济南分行亦被监管部门以违反原银监会《关于整治银行业金融机构不规范经营的通知》的规定实施处罚,是否影响《流动资金借款合同》及《保证金质押合同》的效力?

3. 商业银行依据《保证金质押合同》对保证金账户的资金予以扣划的行为是否符合法律规定?本案中,对于借款金额及其利息的认定,是否应当扣除保证金账户的资金?

4. 对于违反金融监管规定的合同,是认定合同无效还是根据实际情形来审视合同的效力,才能更好发挥金融监管与金融司法的协同效应?

第一节 银行业监管法规体系

一、银行业监管法规的内在逻辑

银行业监管法规之所以成为体系,是因为其背后有一套内在的逻辑将相关监管法规串联起来。这些蕴含在法律文本背后“看不见”的东西就是银行业监管法规的内核所在。具体而言,银行业监管法规的核心主要由以下要素构成:

---

① 参见山东省济南市中级人民法院民事判决书,(2017)鲁01民终2419号。

② 参见《陕西银保监局行政处罚信息公开表(陕银保监银罚决字〔2019〕15号)》,载国家金融监督管理总局2019年3月4日,http://www.cbirc.gov.cn/cn/view/pages/ItemDetail.html?docId=213318&itemId=4114&generaltype=9。

（一）监管目标

银行业监管法规是银行业监管的法治保障。监管目标为银行业监管指明了方向，同时也是监管法规的出发点和落脚点。巴塞尔银行监督管理委员会2012年修订发布的《有效银行监管核心原则》（以下简称《巴塞尔核心原则》）明确银行监管的首要目标是促进银行和银行体系的安全稳健运行。我国《银行业监督管理法》遵循了《巴塞尔核心原则》的相关要求，规定我国银行业监督管理的目标是促进银行业的合法、稳健运行，维护公众对银行业的信心。另外，“保护银行业公平竞争，提高银行业竞争能力”亦是我国银行业监管的法定目标。我国上至《银行业监督管理法》，下至银行业监管的各类规范性文件，制定目的无不是提升银行监管的有效性，实现银行监管的各项目标。因此，监管目标的一致性是银行业监管法规的共性特质所在。

（二）监管原则

银行业监管原则是实施银行业监管的基本准则。监管原则既可能源于监管目标的要求，也可能源自更为基础的价值追求。《巴塞尔核心原则》规定了监管主体独立性、依法监管、“内控”与“外控”相结合、稳健运行与风险预防、母国与东道国共同监管等原则。我国《银行业监督管理法》第4条明确：“银行业监督管理机构对银行业实施监督管理，应当遵循依法、公开、公正和效率的原则。”其中，依法原则、公开原则与公正原则均源于法治原则。依法原则是银行业监管法规体系的显性纽带。《银行业监督管理法》第15条明确规定：“国务院银行业监督管理机构依照法律、行政法规制定并发布对银行业金融机构及其业务活动监督管理的规章、规则。”这在银行业监管法规实践中也得到了充分验证，几乎所有的银行业监管部门规章均开宗明义地规定《银行业监督管理法》是其制定依据之一。公开原则与公正原则是法治的基本内涵所在，其既体现为实体正义，亦体现为程序正义。一方面，《银行业监督管理法》第12条明确规定，银行业监管部门应当公开监督管理程序。《中国银保监会规范性文件管理办法》则将“公开发布”作为银行业监管领域规范性文件的基本属性之一。另一方面，银行业监管法规蕴含的公正原则更直接体现在监管程序的规定上。《中国银保监会行政处罚办法》（以下简称《行政处罚办法》）、《中国银保监会现场检查办法（试行）》等监管法规均规定了回避的相关要求。另外，效率原则也是银行业监管法规的基本原则之一。效率原则的含义较为丰富，其中，该管则管、该放则放、节约监管成本是效率原则的重要体现。原银监会办公厅《关于推进简政放权改进市场准入工作有关事项的通知》、原银保监会办公厅《关于深化银行业保险业“放管服”改革优化营商环境的通知》等监管法规均充分体现了效率原则的要求。

（三）监管方式

监管方式，是指银行业监管在遵循监管原则的前提下为实现监管目标而采取的主要方法与措施。

按照监管所追求实现的效果，银行业监管方式可分为审慎监管与行为监管。审慎监管是对银行业金融机构防控风险能力的监管，行为监管则致力于维护市场良好秩序、实现有序市场竞争、保护消费者合法权益。审慎监管与行为监管既相互区分又相互联系。在监管导向上，审慎监管侧重于微观及宏观的风险防范与金融安全，更多涉及技术性的财务指标，一般以微观个体金融机构以及宏观金融体系为关注点；行为监管的价值追求则在于公平有序与诚实信用，带有一定商业道德与文化伦理性，往往站在消费者与市场竞争者的视角。审慎监管是金融监管特有的表述，明显带有金融业监管的个性；行为监管则更多体现金融业监管作为一种市场监管的共性特点。在监管侧重点上，审慎监管侧重于金融机构的财务数据指标，往往需要计量统计。行为监管则主要关注具象化的市场行为，如营销行为、签约行为、收费行为等，其监管对象不仅涉及机构，而且亦包括从事行为的人，即金融机构从业人员。在监管方式与后果上，审慎监管往往采用准入管理、数据监测、提示纠正等方式，行为监管主要通过执法惩戒来实现。当然，审慎监管与行为监管在本质上是相通的，其内在逻辑在于管控行为以防范风险、维护金融安全，而实现金融机构及金融体系的健康安全又是维护金融消费者合法权益与实现市场公平竞争的基础。① 我国现行银行业监管法规的内容无不体现了审慎监管或行为监管的相关要求，后文将对此作出进一步展开。

按照监管主体所采取的路径，银行业监管方式可分为市场准入、非现场监管、现场检查、风险处置等。从行政法学理论分析，以上监管方式大多可以与行政许可、行政检查、行政处罚等业已类型化的具体行政行为相对应，从而应统一适用《中华人民共和国行政许可法》、《中华人民共和国行政处罚法》（以下简称《行政处罚法》）等行政领域基本法律的相关要求。

二、银行业监管法规的体系脉络

银行业监管法规是一个逻辑层次清晰、制定主体集中、规范对象聚焦、目标导向多元的规则体系。其中，《银行业监督管理法》无疑扮演着树干的核心角色，为我国银行业监管法规体系这棵枝繁叶茂的大树提供了有效支撑。本书拟从以下 4 个维度，进一

---

① 参见陆海天：《论我国银行业行为监管的执法困境及其现实出路——以银行业“不规范经营”监管执法为中心》，载《法律科学（西北政法大学学报）》2020 年第 4 期。

步透视分析我国的银行业监管法规体系。

(一)层级维度

从法规位阶视角透视,可发现我国银行业监管法规体系呈现一种类似金字塔的形态。处于塔尖的顶层设计是位阶效力最高的法律。法律由全国人大及其常委会制定通过。与银行业监管直接相关的法律主要有4部,除《银行业监督管理法》外,还包括《商业银行法》《中国人民银行法》《反洗钱法》。《商业银行法》关于监督管理、接管和终止以及法律责任的规定与《银行业监督管理法》存在重合之处,此时《商业银行法》可作为特别法优先适用。

由国务院制定的行政法规处于金字塔自上而下的第二层。国务院1999年发布的《金融违法行为处罚办法》从名称看似乎针对所有金融违法行为,但其明确规定并不适用于证券业、保险业,而是属于纯粹的银行业监管法规。并且该法规是现行银行业监管法规体系中唯一专门具体规定金融违法定性量罚的实体规则法规。另外,《国有重点金融机构监事会暂行条例》、《金融资产管理公司条例》、《金融机构撤销条例》、《中华人民共和国外资银行管理条例》(以下简称《外资银行管理条例》)等均是银行业监管领域现行有效的行政法规。

从数量上看,部门规章与规范性文件构成了银行业监管法规的主体。截至2023年7月底,现行有效的银行业监管部门规章有60多部,规范性文件有400多部。

(二)主体维度

银行监管属于行政权范畴。如果按照对监管的广义理解,监管即等同于行政管理,那么可对我国银行业实施行政管理的行政部门着实不少。除金融行业管理部门外,市场监管、财政、税务等行政机关均对银行业有一定行政管理权。在收费管理、广告宣传、不正当竞争等领域,还存在与金融管理部门监管职权交叉的情形。因此,上述行政部门除制定普遍适用包括银行业在内的各个行业的监管法规之外,亦制定了不少专门适用于银行业的监管规定。比如,财政部、国家税务总局制定了《关于银行业金融机构存款保险保费企业所得税税前扣除有关政策问题的通知》。在金融行业管理层面,中国人民银行与国家金融监督管理总局亦存在许多行政管理职权重合之处。但按照对监管的狭义理解,银行业监管即为银行监管部门的监管。中国人民银行对银行业的监管属于金融调控范畴。2020年,中国人民银行基于对银行业开展宏观审慎监管的目标,已对系统重要性银行明确了相关监管要求。本书所指的银行业监管即为狭义上的银行监管部门的监管。

（三）客体维度

顾名思义，银行业监管法规的调整对象即为银行业。那么如何界定银行业呢？根据现行《银行业监督管理法》的规定，银行业监管规范的对象包括监管主体和市场主体两类。

第一类规范对象是监管主体，即为银行业监督管理机构（含派出机构）及其工作人员。《银行业监督管理法》绝大多数条文以及部分银行业监管法规（如《中国银行保险监督管理委员会派出机构监管职责规定》）规制的即为前述对象。

第二类规范对象是市场主体。首先，从类型的角度看，市场主体包括银行业金融机构、机构从业人员、股东、合作机构以及交易对手、客户等。根据《银行业监督管理法》的规定，目前我国银行业监管对象主要聚焦于银行业金融机构。董事、高级管理人员以及规定比例以上的股东仅在准入环节等纳入监管。2006 年《银行业监督管理法》修改时赋予银行业监管机构对银行业金融机构以外的相关单位和个人进行调查的权力（相关调查权）。而且，该法第 48 条规定，当且仅当银行业金融机构违法违规时，方可追究银行业金融机构相关责任人的责任，而不能在银行业金融机构未违规的情形下径直追究相关责任人的责任。上述规定进一步说明银行业监管主要以机构为监管对象。从未来监管发展趋势看，银行业监管对象将借鉴我国保险业以及证券业监管模式，将监管对象从银行业金融机构扩展至银行业所有相关市场主体，从而更好提升监管有效性。其次，从境内外的角度看，根据《银行业监督管理法》第 2 条的规定，银行业监管对象除了境内设立的银行业金融机构之外，亦包括境内设立的银行业金融机构在境外的业务活动以及经银行业监督管理机构批准在境外设立的金融机构。原银监会《关于进一步加强银行业金融机构境外运营风险管理的通知》、原银保监会办公厅《关于加强中资商业银行境外机构合规管理长效机制建设的指导意见》均是支撑我国涉外银行业监管的重要规制文件。另外，在坚持内外资银行业金融机构监管标准基本一致的前提下，针对外资银行特别是外资银行分行营运资金由境外母行拨付等特殊性，我国也出台了《外资银行管理条例》《中华人民共和国外资银行管理条例实施细则》等监管法规以强化对外资银行的监管。

（四）内容维度

监管目标、监管原则与监管方式决定了银行业监管法规的内容。具体来看，银行业监管法规可分为监管行为规则、审慎经营规则与行为监管规则三类。所谓监管行为规则，是旨在规范市场准入、非现场监管、现场检查、行政处罚等具体行政行为相关的规则办法，目的是规范监管者自身行为。所谓审慎经营规则，是旨在实施银行业审慎监管、提升银行业金融机构风险防范能力的相关规则办法。《银行业监督管理法》第 21

条第2款以列举的方式,规定审慎经营规则包括风险管理、内部控制、资本充足率、资产质量、损失准备金、风险集中、关联交易、资产流动性等内容。所谓行为监管规则,是旨在实施银行业行为监管、维护市场良好秩序、实现有序市场竞争、保护消费者合法权益的相关规则办法。目前行为监管规则尚未成为法定概念,但贯彻行为监管规则的法规将在银行业监管法规体系中扮演越来越重要的角色。

三、银行业监管法规的个性特征

银行业监管法规除了遵循法律的一般规律之外,还带有鲜明的个性特征。

第一,对国际监管规制的转换较为显著。银行监管是舶来品,其监管规则大量参考了《巴塞尔核心原则》等国际监管标准。据统计,《银行业监督管理法》的52个条文中,有27条都直接体现了《巴塞尔核心原则》的思想。① 银行法相较于其他法律乃至金融立法具有更明显的国际性。因为银行业金融机构,特别是商业银行承担着国际支付结算、外汇交易等跨境金融服务,并且在外国设立分支机构实施经营的也大多为银行业金融机构。如果没有统一的规则,相关业务就无法顺利开展。另外,国际金融组织在推动国际金融监管规则的统一上也发挥了举足轻重的作用。比如,由国际货币基金组织和世界银行联合启动的金融部门评估规划(Financial Sector Assessment Program, FSAP)在推动国际金融监管标准实施上有着重要影响力。

第二,规定的技术性、专业性较强,不少法规带附件、附公式。比如,原银监会出台的《商业银行资本管理办法(试行)》(已失效)共有17个附件,正文和附件部分均有很多数学公式。《商业银行杠杆率管理办法》亦是如此。这与其他类型法规存在明显的差异。

第三,指引性规范占相当大比例。据不完全统计,截至2021年6月底,有3部银行业监管部门规章与81个规范性文件使用“指引”作为文件标题。其中,在风险管理类的监管规制中使用“指引”的比例更高。这一方面体现了银行业监管注重参考国际监管良好标准,强化柔性指导的监管理念;另一方面也反映出银行业监管法规仍存在强制性规则与倡导性规则区分不清的不足,需在未来进一步完善。②

第四,存在专门规制单个机构的监管规定。普遍适用性是法规的一般特征。但银行业监管法规中有一类是专门规范某一家机构的,该机构往往在国家金融体系中具有特殊地位。在某种意义上,该机构承担着一定的社会经济职能或者属于金融业监管基础设施。《国家开发银行监督管理办法》《中国进出口银行监督管理办法》《中国农业

---

① 参见黄毅:《银行监管法律研究》,法律出版社2009年版,第154页。

② 同上书,第129页。

发展银行监督管理办法》等部门规章以及《中国信托业保障基金有限责任公司监督管理办法》《中国信托登记有限责任公司监督管理办法》就是其中的典型代表。

第二节 银行业监管行为规则

一、组织运行规则

银行业监管的组织运行规则规定了我国银行业监管机构及其派出机构的设置要求、基本职能、授权关系等内容。上述规则主要由《银行业监督管理法》、《中国银行保险监督管理委员会职能配置、内设机构和人员编制规定》(以下简称《编制规定》)、《中国银行保险监督管理委员会派出机构监管职责规定》等构成。现行《银行业监督管理法》存在国务院银行业监督管理机构与银行业监督管理机构两种表述。一般认为,前者指代银监会,后者指代银监会及其派出机构。但该法相关表述与实践存在脱节现象。比如,该法第 16 条规定国务院银行业监督管理机构对银行业金融机构具有行政许可职权,但相关法规明确派出机构亦承担行政许可职责,这有待于修法时进一步完善。2018 年国务院机构改革后,《银行业监督管理法》规定的国务院银行业监督管理机构即为银保监会。《编制规定》明确银保监会为正部级国务院直属事业单位,并承担 15 项与银行业监管相关的具体职责。其中,银保监会对于银行业监管的行政立法职能被表述为"依据审慎监管和金融消费者保护基本制度,制定银行业和保险业审慎监管与行为监管规则",这为银行业监管法规体系的分类提供了有力支撑。需要说明的是,2018 年国务院机构改革后,银行业重要法律法规草案的起草被归为中国人民银行的职责,银保监会负责起草其他银行业法律法规草案以及制定部门规章、规范性文件等。银保监会实施行政立法职能,除遵循《规章制定程序条例》外,亦出台了《中国银保监会规范性文件管理办法》等以提升监管规制质量。另外,《编制规定》按照功能监管与机构监管的理念,将中国银保监会的内设部门划分为 27 个。其中,功能监管部门包括法规部、统计信息与风险监测部等 11 个,机构监管部门包括政策性银行监管部、国有控股大型商业银行监管部等 8 个银行业监管部门,构筑了银行业监管的基本组织架构。

2023 年国务院机构改革后,在银保监会的基础上成立了国家金融监督管理总局。目前国家金融监督管理总局"三定"方案尚未公布。

二、行政许可规则

银行业守护着老百姓的"钱袋子",与国家经济安全、社会公众利益密切。世界各国普遍将银行业作为特许经营行业,实施严格管制,我国也不例外。在银行业经营中,并不遵循“法无禁止即可为”的一般市场逻辑,而是按照“法有规定才可为”的原则运行。因此,行政许可在银行业监管中扮演着相当重要的角色。我国银行业监管行政许可规则呈现以下特点:

第一,程序法与实体法相分离,程序性规则体现统一性,实体性规则体现差异性。我国现行银行业监管行政许可规则体系呈现“2+6”格局。“2”即《中国银保监会行政许可实施程序规定》与《银行保险机构许可证管理办法》2 部程序法规定。前者规定了行政许可申请、受理、审查、决定、送达与公示等实施流程。后者规定了特殊的行政许可载体——行政许可证的颁发、换发与收缴等操作规范。由于银保监会既负责银行业监管,又负责保险业监管,可以在行政许可程序上,两类监管实现了规则的统一。“6”即《中国银保监会中资商业银行行政许可事项实施办法》《中国银保监会农村中小银行机构行政许可事项实施办法》《中国银保监会外资银行行政许可事项实施办法》《中国银保监会非银行金融机构行政许可事项实施办法》《中国银保监会信托公司行政许可事项实施办法》《银行业金融机构董事(理事)和高级管理人员任职资格管理办法》。上述 6 部部门规章覆盖了银行业金融机构的所有类型,主要涉及行政许可条件等实体要求,凸显了银行监管部门对不同类型机构的差异化监管要求,体现了银行业监管的针对性。以中资商业银行、农村中小银行、外资银行 3 类吸收存款类银行业金融机构为例,银行业监管法规规定了差异化的最低注册资本要求。国有控股大型商业银行、中国邮政储蓄银行、股份制商业银行需实缴的最低注册资本为 10 亿元人民币,城市商业银行需实缴的最低注册资本为 1 亿元人民币,农村商业银行需实缴的最低注册资本为 5000 万元人民币,农村信用合作联社需实缴的最低注册资本为 300 万元人民币。村镇银行则进一步细分为 4 类:在县(区)设立的村镇银行,需实缴的最低注册资本为 300 万元人民币;在乡(镇)设立的村镇银行,需实缴的最低注册资本为 100 万元人民币;投资管理型村镇银行的注册资本最低限额为 10 亿元人民币;“多县一行”制村镇银行的注册资本最低限额为 1 亿元人民币。农村资金互助社也可分为 2 类:在乡(镇)设立的农村资金互助社,需实缴的最低注册资本为 30 万元人民币;在行政村设立的农村资金互助社,需实缴的最低注册资本为 10 万元人民币。外商独资银行、中外合资银行需实缴的最低注册资本为 10 亿元人民币。其中,外商独资银行、中外合资银行与国有控股大型商业银行、中国邮政储蓄银行、股份制商业银行的最低注册资本要求保持一致,也体现出在尊重机构差异性前提下的对中外资银行监管标准的统一性。

第二,实体法聚焦机构、业务与人员 3 个维度。从 6 部实体性行政许可规章看,5

部以机构维度切入更体现综合性,1 部以人员维度切入更体现专业性。前者在章节内容安排上覆盖机构设立、机构变更、机构终止、调整业务范围和增加业务品种、董事(理事)和高级管理人员任职资格许可(核准)等内容。后者规定了银行业金融机构董事(理事)和高级管理人员的任职资格条件等内容。需注意的是,现行银行业监管法规对人员的行政许可监管仅限于机构董事和高级管理人员,并不包括机构监事,这与保险业、证券业将金融机构董事、高级管理人员与监事全部纳入行政许可监管存在显著差异。从未来修法趋势看,银行业监管亦可能借鉴其他金融行业监管经验,将董事、高级管理人员与监事一体纳入行政许可监管。

第三,许可规则中涉及准入内容多,涉及退出内容较少。以不吸收公众存款的非银行金融机构为例,相关行政许可规章中涉及机构设立的条款有 104 条,涉及机构终止的条款仅有 10 条。这种“重出生、轻死亡”的监管法规内容设置尽管与实践中银行业金融机构“牌照”含金量高、实施退出的银行业金融机构较少等现象有关,但随着市场经济的发展以及“简政放权”的持续深入,银行业金融机构实施退出的情形也将越来越普遍,有关退出的行政许可法规“颗粒度”也亟待进一步细化。

三、非现场监管规则

(一)制定并实施银行业非现场监管规则的必要性

非现场监管是银行业监管的重要手段,在监管流程、风险识别判断、监管行动制定和实施中发挥核心作用。制定并实施银行业非现场监管规则既是落实国际监管标准的客观需要,也是提升我国银行业监管治理能力、有效防范风险的内在要求。

从国际上看,《巴塞尔核心原则》明确了实施非现场监管对于银行业监管的重要性以及实施非现场监管的主要方式。原则八“监管方式”指出:“有效银行监管体系要求监管机构能够开展对单家银行和银行集团风险的前瞻性评估,并识别、评估和应对单家银行和整个银行体系的风险”。原则九“监管技术和工具”进一步要求:“监管机构应运用一系列恰当技术和工具实施监管,并根据银行的风险状况和系统重要性配置监管资源。”同时,原则十“监管报告”认为,应赋予“监管机构在单个法人和并表基础上收集、审核和分析各家银行的审慎监管报告和统计报表”的权力。

从国内看,一方面,截至 2023 年 7 月底,我国银行业金融机构有 4608 家,而监管资源又是相对有限的,所以实施包括监管评级在内的非现场监管,能清晰确定监管重点、合理配置监管资源、提升监管效率。另一方面,通过非现场监管,借助大数据等科技手段,及时收集银行业经营信息,可实现对银行业经营风险的早预防、早发现、早纠正,切实提升我国银行业监管的风险防范能力。

（二）我国银行业非现场监管规则的现状与特点

我国银行业非现场监管法规已形成以《银行业监督管理法》第 33 条、《商业银行法》第61 条等为依据，以《中国银监会非现场监管暂行办法》（以下简称《非现场监管暂行办法》）为核心，以《非现场监管指标定义及计算公式》等规范性文件为配套的制度体系。我国银行业非现场监管法规总体呈现突出风险为本、强化数据治理、注重科技应用、监管手段丰富等特点。

（三）我国银行业非现场监管规则的主要内容

1. 明确了银行业非现场监管的概念

《非现场监管暂行办法》第 3 条明确规定，银行业非现场监管是指通过收集银行业金融机构以及行业整体的业务活动和风险状况的报表数据、经营管理情况及其他内外部资料等信息，对银行业金融机构以及行业整体风险状况和服务实体经济情况进行分析，作出评价，并采取相应措施的持续性监管过程。

2. 搭建了非现场监管的基本框架

一是明确了国家金融监督管理总局及其派出机构的非现场监管职责分工，规定由国家金融监督管理总局负责制定非现场监管规则，实施对全国性银行业金融机构的非现场监管，由国家金融监督管理总局派出机构负责辖内银行业金融机构以及银行业区域性风险的非现场监管。二是规定了监管机构应当健全数据、信息采集和管理工作制度，并督促银行业金融机构持续强化数据、信息系统建设。同时，应做好数据审核、传递、共享、报告和归档等相关工作。三是建立了非现场监管联动工作机制，规定非现场监管应加强与市场准入和现场检查的衔接，形成三者之间相辅相成、相互补充的有机整体。

3. 规范了非现场监管的操作流程

我国银行业非现场监管的对象主要有单体法人（集团）机构风险与系统性区域性风险两类。对于单体法人（集团）机构风险，主要明确了制定监管计划、实施日常监测分析、开展风险评估、落实现场检查联动、采取监管评级、做好监管总结等非现场监管各环节的要求。对于系统性区域性风险，主要依托系统性区域性风险监测识别与防范控制两类方式。系统性区域性风险的监测识别，要求牵头部门制定年度系统性区域性风险监管工作计划、加强信息采集、建立风险识别指标体系等。系统性区域性风险的防范控制，要求牵头部门针对可能引发系统性区域性风险的突发风险事件，根据风险严重程度建立分级预警和处置机制，明确相应的预警标准和处置措施、程序，及时有效预警和处置突发风险。

4.设置多样化的监管措施以提升非现场监管有效性

为提升非现场监管有效性,《非现场监管暂行办法》第73条规定,银行业监管机构应当根据非现场监管的风险分析和评价结果,适时采取相应的监管措施,指导、提示银行业金融机构了解和关注重点风险,督促其持续改进内部控制,提高风险管理水平,切实防范化解风险。所谓相应的监管措施可分为常规性监管措施和预防性监管措施两类。常规性监管措施包括采取窗口指导、提高信息报送频率、督促开展自查、要求充实风险管理力量、做出风险提示和通报、进行监管谈话、开展现场检查等。预防性监管措施包括依法采取开展或要求开展压力测试、要求制定应急预案并开展演练、明确恢复处置安排、做出流动性承诺、资本补充承诺等。

四、现场检查规则

(一)制定并实施银行业监管现场检查规则的必要性

现场检查是国家金融监督管理总局及其派出机构监督管理的重要组成部分,通过发挥查错纠弊、校验核实、评价指导、警示威慑等作用,督促银行业机构贯彻落实国家宏观政策及监管政策,提高经营管理水平、合法稳健经营,落实银行业机构风险防控的主体责任,维护银行业安全,更好服务实体经济发展。另外,实施现场检查亦是国际银行业监管的普遍准则和通常做法。比如,《巴塞尔协议Ⅱ》就把以现场检查为核心的监督检查方式作为实现有效资本监管的三大支柱之一。

(二)我国银行业监管现场检查规则的现状与特点

我国银行业监管现场检查法规已形成以《银行业监督管理法》第34条、《商业银行法》第62条等为依据,以《中国银保监会现场检查办法(试行)》(以下简称《现场检查办法》)为核心,以《中国银保监会现场检查立项和实施程序规定(试行)》《中国银监会现场检查质量管理办法》《中国银监会统计现场检查规程(暂行)》等规范性文件为配套的制度体系。我国银行业现场检查法规总体呈现强化流程管理、体现监管联动、注重科技应用、突出结果运用等特点。

(三)我国银行业监管现场检查规则的主要内容

1.明确现场检查概念及职责分工

一是将现场检查界定为国家金融监督管理总局及其派出机构依法对机构经营管理情况进行监督检查的行政执法行为。这里所指的“机构经营管理情况”的含义较为广泛,不仅包括机构违法违规问题,也包括机构经营中可能存在的风险隐患,还包括机构执行服务实体经济等国家政策执行情况。这与“调查”的概念有所区分。根据银行业行政处罚规则以及《现场检查办法》关于相关调查权的规定,对涉嫌违法违规内容的检查称为“调查”。二是明确了现场检查职责分工，在纵向维度上，国家金融监督管理总局负责统筹全系统现场检查工作，各派出机构负责统筹辖内现场检查工作。同时，根据需要，国家金融监督管理总局可对其派出机构监管的机构、相关派出机构可对辖内分支机构监管的机构直接开展现场检查。在内部维度上，国家金融监督管理总局及其派出机构现场检查部门负责现场检查的归口管理，其他内设机构监管和功能监管等部门积极配合开展现场检查工作，负责提出现场检查立项建议，加强信息共享，提供现场检查所需的数据、资料和相关信息。

2. 区分现场检查类型

银行业监管现场检查分为常规检查、临时检查和稽核调查。常规检查是指纳入年度现场检查计划的检查。按检查范围可以分为风险管理及内控有效性等综合性检查，对某些业务领域或区域进行的专项检查，对被查机构以往现场检查中发现的重大问题整改落实情况进行的后续检查。临时检查是在年度现场检查计划之外，根据重大工作部署或临时工作任务开展的检查。稽核调查是适用简化现场检查流程对特定事项进行专门调查的活动。

3. 严格规范现场检查实施程序

银行业监管现场检查作为行政执法行为，严格遵循依法原则，对实施程序有严格规定。《现场检查办法》将现场检查分为立项管理、检查实施、检查处理、考核评价 4 个环节。立项管理是现场检查的重点环节。《现场检查办法》明确“未经立项审批程序，不得开展现场检查”。现场检查计划中确需调整的个别项目，每年中期集中调整一次，临时立项检查需经国家金融监督管理总局或银保监局主要负责人批准。同时，现场检查亦遵循“双随机”要求，突出现场检查立项的严肃性、科学性和公平性。

4. 丰富检查方式和检查手段

一是丰富检查方式，包括规定银行业金融机构应在外聘审计机构合同中明确外聘审计人员有配合监管部门检查的责任，加强对内部审计的指导和质量控制等；二是强化信息技术手段的运用，必要时，可采取线上检查、函询稽核等新型检查方法。所谓线上检查是运用信息技术和网络技术分析筛查疑点业务和机构并实施的穿透式检查。所谓函询稽核是对重大风险或问题通过下发质询函等方式检查核实的活动。

五、行政处罚规则

（一）制定并实施银行业监管行政处罚规则的必要性

一方面，行政处罚是银行业监管的重要工具。通过加大对银行业违法行为的惩处力度，提高违法成本，可以提高金融机构的合规意识和风险控制能力，降低金融机构的经营风险，增强整个金融体系的稳健性，保障金融市场的公平和公正。另一方面，行政处罚是监管执法的重要环节。通过完善行政处罚相关规则，可以进一步规范监管行为，提高监管水平和效率，防范监管腐败，提升监管机构的依法监管水平。

（二）我国银行业监管行政处罚规则的现状与特点

我国银行业监管行政处罚法规体系已形成以《银行业监督管理法》《商业银行法》有关法律责任的章节、《金融违法行为处罚办法》以及银行业监管审慎经营的规范性文件等为实体规定，以《行政处罚办法》《银行业行政处罚工作补充规定》等为程序规定的制度体系。

我国银行业监管行政处罚法规体系总体呈现如下特点：一是处罚理念上，坚持公平正义与实现监管目的相结合。二是处罚管辖上，以机构属人监管为主、属地管辖为辅。三是处罚对象上，罚个人以罚机构为前提，需要区分各层级的责任主体。四是处罚依据上，银行业监管行政处罚的违法定性依据较为广泛，从法律到规范性文件都属于《银行业监督管理法》第21条所称的"审慎经营规则"。除《金融违法行为处罚办法》将违法定性与量罚规则直接相连外，银行业监管的违法定性与量罚规则相分离，通常采用"链接"方式将前述违法定性依据挂靠到设有处罚条款的《银行业监督管理法》《商业银行法》等高位阶法律来实现追究违规责任的目的。五是处罚程序上，全面贯彻"查审决"分离，不存在当场作出行政处罚等简易程序的应用。六是处罚时效上，根据2021年7月正式施行的《行政处罚法》第36条的规定，对于涉及金融安全且有危害后果的银行业违法行为，其追责期限由普通违法行为的2年延长为5年。

（三）我国银行业监管行政处罚规则的主要内容

1. 银行业监管行政处罚实体量罚规则

我国银行业监管行政处罚实体量罚规则规定的行政处罚种类主要涉及声誉罚、财产罚和资格罚3类。第一，声誉罚的处罚种类为警告。《金融违法行为处罚办法》规定的警告条款共21条，适用对象均为银行业金融机构。《银行业监督管理法》与《商业银行法》规定的警告条款均仅有1条，适用对象均限于对银行业金融机构违法承担直接责任的董事、高级管理人员和其他直接责任人员。第二，财产罚的处罚种类为罚款与没收违法所得。《金融违法行为处罚办法》规定的罚款条款共23条，最高罚款为50万元，最低罚款为1万元；规定的没收违法所得条款共15条，没收违法所得倍数为1～5倍。《商业银行法》规定的罚款条款共9条，最高罚款为200万元，最低罚款为5万元；规定的没收违法所得条款共6条，没收违法所得倍数为1～5倍。《银行业监督管理法》规定的罚款条款共5条，最高罚款为200万元，最低罚款为5万元；规定的没收违法所得条款共2条,没收违法所得倍数为1~5倍。从上述的法规对没收违法所得条款的设置趋势看,立法者对于没收违法所得条款的适用越来越谨慎。在《银行业监督管理法》中,没收违法所得条款仅适用于未经批准设立分支机构、违反规定从事未经批准或者未备案的业务活动等违反市场准入类违规行为。第三,资格罚为责令停业整顿、吊销经营许可证,以及取消一定期限直至终身的任职资格、禁止一定期限直至终身从事银行业工作。

2. 银行业监管行政处罚的管辖规则

银行业监管行政处罚以属人管辖为原则。首先,按照监管权限区分管辖职责。国家金融监督管理总局对其直接监管的银行业法人机构及其从业人员实施的违法行为具有管辖权。国家金融监督管理总局派出机构实施行政处罚的管辖对象主要有两类:一是辖区内直接监管的银行业法人机构及其从业人员实施的违法行为;二是辖区内银行业法人机构的分支机构及其从业人员实施的违法行为。其次,按照处罚种类区分管辖权限。一是吊销银行业机构金融许可证的行政处罚案件,由颁发该金融许可证的监督管理机构管辖。二是责令银行业机构停业整顿的行政处罚案件,由批准该银行业机构开业的监督管理机构管辖。此外,属地管辖亦是银行业监管的重要管辖原则。《行政处罚办法》第15条第1款规定,异地实施违法行为的,由违法行为发生地的派出机构管辖。

第三节　银行业审慎经营规则

一、公司治理监管规则

(一)加强公司治理监管的必要性

银行业金融机构具有外部性强、财务杠杆率高、信息不对称严重的特征。公司治理是金融机构经营之本。只有公司的治理结构规范,才能使之形成有效自我约束,进而树立良好市场形象,获得社会公众信任,实现健康可持续发展。近年来发生的不少案例表明,公司治理失效是金融机构诸多风险事件发生的根本原因。公司治理的失败,会让金融机构面临巨大危机,进而严重损害金融消费者及社会公众利益。因此,抓好银行业金融机构公司治理监管是做好银行业监管的"治本之举"。

(二)公司治理监管规则的现状与特点

我国银行业公司治理监管规则已形成以《银行保险机构公司治理准则》(以下简称

《公司治理准则》)为纲领性公司治理监管制度,以《银行保险机构大股东行为监管办法(试行)》(以下简称《大股东行为监管办法》)、《银行保险机构关联交易管理办法》(以下简称《关联交易办法》)、《银行保险机构董事监事履职评价办法(试行)》、《关于建立完善银行保险机构绩效薪酬追索扣回机制指导意见》、《银行保险机构公司治理监管评估办法》等部门规章、规范性文件为配套的制度体系。我国银行业公司治理监管规则总体呈现突出关键人员管理、强化股东责任、注重关联交易、重视信息披露与薪酬管理等特点。

(三)公司治理监管规则的主要内容

1.《公司治理准则》

《公司治理准则》明确了各治理主体的职责,强化了治理机制运行的规范性,重点包括:明确股东的权利义务、股东大会的职权、股东大会会议及表决等相关规则;强调董事特别是独立董事的选任、职责及履职保障,明确董事会及其专门委员会的组成、职权及会议表决等要求;规范监事选任履职及监事会、高级管理层的设置和运行;要求银行保险机构完善激励约束机制,健全信息披露机制,加强风险管理、内部控制及内外部审计。

2.《关联交易办法》

一是明确总体原则。银行业金融机构应当维护公司经营独立性,提高市场竞争力,控制关联交易的数量和规模,避免多层嵌套等复杂安排,重点防范向股东及其关联方进行利益输送风险。二是突出重点领域管控。禁止通过复杂交易结构或借助通道业务实施向关联方进行利益输送、规避监管等违规行为,要求按照实质重于形式和穿透监管原则,优化关联方和关联交易识别,加强对表外、资管、同业等重点领域关联交易管理。三是明确管理责任。建立层层问责机制,强化关联交易控制委员会职能,设立关联交易管理办公室,明确牵头部门、设置专岗,落实关联方识别和关联交易日常管理工作。四是丰富监管措施。明确对机构及董事、监事、高级管理人员违规行为的处理措施,公司治理监管评估结果为E级的银行保险机构,不得开展授信类、资金运用类、以资金为基础的关联交易。

3.《大股东行为监管办法》

《大股东行为监管办法》分别从持股行为、治理行为、交易行为、责任义务等4个方面,进一步规范大股东行为、强化责任义务。其中,在持股行为方面,强调大股东应当以自有资金入股,股权关系真实、透明,进一步规范交叉持股、股权质押等行为。在治理行为方面,明确大股东参与公司治理的行为规范,要求支持独立运作,严禁不当干预,支持党的领导与公司治理有机融合,规范行使表决权、提名权等股东权利。在交易行为方面,从大股东角度明确交易的行为规范以及不当关联交易的表现形式,要求履行交易管理和配合提供材料等相关义务。在责任义务方面,进一步明确大股东在落实监管规定、配合风险处置、信息报送、舆情管控、资本补充、股东权利协商等方面的责任义务。

二、风险管理类监管规则

(一)加强银行业风险监管的必要性

金融业是经营风险的行业,防范金融风险是金融监管的天职。银行业风险不仅外溢性强,而且影响巨大。单体银行风险可能酿成系统性风险,乃至引发金融危机。因此,“风险为本”是审慎监管的内核所在。风险监管类监管规则自然是审慎经营规则的重中之重。

(二)风险管理类监管规则的现状与特点

风险管理类监管规则是银行业审慎经营规则的重要组成部分。据不完全统计,截至 2023 年 7 月底,我国银行业监督管理部门出台的以“风险管理”为名称的有效规章、规范性文件就有 37 件之多。总体而言,银行业风险管理类监管规则主要呈现如下特点:

1. 突出以资本监管管控风险

资本监管是银行审慎监管的核心。1987 年 12 月,《巴塞尔协议Ⅰ》发布,先后被 100 多个国家或地区采用,成为资本监管的国际标准。2004 年 6 月,《巴塞尔协议Ⅱ》发布,建立了有效资本监管的“三大支柱”(最低资本要求、资本充足率监督检查和信息披露)。金融危机爆发后,巴塞尔银行监管委员会于 2010 年年底出台《巴塞尔协议Ⅲ:更具稳健性的银行和银行体系的全球监管框架》,并于 2017 年 12 月发布《巴塞尔协议Ⅲ:后危机改革的最终方案》。为接轨国际银行监管标准并推动在境内的落地实施,我国风险类监管规则亦鲜明地体现了以资本监管计量防控风险的理念导向。

2. 突出全面风险管理理念

我国银行业风险监管规则体系构建充分彰显了全面风险管理的理念。所谓全面至少包含两层含义:一方面,风险分布的广泛性。银行业的风险无处不在。我国《银行业金融机构全面风险管理指引》所指的各类风险,包括信用风险、市场风险、流动性风险、操作风险、国别风险、银行账户利率风险、声誉风险、战略风险、信息科技风险以及其他风险。另一方面,风险管理的全面性。机构各层级、各部门、各业务条线都要全程参与银行业风险管理,从治理结构、公司文化、内部控制、信息系统等各个方面来预防和控制风险。

3. 风险管理规则呈现交织性

银行业部分风险的界定存在交叉。比如,现行监管法规对于法律风险、操作风险以及合规风险的界定与区分并不明晰。我国2007年出台的《商业银行操作风险管理指引》将法律风险视为一种特殊的操作风险,规定法律风险包括商业银行因业务活动违法所可能承担的民事、行政、刑事责任的风险。但根据《商业银行操作风险管理指引》对于操作风险的界定,即"操作风险是指由不完善或有问题的内部程序、员工和信息科技系统,以及外部事件所造成损失的风险",若商业银行的经营行为遵循了相应的程序,其经营行为由于对法律规定理解的不同,仍然可能面临违规的风险。从这个意义上说,操作风险并不能完全涵盖法律风险。法律风险与合规风险之间的区分则更加模糊。根据《商业银行合规风险管理指引》的规定,合规风险是指商业银行因没有遵循法律、规则和准则可能遭受法律制裁、监管处罚、重大财务损失和声誉损失的风险。从前述定义看,法律风险与合规风险亦具有较大的重合度。

(三)风险监管规则的主要内容

1. 商业银行资本管理

原银监会2012年出台的《商业银行资本管理办法(试行)》对资本充足率计算、资本定义、信用风险加权资产计量、市场风险加权资产计量、操作风险加权资产计量、商业银行内部资本充足评估程序、资本充足率监督检查和信息披露等进行了规范。主要包括以下内容:

第一,建立了统一配套的资本充足率监管体系。《商业银行资本管理办法(试行)》参考《巴塞尔协议Ⅲ:更具稳健性的银行和银行体系的全球监管框架》的规定,将资本监管要求分为四个层次:第一层次为最低资本要求,核心一级资本充足率、一级资本充足率和资本充足率分别不得低于5%、6%和8%;第二层次为储备资本要求和逆周期资本要求,储备资本要求为风险加权资产的2.5%,逆周期资本要求为风险加权资产的0~2.5%;第三层次为系统重要性银行附加资本要求,为风险加权资产的1%;第四层次为第二支柱资本要求。根据《商业银行资本管理办法(试行)》《系统重要性银行附加监管规定(试行)》的规定,正常时期系统重要性银行和非系统重要性银行的资本充足率要求分别为11.5%和10.5%。

第二,严格明确了资本定义。《商业银行资本管理办法(试行)》根据国际的统一规则,明确了各类资本工具的合格标准,提高了资本工具的损失吸收能力。

第三,扩大了资本覆盖风险范围。《商业银行资本管理办法(试行)》确定的资本覆盖风险范围包括信用风险、市场风险和操作风险,并明确了资产证券化、场外衍生品等复杂交易性业务的资本监管规则,引导商业银行审慎开展金融创新。

第四,强调科学分类,差异监管。《商业银行资本管理办法(试行)》根据资本充足率水平将商业银行分为4类,按照审慎性原则重新设计各类资产的风险权重。下调小微企业贷款和个人贷款的风险权重,引导商业银行扩大小微企业和个人贷款投放。下调公共部门实体债权的风险权重,适度上调商业银行同业债权的风险权重。

《商业银行资本管理办法(试行)》正在修订之中。未来围绕构建差异化资本监管体系,将修订重构第一支柱下风险加权资产计量规则、完善调整第二支柱监督检查规定,全面提升第三支柱信息披露标准和内容。

2. 商业银行全面风险管理

第一,明确全面风险管理的界定。全面风险管理银行业金融机构应当建立全面风险管理体系,采取定性和定量相结合的方法,识别、计量、评估、监测、报告、控制或缓释所承担的各类风险。

第二,规定全面风险管理的原则。一是匹配性原则。全面风险管理体系应当与风险状况和系统重要性等相适应,并根据环境变化进行调整。二是全覆盖原则。全面风险管理应覆盖各个业务条线以及所有分支机构、附属机构、部门、岗位和人员;覆盖所有风险种类和不同风险之间的相互影响;贯穿决策、执行和监督全部管理环节。三是独立性原则。全面风险管理组织架构独立,赋予风险管理条线足够的资源配置,与业务条线之间形成相互制衡的运行机制。四是有效性原则。全面风险管理的结果应用于经营管理,评估资本和流动性的充足性,有效抵御所承担的总体风险和各类风险。

第三,提出全面风险管理体系的5个主要要素,包括风险治理架构,风险管理策略、风险偏好和风险限额,风险管理政策和程序,管理信息系统和数据质量控制机制,内部控制和审计体系等。

第四,明确全面风险管理的责任主体。强调董事会、监事会、各业务经营条线分别承担全面风险管理的最终责任、监督责任和直接责任。应当设立或指定部门负责全面风险管理,牵头履行全面风险的日常管理。

三、业务经营监管规则

(一)加强业务经营监管的必要性

银行业是特许经营行业。《银行业监督管理法》第18条规定:“银行业金融机构业务范围内的业务品种,应当按照规定经国务院银行业监督管理机构审查批准或者备案。需要审查批准或者备案的业务品种,由国务院银行业监督管理机构依照法律、行政法规作出规定并公布。”《商业银行法》第3条以“列举＋兜底”的方式规定了商业银行可以经营的业务范围。业务的边界、申请开办或者退出相关业务的条件与程序等都需要监管部门制定相关业务监管规则进行明确。据不完全统计，截至2023年7月底，以“业务”为标题命名的银行业监管规则就有390件之多。

（二）业务经营监管规则的现状与特点

我国银行业业务经营监管规则已形成以《银行业监督管理法》第18条、《商业银行法》第3条和第4章等为依据，以规范贷款和信用卡等资产业务、存款等负债业务以及理财和资产证券化等中间业务为重点的制度体系。我国银行业业务经营监管规则总体呈现以规范贷款业务为主、强化穿透管理、注重准入资质管理等特点。

（三）业务经营监管规则的主要内容

1. 贷款业务

《固定资产贷款管理暂行办法》（以下简称《固贷办法》）、《流动资金贷款管理暂行办法》（以下简称《流贷办法》）、《个人贷款管理暂行办法》（以下简称《个贷办法》）、《项目融资业务指引》全称“三个办法一个指引”，搭建了我国银行业金融机构的贷款业务法规框架。

《流贷办法》要求机构合理测算借款人的营运资金需求，强调对流动资金的支付和贷后管理，加强对回笼资金的管控，掌握各种影响借款人偿债能力的风险因素等。《固贷办法》《个贷办法》强化全流程管理，相关规定倡导支付管理理念，强化贷款用途管理，提升银行风险防范与控制能力，防范借款人资金被挪用，强调合同有效管理，加强贷款风险要点控制，突出贷款责任的针对性。

2. 信用卡业务

《商业银行信用卡业务监督管理办法》主要包括以下内容：商业银行应制定并及时修订信用卡业务管理制度和操作规范；建立健全风险控制体系，加强对持卡人的风险评估和授信管理，及时防范和化解风险；完善信息公开制度，向客户及社会公众充分披露有关费用、利率、条款等信息；建立健全客户投诉处理机制，及时处理客户投诉。

3. 理财业务

《商业银行理财业务监督管理办法》（以下简称《理财办法》）明确指出理财业务是指商业银行接受投资者委托，按照与投资者事先约定的投资策略、风险承担和收益分配方式，对受托的投资者财产进行投资和管理的金融服务；理财产品是指商业银行按照约定条件和实际投资收益情况向投资者支付收益、不保证本金支付和收益水平的非保本理财产品。《理财办法》主要体现以下内容：一是注重投资者保护工作，明确强化投资者适当性管理、合规销售、信息登记和信息披露等要求。二是推动理财业务规范运作、实现净值化管理。要求确保理财产品独立性,强化管理人职责。三是规范非标准化债权类资产投资。要求期限匹配,实施限额和集中度管理,严格标准化债权类资产的认定标准。四是消除多层嵌套,强化穿透管理。这要求:准确界定法律关系,缩短融资链条;银行切实履行投资管理职责,不得简单作为资金募集通道;充分披露底层资产信息,做好理财系统信息登记工作等。

四、数据治理监管规则

(一)加强数据治理监管的必要性

银行业既是资金密集型行业,也是数据和信息密集型行业,掌握着大量企业数据以及个人信息。同时,这些数据亦是国家加强经济管理以及监管部门实施有效监管的必要基础。特别是在数字化革命的浪潮下,加强数字化规制建设与监管是推动银行业高质量发展的必要保证。

(二)数据治理监管规则的现状与特点

1. 银行业数据治理监管法规框架逐步形成

2022年原银保监会办公厅发布《关于银行业保险业数字化转型的指导意见》,围绕产业数字金融、个人金融服务、金融市场交易、数字化运营体系以及金融服务生态等谋划提出了未来我国银行业保险业数字化转型的基本方向。在规章及规范性文件层面,《电子银行业务管理办法》《商业银行互联网贷款管理暂行办法》《银行业金融机构数据治理指引》对商业银行互联网经营以及信息数据管理作了初步规定。

2. 数字治理监管规则强调安全性与有效性

将数据治理纳入公司治理范畴,与公司治理评价和监管评级挂钩,探索设置首席数据官。树立用数意识,遵循依规用数、科学用数的职业操守。强化数据安全意识,依法合规采集数据,防止过度采集、滥用数据,依法保护客户隐私。

(三)数据治理监管规则的主要内容

1. 数据治理的界定

数据治理是指通过建立组织架构,明确董事会、监事会、高级管理层及内设部门等职责要求,制定和实施系统化的制度、流程和方法,确保数据统一管理、高效运行,并在经营管理中充分发挥价值的动态过程,涵盖银行业金融机构数据治理相关的职责分工、制度建设、质量控制、数据价值挖掘、监督管理等各个方面。

2. 数据治理的管理体系

银行业金融机构应制定数据战略、数据管理制度、与监管数据相关的监管统计管理制度和业务制度等。应当持续完善业务系统,建立监管数据报送系统,建立覆盖全部数据的标准化规划及数据安全策略与标准,建立数据应急预案。应建立自我评估机制,建立问责和激励机制,确保数据管理高效运行。

3.明确数据质量的管控要求

全面强化数据质量要求,建立数据质量控制机制,确保数据的真实性、准确性、连续性、完整性和及时性,包括建立数据质量监控体系、现场检查制度、考核评价体系、整改机制等。针对监管数据,应建立关键监管指标数据质量承诺、数据异常变动分析和报告、重大差错通报以及问责等监管数据质量管控制度。

4.明确全面实现数据价值要求

提出机构应当将数据应用嵌入业务经营、风险管理和内部控制的全流程,有效捕捉风险,优化业务流程,实现数据驱动银行业发展。突出强调要提高数据加总能力、数据分析应用能力、新产品评估要求,加强数据积累,有效评估和处理重大收购和资产剥离等业务对数据治理能力的影响。

第四节 银行业行为监管规则

一、消费者保护监管规则

(一)加强消费者保护监管的必要性

消费者保护监管是银行业行为监管的重要内容。一方面,这是维护金融稳定的现实需要。2008年爆发的次贷危机表明,金融消费者保护的基础薄弱,不仅会损害金融消费者的正当权益,而且可能牺牲金融机构长远发展的基础,危害金融稳定。因此,不少世界发达经济体都纷纷出台专门的金融消费者保护法或者成立专门的金融消费者保护机构。比如,英国《2012年金融服务法》设立的金融行为监管局(Financial Conduct Authority, FCA),其主要责任就是保护金融消费者、促进有效竞争、确保市场诚信。另一方面,这是保障居民合法权利,推动金融更好服务人民群众的客观要求。实践中存在不少侵犯金融消费者知情权、公平交易权的现象,比如在产品销售过程中隐瞒风险、夸大收益,设置不合理的贷款条件等。这些行为严重损害了金融消费者的合法权益,有必要通过加强监管,切实维护金融市场公平公正秩序,守护人民群众的根本利益。

(二)消费者保护监管规则的现状与特点

目前我国尚未有关于金融消费者保护的专门立法。2013年修正的我国《消费者权益保护法》着眼于普通商品和服务的消费者保护,未充分考虑金融产品和服务消费的特殊性。在监管规则层面,《银行保险机构消费者权益保护管理办法》(以下简称《消保办法》)搭建了银行业消费者权益保护的监管制度框架。《银行业消费者权益保护工作指引》《银行保险机构消费者权益保护监管评价办法》等规范性文件细化了消费者权益保护监管的相关要求。另外,2015 年国务院办公厅《关于加强金融消费者权益保护工作的指导意见》以及《中国人民银行金融消费者权益保护实施办法》等对机构金融消费者权益保护机制建设、投诉处理、监管评级等内容作了规定,但相关法规层级较低、内容较为零散,对金融消费者的保护还不周全。

2023 年 3 月,十四届全国人大一次会议表决通过的国务院机构改革方案决定组建国家金融监督管理总局,由其统筹负责金融消费者权益保护,银行业消费者保护监管规则也将得到进一步统合完善。

(三)消费者保护监管规则的主要内容

1. 建立规范机构经营行为的长效机制

《消保办法》从行为规范角度,全面覆盖消费者 8 项基本权利,通过要求银行业金融机构将消费者权益保护纳入公司治理、企业文化和经营战略,建立完善消费者权益保护审查机制、消费者权益保护信息披露机制、消费者适当性管理机制、消费者个人信息保护机制、合作机构名单管理机制、消费者权益保护内部考核机制和消费者权益保护内部审计机制等 11 项工作机制,构筑全方位的消费者权益保护工作体系。

2. 加强金融消费者自我保护机制建设

《消保办法》引导金融消费者诚实守信、理性消费,依法维护自身合法权益,并强化金融知识教育宣传,推动诚信文化建设,为金融业高质量发展营造理性良好的市场环境。

3. 形成金融消费者多维协同机制

《消保办法》既着力压实银行保险机构消费者权益保护主体责任,又注重构建包括监管部门、行业协会、行业纠纷调解组织等多主体共同参与、齐抓共管的银行业保险业消费者权益保护体系,共同维护公平公正的金融市场秩序。

二、普惠金融监管规则

(一)加强普惠金融监管的必要性

“普惠金融”(Financial Inclusion)一词是联合国在“国际小额信贷年”(2005 年)的宣传文本中首次提出的,其基本含义是能够以可负担的成本有效而全方位地为所有社会成员提供金融服务。① 作为金融领域平权主义思想的体现，普惠金融究其实质是一种对受金融排斥的社会弱势群体加以包容和赋权的理念，蕴含对金融正义的深层诉求，是现代金融发展的潮流和趋势。② 推动普惠金融发展，既是有效发挥金融服务功能的需要，也是将微观个体的金融健康与金融机构的健康发展紧密结合，提升金融供给和需求的适配性，实现金融长远可持续发展的需要。普惠金融监管与金融消费者保护监管既紧密相关，又存在一定区别。普惠金融监管致力于为全社会提供金融服务，尤其关注那些被传统金融忽视的弱势群体。金融消费者保护监管则关注消费者在金融交易中的权益，包括确保消费者得到充分的信息、得到公平的待遇、有权利投诉和寻求救济等。两者都属于以追求金融公平正义为导向的行为监管范畴。

（二）普惠金融监管规则的现状与特点

我国银行业普惠金融监管规则主要以国务院以及银行业监管部门出台的国务院办公厅《关于金融支持小微企业发展的实施意见》、国务院办公厅《关于金融服务“三农”发展的若干意见》以及《商业银行小微企业金融服务监管评价办法（试行）》（以下简称《评价办法》）等规范性文件为主，缺乏系统性的监管法规框架以及顶层法规制度依据。《银行业监督管理法》以及《商业银行法》等均未对普惠金融作专门界定，亦未有规章层级的监管规定明确对普惠金融的规制要求。因此，有学者认为，我国普惠金融相关规范缺乏可操作性，政策特质突出而法律品格不足。③ 普惠金融监管规则的法治含量提升将是未来加强和完善现代金融监管的重要课题。

（三）普惠金融监管规则的主要内容

1. 小微企业金融服务监管

小微企业金融服务监管主要包括三个方面。

一是明确小微企业贷款及普惠型小微企业贷款的界定。小微企业贷款，除特别注明或限定外，均为商业银行向符合《中小企业划型标准规定》明确的小型企业、微型企业发放的贷款，以及向个体工商户、小微企业主发放的经营性贷款。普惠型小微企业贷款，为商业银行发放的单户授信总额在1000万元（含）以下的小微企业贷款。

二是明确普惠金融监管相关指标。比如，原银监会《关于2015年小微企业金融服

---

① 参见中国银监会合作部课题组：《普惠金融发展的国际经验及借鉴》，载《中国农村金融》2014年第2期。

② 参见原凯：《金融正义视阈中的我国普惠金融立体规制研究》，载《暨南学报（哲学社会科学版）》2019年第7期。

③ 参见黎四奇：《中国普惠金融的囚徒困境及法律制度创新的路径解析》，载《现代法学》2016年第5期。

务工作的指导意见》提出“三个不低于”，即小微企业贷款增速不低于各项贷款平均增速，小微企业贷款户数不低于上年同期户数，小微企业申贷获得率不低于上年同期水平。原银监会《关于 2018 年推动银行业小微企业金融服务高质量发展的通知》提出“两增两控”，即单户授信总额 1000 万元以下（含）小微企业贷款同比增速不低于各项贷款同比增速，有贷款余额的户数不低于上年同期水平，合理控制小微企业贷款资产质量水平和贷款综合成本水平等。

三是明确普惠金融监管主要通过监管评价为主，尚未对未完成普惠金融监管指标行为设立罚则。比如，《评价办法》对商业银行小微企业从信贷投放情况、体制机制建设情况、重点监管政策落实情况、产品及服务创新情况、监督检查情况等 5 方面进行综合评价。明确评价结果的运用方式，突出与相关政策措施的协同联动，强化监管评价对商业银行服务小微企业的导向作用。

2. “三农”金融服务监管

“三农”金融服务监管主要包括四个方面。

一是提出完善政策协调机制。要求加快建立导向明确、激励有效、约束严格、协调配套的长期化、制度化农村金融政策扶持体系，为金融机构开展“三农”业务提供稳定的政策预期。

二是提高政策支持的针对性和有效性。要求完善涉农贷款统计制度，全面、及时、准确反映农林牧渔业贷款、农户贷款、农村小微企业贷款以及农民合作社贷款情况，并据此制定金融政策和差别化监管措施。

三是加大支持力度。要求综合运用奖励、补贴、税收优惠等政策工具，重点支持金融机构开展农户小额贷款、新型农业经营主体贷款、农业种植养殖业贷款、大宗农产品保险，以及银行卡助农取款、汇款、转账等支农惠农政策性支付业务。

四是政策贯彻落实。要求开展政策效果评估，不断完善相关政策措施，更好地引导带动金融机构支持“三农”发展。

思考题

1. 我国银行业监管法规体系的特征有哪些？
2. 试结合实例说明我国银行业监管法规体系存在的短板与不足。
3. 如何构建符合现代金融监管需要的银行业监管法规体系？

拓展阅读

1. 陈小敏主编:《美国银行法》(第2版),法律出版社2013年版。

2. 黄毅:《银行监管法律研究》,法律出版社2009年版。

3. 黎四奇:《我国银行法律制度改革与完善研究》,武汉大学出版社2013年版。

4. 刘春航编著:《解密巴塞尔:简析国际银行监管框架》,中国金融出版社2015年版。

5. 刘先良:《中国银行业宏观审慎监管法律制度研究》,法律出版社2022年版。

6. [英]罗斯·克兰斯顿等:《银行法原理》,吕琦译,法律出版社2022年版。

7. [比]马蒂亚斯·德沃特里庞、[法]让·梯若尔:《银行审慎监管》,王永钦等译,机械工业出版社2017年版。

8. 王华庆:《监管之路:危机后的思考》,上海远东出版社2014年版。

9. 王兆星:《后危机时代国际金融监管改革探索》,中国金融出版社2013年版。

10. 熊伟:《银行监管权边界问题研究》,法律出版社2013年版。

11. 何贝倍:《我国银行业监管法律体系的制度分析》,社会科学文献出版社2015年版。

12. 周仲飞:《银行法研究》,上海财经大学出版社2010年版。

13. [美]莉莎·布鲁姆、[美]杰里·马卡姆:《银行金融服务业务的管制:案例与资料》(第2版),李杏杏等译,法律出版社2006年版。

第八章　保险业监管法律制度

学习目标

1. 低阶学习目标

(1)了解保险中介主体的分类

(2)掌握保险公司的债务清偿顺序

(3)熟悉保险业务主体的法律监管体系

2. 高阶学习目标

(1)理解中国第二代偿付能力监管制度体系内核

(2)解释各保险中介主体在经营中的定位和作用

(3)阐述保险业务主体与保险中介主体法律监管的异同

案例研讨

2016年6月29日,丁某经过体检被查出患有右侧甲状腺结节。2016年8月21日,张某(丁某之配偶)作为投保人以丁某为被保险人及受益人,向甲保险公司投保人身保险。张某投保时向保险代理人黄某出示了丁某的上述体检报告,并口头告知黄某被保险人丁某经过体检被查出患有甲状腺结节。保险代理人黄某在投保书上代张某和丁某打钩,并在询问事项"甲状腺或甲状旁腺疾病"位置勾选了"否"。张某和丁某在《人身保险投保书》(电子版)、《人身保险(个险渠道)投保提示书》上签字。涉案保险合同于2016年9月1日成立并生效。投保险种中包括附加重疾险,保险期间为终身,基本保险金额为30万元等。

2018年4月13日,丁某被确诊为右侧甲状腺恶性肿瘤。嗣后,丁某向甲保险公司申请理赔。2018年8月5日,甲保险公司出具《理赔决定通知书》,该通知书载明解除保险合同并不退还保费,不予理赔。甲保险公司将上述《理赔决定通知书》送达张某和丁某。丁某不同意上述通知中的内容,遂诉至法院要求甲保险公司支付保险金30万元。

上海市静安区人民法院于2019年1月21日作出(2018)沪0106民初33085号民

事判决:甲保险公司支付丁某保险金30万元。判决后,甲保险公司提起上诉。上海金融法院于2019年6月27日作出(2019)沪74民终373号民事判决:驳回上诉,维持原判。

请研讨:

1. 投保人张某、保险代理人黄某、甲保险公司之间分别构成何种法律关系?

2. 签订人身保险合同过程中,保险代理人不按照投保人真实意思表示代填保险单证的,能否视为投保人已经履行了如实告知义务?

3. 涉案保险合同签订时,投保人张某向保险代理人黄某出示了丁某的体检报告,该体检报告载明丁某患有甲状腺结节。保险代理人黄某在明知丁某患有甲状腺结节的情况下,仍代张某和丁某在投保书询问事项"甲状腺或甲状旁腺疾病"位置勾选"否",应如何认定保险代理人黄某的上述行为?

4. 甲保险公司是否有权追究保险代理人黄某的法律责任?

第一节　保险业务主体的法律监管

保险业务主体的法律监管是指国家保险监督管理机关利用法律监管手段对经营保险业务的主体的资格及其实施的保险经营行为进行监督和管理的总称。

我国《保险法》第6章专章规定"保险业监督管理",明确了保险监督管理机构的监督管理职责,"保险监督管理机构依照本法和国务院规定的职责,遵循依法、公开、公正的原则,对保险业实施监督管理,维护保险市场秩序,保护投保人、被保险人和受益人的合法权益"。而且赋予保险监督管理机构相应的监管权力,包括"依照法律、行政法规制定并发布有关保险业监督管理的规章";"对保险公司的偿付能力实施监控"。同时还规定了保险监督管理机构应当与中国人民银行、国务院其他金融监督管理机构建立监督管理信息共享机制。保险业务主体的法律监管主要涉及组织监管、偿付能力监管和经营活动监管等三个方面。

一、保险业务主体的组织监管

(一)保险公司的设立条件

保险公司的偿付能力直接关系社会经济的运行和社会生活的稳定,因此,设立保险公司的条件比设立一般企业的条件要严格得多。依据《保险法》第68条之规定,设立保险公司应当具备下列条件：

1. 主要股东具有持续盈利能力，信誉良好，最近 3 年内无重大违法违规记录，净资产不低于 2 亿元人民币。此条件对于增强保险公司的资信能力，稳定保险市场发展，提高社会公众投保信心的意义重大。

2. 有符合《保险法》和《公司法》规定的章程。保险公司的章程是保险公司赖以设立、存在和开展各项业务活动的基本文件，保险公司的股东、发起人、董事、总经理、监事都必须遵守。

3. 设立保险公司，其注册资本的最低限额为 2 亿元人民币。国务院保险监督管理机构根据保险公司的业务范围、经营规模，可以调整其注册资本的最低限额，但不得低于 2 亿元人民币的限额。保险公司的注册资本必须为实缴货币资本。

4. 有具备任职专业知识和业务工作经验的董事、监事和高级管理人员。有关保险公司董事、监事和高级管理人员的资格和义务的规定主要有《保险法》第 82 条和《公司法》第 148 条以及《保险公司董事、监事和高级管理人员任职资格管理规定》。因违法行为或者违纪行为被金融监督管理机构取消任职资格的金融机构的董事、监事、高级管理人员，自被取消任职资格之日起未逾 5 年的；或因违法行为或者违纪行为被吊销执业资格的律师、注册会计师或者资产评估机构、验证机构等机构的专业人员，自被吊销执业资格之日起未逾 5 年的，不得担任保险公司的董事、监事、高级管理人员。

5. 有健全的组织机构和管理制度。健全的组织机构是保险公司正常从事保险经营活动的保证。因此，保险公司的组织机构必须符合我国《保险法》和《公司法》的规定，应建立包括股东大会、董事会和监事会在内的组织机构。

6. 有符合要求的营业场所和与经营业务有关的其他设施。营业场所是保险公司开展业务经营的地方，是其组织机构运行的物质基础。

7. 法律、行政法规和国务院保险监督管理机构规定的其他条件。保险公司必须依法提取保证金。我国《保险法》第 97 条明确规定，“保险公司应当按照其注册资本总额的百分之二十提取保证金，存入国务院保险监督管理机构指定的银行，除公司清算时用于清偿债务外，不得动用”。

（二）保险公司的终止

关于保险公司的解散。保险公司因分立、合并需要解散，或者股东会、股东大会决议解散，或者公司章程规定的解散事由出现，经国务院保险监督管理机构批准后解散，并应当依法成立清算组进行清算。经营有人寿保险业务的保险公司，除因分立、合并或者被依法撤销外，不得解散。

关于保险公司的破产情形。保险公司有《中华人民共和国企业破产法》第2条规定情形的，经国务院保险监督管理机构同意，保险公司或者其债权人可以依法向人民法院申请重整、和解或者破产清算；国务院保险监督管理机构也可以依法向人民法院申请对该保险公司进行重整或者破产清算。

关于保险公司的债务清偿顺序。保险公司的破产财产在优先清偿破产费用和共益债务后，按照下列顺序清偿：(1)所欠职工工资和医疗、伤残补助、抚恤费用，所欠应当划入职工个人账户的基本养老保险、基本医疗保险费用，以及法律、行政法规规定应当支付给职工的补偿金；(2)赔偿或者给付保险金；(3)保险公司欠缴的除第(1)项规定以外的社会保险费用和所欠税款；(4)普通破产债权。破产财产不足以清偿同一顺序的清偿要求的，按照比例分配。破产保险公司的董事、监事和高级管理人员的工资，按照该公司职工的平均工资计算。

关于保险公司终止时的责任准备金安排。经营有人寿保险业务的保险公司被依法撤销或者被依法宣告破产的，其持有的人寿保险合同及责任准备金，必须转让给其他经营有人寿保险业务的保险公司；不能同其他保险公司达成转让协议的，由国务院保险监督管理机构指定经营有人寿保险业务的保险公司接受转让。转让或者由国务院保险监督管理机构指定接受转让前述规定的人寿保险合同及责任准备金的，应当维护被保险人、受益人的合法权益。

二、保险业务主体的偿付能力监管

偿付能力是在保险业衡量保险公司经营状况的特有概念，它是指保险公司对保单持有人履行赔付义务的能力。

(一)保险公司偿付能力的法定标准

《保险法》第101条规定："保险公司应当具有与其业务规模和风险程度相适应的最低偿付能力。保险公司的认可资产减去认可负债的差额不得低于国务院保险监督管理机构规定的数额；低于规定数额的，应当按照国务院保险监督管理机构的要求采取相应措施达到规定的数额。"

国务院保险监督管理机构对保险公司的偿付能力实施监控。对偿付能力不足的保险公司，国务院保险监督管理机构应当将其列为重点监管对象，并可以根据具体情况采取下列措施：(1)责令增加资本金、办理再保险；(2)限制业务范围；(3)限制向股东分红；(4)限制固定资产购置或者经营费用规模；(5)限制资金运用的形式、比例；(6)限制增设分支机构；(7)责令拍卖不良资产、转让保险业务；(8)限制董事、监事、高级管理人员的薪酬水平；(9)限制商业性广告；(10)责令停止接受新业务。

《中国第二代偿付能力监管制度体系整体框架》提出了第二代偿付能力监管的顶层设计。依据《保险公司偿付能力管理规定》(2021 年修订),偿付能力监管指标包括:(1)核心偿付能力充足率,即核心资本与最低资本的比值,衡量保险公司高质量资本的充足状况;(2)综合偿付能力充足率,即实际资本与最低资本的比值,衡量保险公司资本的总体充足状况;(3)风险综合评级,即对保险公司偿付能力综合风险的评价,衡量保险公司总体偿付能力风险的大小。

(二)保险公司的资金运用监管

保险公司的资金运用需遵循安全性、效益性和流动性三大原则,其中安全性为首要原则。

保险公司应当按照"集中管理、统一配置、专业运作"的要求,实行保险资金的集约化、专业化管理。保险资金应当由法人机构统一管理和运用,分支机构不得从事保险资金运用业务。

依据《保险资金运用管理办法》第 6 条之规定,保险资金运用限于下列形式:(1)银行存款;(2)买卖债券、股票、证券投资基金份额等有价证券;(3)投资不动产;(4)投资股权;(5)国务院规定的其他资金运用形式。保险资金从事境外投资的,应当符合国家保险监督管理机关、中国人民银行和国家外汇管理局的相关规定。

三、保险业务主体的经营活动监管

(一)保险公司业务范围的监管

保险公司的业务范围可分为人身保险业务与财产保险业务,保险公司应当在国务院保险监督管理机构依法批准的业务范围内从事保险经营活动。原则上,保险公司不得兼营人身保险业务和财产保险业务。但是,经营财产保险业务的保险公司经国务院保险监督管理机构批准,可以经营短期健康保险业务和意外伤害保险业务。

我国保险业限制保险公司兼营的原因在于:(1)财产保险和人寿保险的性质差别很大。财产保险的保险标的是财产及其相关利益,人寿保险的保险标的是人的寿命和身体。(2)财产保险和人寿保险的经营技术截然不同。二者各自都是专业性很强、互不相通的保险业务。

(二)保险合同条款的监管

保险公司应当按照国务院保险监督管理机构的规定,公平、合理拟订保险条款和保险费率,不得损害投保人、被保险人和受益人的合法权益。

关系社会公众利益的保险险种、依法实行强制保险的险种和新开发的人寿保险险种等的保险条款和保险费率,应当报国务院保险监督管理机构批准。国务院保险监督管理机构审批时,应当遵循保护社会公众利益和防止不正当竞争的原则。其他保险险种的保险条款和保险费率,应当报保险监督管理机构备案。

保险条款和保险费率审批、备案的具体办法,由国务院保险监督管理机构依照前述规定制定。

(三)再保险的监管

保险公司将其承担的保险业务,以分保形式部分转移给其他保险公司的,为再保险。再保险是保险公司进行风险管理的重要手段。通过再保险,保险公司之间得以相互转移风险和分摊保险责任,从而实现风险与保险责任在保险业内部的分散化和平均化,避免因某一保险公司过多地承担风险责任而影响其正常的保险偿付能力。

经营财产保险业务的保险公司当年自留保险费,不得超过其实有资本金加公积金总和的4倍。保险公司应当按照国务院保险监督管理机构的规定办理再保险,并审慎选择再保险接受人。

第二节 保险中介主体的法律监管

保险中介主体是指介于保险公司与投保人、被保险人或者受益人之间,为保险公司从事保险经营活动或者为投保人、被保险人参与保险活动,提供以保险业务咨询、展业、代订保险合同、风险管理和评估、损失鉴定和理算等为内容的专门性保险中介服务的单位和个人。保险中介主体在参与保险活动过程中具有独立的法律地位,根据保险公司的委托依法独立地进行保险中介服务活动,独立享有权利和承担义务。依据《保险经纪人监管规定》,保险专业中介主体是指保险专业代理机构、保险经纪人和保险公估人。

一、保险代理人的法律监管

保险代理人是指根据保险公司的委托,向保险公司收取佣金,在保险公司授权的范围内代为办理保险业务的机构或者个人,包括保险专业代理机构、保险兼业代理机构及个人保险代理人。保险专业代理机构是指依法设立的专门从事保险代理业务的保险代理公司及其分支机构。保险兼业代理机构是指利用自身主业与保险的相关便利性,依法兼营保险代理业务的企业,包括保险兼业代理法人机构及其分支机构。个人保险代理人是指与保险公司签订委托代理合同,从事保险代理业务的人员。保险代理机构从业人员是指在保险专业代理机构、保险兼业代理机构中,从事销售保险产品或者进行相关损失勘查、理赔等业务的人员。

保险代理人实质上是代理保险公司进行保险经营活动，保险代理人制度是民事代理制度在保险领域的具体适用。

（一）保险代理人的任职资格

各类保险代理人的任职资格主要依据《保险法》和《保险代理人监管规定》。个人保险代理人、保险代理机构的代理从业人员，应当品行良好，具有从事保险代理业务所需的专业能力。原则上，保险公司、保险专业代理机构、保险兼业代理机构不得委托未通过该机构进行执业登记的个人从事保险代理业务。

保险公司、保险专业代理机构、保险兼业代理机构应当加强对个人保险代理人、保险代理机构从业人员的岗前培训和后续教育。培训内容至少应当包括业务知识、法律知识及职业道德。保险公司、保险专业代理机构、保险兼业代理机构可以委托保险中介行业自律组织或者其他机构组织培训。保险公司、保险专业代理机构、保险兼业代理机构亦应当建立完整的个人保险代理人、保险代理机构从业人员培训档案。

（二）保险代理人的执业规则

关于保险代理人的业务范围。保险专业代理机构可以经营以下全部或部分业务，以国务院保险监督管理机构批准为准：(1)代理销售保险产品；(2)代理收取保险费；(3)代理相关保险业务的损失勘查和理赔；(4)国务院保险监督管理机构规定的其他相关业务。

关于保险代理人的执业登记。保险公司、保险专业代理机构、保险兼业代理机构应当按照规定为其个人保险代理人、保险代理机构从业人员进行执业登记。个人保险代理人、保险代理机构从业人员只限于通过一家机构进行执业登记。

关于保险代理人的禁止性行为。保险代理人及其从业人员在办理保险业务活动中不得有下列行为：(1)欺骗保险公司、投保人、被保险人或者受益人；(2)隐瞒与保险合同有关的重要情况；(3)阻碍投保人履行如实告知义务，或者诱导其不履行如实告知义务；(4)给予或者承诺给予投保人、被保险人或者受益人保险合同约定以外的利益；(5)利用行政权力、职务或者职业便利以及其他不正当手段强迫、引诱或者限制投保人订立保险合同；(6)伪造、擅自变更保险合同，或者为保险合同当事人提供虚假证明材料；(7)挪用、截留、侵占保险费或者保险金；(8)利用业务便利为其他机构或者个人牟取不正当利益；(9)串通投保人、被保险人或者受益人，骗取保险金；(10)泄露在业务活动中知悉的保险公司、投保人、被保险人的商业秘密；(11)聘用或者委托其他人员从事保险代理业务。

关于佣金管理。保险代理人不得将保险佣金从代收的保险费中直接扣除。保险专业代理机构、保险兼业代理机构应当开立独立的佣金收取账户。

二、保险经纪人的法律监管

保险经纪人是指基于投保人的利益,为投保人与保险公司订立保险合同提供中介服务,并依法收取佣金的机构,包括保险经纪公司及其分支机构。保险经纪从业人员是指在保险经纪人中,为投保人或者被保险人拟订投保方案、办理投保手续、协助索赔的人员,或者为委托人提供防灾防损、风险评估、风险管理咨询服务、从事再保险经纪等业务的人员。

(一)保险经纪人的从业人员管理

保险经纪人应当聘用品行良好的保险经纪从业人员。有下列情形之一的,保险经纪人不得聘用:(1)因贪污、贿赂、侵占财产、挪用财产或者破坏社会主义市场经济秩序,被判处刑罚,执行期满未逾5年;(2)被金融监管机构决定在一定期限内禁止进入金融行业,期限未满;(3)因严重失信行为被国家有关单位确定为失信联合惩戒对象且应当在保险领域受到相应惩戒,或者最近5年内具有其他严重失信不良记录;(4)法律、行政法规和国家保险监督管理机关规定的其他情形。

保险经纪从业人员应当具有从事保险经纪业务所需的专业能力。保险经纪人应当加强对保险经纪从业人员的岗前培训和后续教育,培训内容至少应当包括业务知识、法律知识及职业道德。保险经纪人应当建立完整的保险经纪从业人员培训档案。

保险经纪人应当按照规定为其保险经纪从业人员进行执业登记。保险经纪从业人员仅限于通过一家保险经纪人进行执业登记。保险经纪从业人员变更所属保险经纪人的,新所属保险经纪人应当为其进行执业登记,原所属保险经纪人应当及时注销执业登记。

(二)保险经纪人的经营管理

保险经纪人可以经营下列全部或者部分业务:(1)为投保人拟订投保方案、选择保险公司以及办理投保手续;(2)协助被保险人或者受益人进行索赔;(3)再保险经纪业务;(4)为委托人提供防灾、防损或者风险评估、风险管理咨询服务;(5)国家保险监督管理机关规定的与保险经纪有关的其他业务。

保险经纪人及其从业人员不得销售非保险金融产品,经相关金融监管部门审批的非保险金融产品除外。保险经纪人及其从业人员销售符合条件的非保险金融产品前,应当具备相应的资质要求。

保险经纪人应当根据法律、行政法规和国家保险监督管理机关的有关规定,依照职责明晰、强化制衡、加强风险管理的原则，建立完善的公司治理结构和制度；明确管控责任，构建合规体系，注重自我约束，加强内部追责，确保稳健运营。

保险经纪从业人员应当在所属保险经纪人的授权范围内从事业务活动。

关于客户资金专用账户。保险经纪人应当开立独立的客户资金专用账户。下列款项只能存放于客户资金专用账户：(1)投保人支付给保险公司的保险费；(2)为投保人、被保险人和受益人代领的退保金、保险金。保险经纪人应当开立独立的佣金收取账户。保险经纪人开立、使用其他银行账户的，应当符合国家保险监督管理机关的规定。

关于业务档案。保险经纪人应当建立完整规范的业务档案，业务档案至少应当包括下列内容：(1)通过本机构签订保单的主要情况，包括保险公司、投保人、被保险人名称或者姓名，保单号，产品名称，保险金额，保险费，缴费方式，投保日期，保险期间等；(2)保险合同对应的佣金金额和收取方式等；(3)保险费交付保险公司的情况，保险金或者退保金的代领以及交付投保人、被保险人或者受益人的情况；(4)为保险合同签订提供经纪服务的从业人员姓名，领取报酬金额、领取报酬账户等；(5)国家保险监督管理机关规定的其他业务信息。保险经纪人的记录应当真实、完整。

关于客户告知书。保险经纪人在开展业务过程中，应当制作并出示规范的客户告知书。客户告知书至少应当包括以下事项：(1)保险经纪人的名称、营业场所、业务范围、联系方式；(2)保险经纪人获取报酬的方式，包括是否向保险公司收取佣金等情况；(3)保险经纪人及其高级管理人员与经纪业务相关的保险公司、其他保险中介机构是否存在关联关系；(4)投诉渠道及纠纷解决方式。

保险经纪人及其从业人员在办理保险业务活动中不得有下列行为：(1)欺骗保险公司、投保人、被保险人或者受益人；(2)隐瞒与保险合同有关的重要情况；(3)阻碍投保人履行如实告知义务，或者诱导其不履行如实告知义务；(4)给予或者承诺给予投保人、被保险人或者受益人保险合同约定以外的利益；(5)利用行政权力、职务或者职业便利以及其他不正当手段强迫、引诱或者限制投保人订立保险合同；(6)伪造、擅自变更保险合同，或者为保险合同当事人提供虚假证明材料；(7)挪用、截留、侵占保险费或者保险金；(8)利用业务便利为其他机构或者个人牟取不正当利益；(9)串通投保人、被保险人或者受益人，骗取保险金；(10)泄露在业务活动中知悉的保险公司、投保人、被保险人的商业秘密；(11)索取、收受保险公司或者其工作人员给予的合同约定之外的酬金、其他财物，或者利用执行保险经纪业务之便牟取其他非法利益；(12)以捏造、散布虚假事实等方式损害竞争对手的商业信誉，以虚假广告、虚假宣传或者其他不正当竞争行为扰乱保险市场秩序；(13)与非法从事保险业务或者保险中介业务的机构或者个人发生保险经纪业务往来;(14)以缴纳费用或者购买保险产品作为招聘从业人员的条件,承诺不合理的高额回报,以直接或者间接发展人员的数量或者销售业绩作为从业人员计酬的主要依据。

三、保险公估人的法律监管

保险公估,是指评估机构及其评估专业人员接受委托,对保险标的或者保险事故进行评估、勘验、鉴定、估损理算以及相关的风险评估。

保险公估人是专门从事上述业务的评估机构,包括保险公估机构及其分支机构。保险公估机构包括保险公估公司和保险公估合伙企业。

保险公估从业人员是指在保险公估人中,为委托人办理保险标的承保前和承保后的检验、估价及风险评估,保险标的出险后的查勘、检验、估损理算及出险保险标的残值处理,风险管理咨询等业务的人员。保险公估从业人员包括公估师和其他具有公估专业知识及实践经验的评估从业人员。

(一)保险公估的从业资格监管

保险公估人应当聘用品行良好的保险公估从业人员。有下列情形之一的,保险公估人不得聘用:(1)因故意犯罪或者在从事评估、财务、会计、审计活动中因过失犯罪而受刑事处罚,自刑罚执行完毕之日起不满5年;(2)被监管机构决定在一定期限内禁止进入金融、资产评估行业,期限未满;(3)因严重失信行为被国家有关单位确定为失信联合惩戒对象且应当在保险领域受到相应惩戒,或者最近5年内具有其他严重失信不良记录;(4)法律、行政法规和国家保险监督管理机关规定的其他情形。

保险公估从业人员应当具有从事保险公估业务所需的专业能力。保险公估人应当加强对保险公估从业人员的岗前培训和后续教育。培训内容至少应当包括业务知识、法律知识及职业道德。保险公估人可以委托保险中介行业自律组织或者其他机构组织培训。保险公估人应当建立完整的保险公估从业人员培训档案。

关于执业登记。保险公估从业人员从事保险公估业务,应当加入保险公估人。保险公估人应当按照规定为其保险公估从业人员进行执业登记。保险公估从业人员只能在一家保险公估人从事业务,仅限于通过一家保险公估人进行执业登记。保险公估从业人员变更所属保险公估人的,新所属保险公估人应当为其进行执业登记,原所属保险公估人应当及时注销执业登记。

关于保险公估从业人员的义务。保险公估从业人员应当履行下列义务:(1)诚实守信,依法独立、客观、公正从事业务;(2)遵守评估准则,履行调查职责,独立分析估算,勤勉谨慎从事业务;(3)完成规定的继续教育,保持和提高专业能力;(4)对公估活动中使用的有关文件、证明和资料的真实性、准确性、完整性进行核查和验证;(5)对公估活动中知悉的国家秘密、商业秘密和个人隐私予以保密;(6)与委托人或者其他相关当事人及公估对象有利害关系的,应当回避;(7)接受保险中介行业自律组织的自律管理,履行章程规定的义务;(8)法律、行政法规规定的其他义务。

(二)保险公估人的经营监管

关于业务范围。保险公估人可以经营的业务包括:(1)保险标的承保前和承保后的检验、估价及风险评估;(2)保险标的出险后的查勘、检验、估损理算及出险保险标的残值处理;(3)风险管理咨询;(4)国家保险监督管理机关规定的其他业务。

关于承办人数要求。对受理的保险公估业务,保险公估人应当指定至少2名保险公估从业人员承办。保险公估报告应当至少由2名承办该项业务的保险公估从业人员签名并加盖保险公估机构印章。

关于公估行为的法律责任。保险公估人及其从业人员对其出具的公估报告依法承担责任。

关于公估档案的要求。保险公估人应当建立完整规范的公估档案,公估档案至少应当包括下列内容:(1)保险公估业务所涉及的主要情况,包括委托人与其他当事人的名称或者姓名,保险标的、事故类型、估损金额等;(2)公估业务报酬和收取情况;(3)国家保险监督管理机关规定的其他业务信息。保险公估人的公估档案应当真实、完整。

关于职业风险基金。保险公估人建立职业风险基金的,应当按上一年主营业务收入的5%缴存,年度主营业务收入增加的,应当相应增加职业风险基金数额;保险公估人职业风险基金缴存额达到人民币100万元的,可以不再增加职业风险基金。保险公估人应当在每年第一季度足额缴存职业风险基金。保险公估人的职业风险基金应当以银行存款形式专户存储到商业银行,或者以国家保险监督管理机关认可的其他形式缴存。保险公估人动用职业风险基金须符合国家保险监督管理机关有关规定。

关于职业责任保险。保险公估人投保职业责任保险的,该保险应当持续有效。保险公估人投保的职业责任保险对一次事故的赔偿限额不得低于人民币100万元;一年期累计赔偿限额不得低于人民币1000万元,且不得低于保险公估人上年度的主营业务收入。

思考题

1. 阐述为何保险公司的资金运用的三大原则中,安全性为首要原则。
2. 阐述各保险中介主体经营监管的异同。

拓展阅读

1. [美]道宾:《美国保险法》,梁鹏译,法律出版社2008年版。

2. 韩长印、韩永强编著:《保险法新论》,中国政法大学出版社2010年版。

3. 贾林青:《保险法》(第6版),中国人民大学出版社2020年版。

4. 王静:《保险案件裁判精要》,法律出版社2019年版。

5. 李玉泉:《保险法》(第3版),法律出版社2019年版。

第九章　证券与期货市场监管法律制度

学习目标

1. 低阶学习目标

(1)了解证券与期货的法律内涵与外延

(2)掌握证券法修改的相关内容

(3)熟悉证券市场与期货市场的法律法规体系

2. 高阶学习目标

(1)理解证券法的功能定位和价值取向

(2)解释结构化产品的交易架构

(3)阐述实质性监管理念与功能性监管原则的意义与作用

案例研讨

2013年8月16日11时5分,光大证券股份有限公司(以下简称光大证券)在进行交易型开放式指数基金(ETF)申赎套利交易时,因程序错误,其所使用的策略交易系统以234亿元的巨量资金申购180ETF成分股,实际成交72.7亿元。这一操作立即导致沪指暴涨。11时40分左右,光大证券法定代表人、总裁徐某某召集助理总裁杨某某、计划财务部总经理兼办公室主任沈某某和战略投资部总经理杨某某开会,达成卖空股指期货、卖出ETF对冲风险的意见,并让杨某某负责实施。当日13时开市后,光大证券卖空股指期货、卖出ETF对冲风险,当日14时22分,光大证券发布公告,称其"策略投资部门在使用其独立的套利系统时出现问题,公司正在进行相关核查和处置工作。公司其他经营活动保持正常"。截至14时22分,共卖出股指期货空头合约IF1309、IF1312共计6240张,合约价值43.8亿元;卖出180ETF共计2.63亿份,价值1.35亿元;卖出50ETF共计6.89亿份,价值12.8亿元。

8月30日,证监会发布《光大证券异常交易事件的调查处理情况》(以下简称《处理情况》),称光大证券"采取了错误的处理方案,构成内幕交易、信息误导、违反证券公司内控管理规定等多项违法违规行为",决定没收其违法所得8721万元,并处以5倍罚款,罚款金额总计5.2亿元。对从事对冲交易的4名高管分别给予警告,罚款60万元,同时4人被宣布终身禁入证券和期货市场;责令董事会秘书改正并对其处以罚款20万元。《处理情况》还宣布停止光大证券从事证券自营业务(固定收益证券除外),暂停审批光大证券新业务,责令光大证券整改并处分有关责任人员。11月1日,证监会正式作出行政处罚决定书〔2013〕59号和〔2013〕60号,坚持上述处罚决定。

责任人之一的杨某某,在2014年3月,向北京市第一中级人民法院提起了行政诉讼,请求撤销证监会的行政处罚决定及市场禁入决定,一审败诉后,杨某某上诉,2015年5月4日,北京市高级人民法院宣判杨某某败诉,驳回杨某某提出的撤销北京市第一中级人民法院行政判决书、撤销证监会所作出的行政处罚决定书等相关处罚决定的请求,维持北京市第一中级人民法院的判决,维持证监会对杨某某的行政处罚决定及市场禁入决定。

请研讨:

1. 本案中光大证券的错单交易是否属于内幕信息?
2. 本案中光大证券的对冲交易是否构成内幕交易?
3. 2019年《证券法》中为何要增加"利用未公开信息进行交易"这一禁止行为?
4. 请结合本案分析内幕交易与《证券法》中增加的未公开交易有何区别?
5. 证监会和法院认定光大证券的行为是内幕交易的利益考量是什么?
6. 2019年《证券法》出台后,今后如果出现类似的案件,你觉得本案应当如何定性?

第一节 证券市场的法律监管

一、证券与证券市场概述

(一)证券及其分类

1. 证券的概念

我国《证券法》第2条规定:"在中华人民共和国境内,股票、公司债券、存托凭证和国务院依法认定的其他证券的发行和交易,适用本法;本法未规定的,适用《公司法》和其他法律、行政法规的规定。政府债券、证券投资基金份额的上市交易,适用本法;其他法律、行政法规另有规定的,适用其规定。资产支持证券、资产管理产品发行、交易的管理办法,由国务院依照本法的原则规定……"与2014年证券法相比,"证券"的概念得到了扩张，主要表现为：其一，新增加了存托凭证；其二，承认了资产支持证券与资产管理产品的证券属性，意味着在证券法中引入了功能监管的理念。该条通过解释证券的适用范围的方式明确了证券的概念，虽然没有给出一个具体的定义，但是可以提炼出证券的基本特征：其一，证券是表明持券人拥有证券权利的凭证；其二，证券是具有投资属性的凭证；其三，证券是可以进行流通的凭证；其四，证券是载有票面价值的凭证；其五，证券是受法律严格规范的凭证。

2. 证券的种类

（1）股票。股票是股份有限公司依法发行的用以证明股东拥有公司所有权份额的书面凭证，即证明股权或拥有股份的凭证。股票是一种设权证券，其特征之一是按一定比例分享收益并享有投票权及承担责任，①持有股票即有股份和股权；股权以持有股份为前提，故必须持有股票，即股票、股份、股权三位一体②。其特征之二是具有投资性，目的在于获取利益或避免损失，购买股票的行为通常是以现在所有的金钱支付，而获得在股票的市场价格高于现有价格时卖出从而获得收益的期待。③ 股票的发行与交易适用证券法的规定。

（2）公司债券。公司债券是公司依照法定程序发行、约定在一定期限还本付息的有价证券。发行债券的公司与债券投资者之间是债权债务关系，公司债券到期不但要偿还本金，还要支付一定的利息，而且公司债权人保障其收益权要优先于公司股东的权利。

（3）存托凭证。存托凭证是2019年《证券法》新增加的证券种类。存托凭证是指由存托人签发、以境外证券为基础在中国境内发行、代表境外基础证券权益的证券。基础证券是指存托凭证代表的由基础证券发行人在境外发行的证券；基础财产是指基础证券及其衍生权益；存托人是指按照存托协议的约定持有境外基础证券，并相应签发代表境外基础证券权益的存托凭证的中国境内法人；托管人是指受存托人委托按照托管协议托管存托凭证所代表的基础证券的金融机构。存托凭证是一种衍生证券、信托证券、附属证券、公募证券、涉外证券。

（4）政府债券。政府债券是政府根据信用原则，为筹集财政资金或建设资金，以政府名义按一定程序向社会公众投资者发行的债券。政府债券市场是国家证券市场的

---

① 参见姚海放：《论证券概念的扩大及对金融监管的意义》，载《政治与法律》2012年第8期。

② 参见朱锦清：《证券法学》（第4版），北京大学出版社2019年版，第4页。

③ 参见郭锋、秦川川：《金融服务法视角下的金融投资商品类型化研究》，载郭锋主编：《金融服务法评论》第9卷，法律出版社2018年版，第80页。

重要组成部分。1981 年我国开始恢复发行国债,当时的发行规模年度不到 50 亿元。1991 年尝试采用存购包销的方式发行。1993 年建立了国债一级自营商的制度。1995 年引入了招投标的方式。2000 年开始组建国债承销团,面向承销团的成员采取市场化、电子化招标的方式发行,发行效率得到很大提高。2019 年我国国债发行 4 万亿元,地方政府债券发行 4.4 万亿元。①

(5)证券投资基金。证券投资基金是根据特定投资目的,通过发售基金份额向社会公众或特定对象募集资金形成独立的基金财产,由基金管理人按照证券组合方式管理,由基金托管人托管,基金份额持有人按其所持份额对基金财产享有收益分配权、清算后剩余财产取得权和其他相关权利,是一种利益共享、风险共担的证券组合投资。我国于 1981 年引入投资基金业务。

(6)资产支持证券。2019 年《证券法》将资产支持证券明确列为证券种类之一。资产支持证券是资产证券化的产物。发起人(主要指原始权益人)将缺乏流动性但能在未来产生可预见的稳定现金流的基础资产,出售给特殊目的载体(Special Purpose Vehicle, SPV),由其通过一定的结构安排,分离和重组资产的收益和风险并增强资产的信用,转化成主要由基础资产产生的现金流担保本息偿付的资产支持证券(Asset-backed Securities, ABS),销售给资本市场上的投资者。

(7)资产管理产品。2019 年《证券法》将资产管理产品明确列为证券种类之一。2018 年 4 月的《关于规范金融机构资产管理业务的指导意见》(以下简称《资管新规》)统一了资产管理业务的规则。《资管新规》规定,资产管理业务是指银行、信托、证券、基金、期货、保险资产管理机构、金融资产投资公司等金融机构接受投资者委托,对受托的投资者财产进行投资和管理的金融服务。资产管理产品包括但不限于人民币或外币形式的银行非保本理财产品,资金信托,证券公司、证券公司子公司、基金管理公司、基金管理子公司、期货公司、期货公司子公司、保险资产管理机构、金融资产投资公司发行的资产管理产品等。

(二)我国证券的发展

1. 我国证券市场发展概述

(1)证券市场的起步阶段(1980~1990 年)。我国于 1981 年恢复发行国库券,以国家信用形式向社会筹措资金,这标志着证券以国家正式认可的形式重新回到经济生活

① 参见《2019 年我国债券市场共发行债券 45.3 万亿元》,载新华网,http://www xinhuane. com/fortune/2020-01/19/1125482492. Hm。

中。上海、深圳两地的股票交易市场有了长足的发展,股票柜台交易比较活跃。到1990年,两地共有12家股份有限公司的股票进行柜台交易。证券经营机构也开始出现,1987年我国第一家证券公司在深圳经济特区成立。

(2)证券市场的规范化发展阶段(1990～1998年)。1990年上海证券交易所和深圳证券交易所开业,标志着我国规范的证券市场的正式形成。1998年年底我国《证券法》获得立法机关通过,标志着我国证券市场进入了一个新的发展阶段。

(3)证券市场法治化完善阶段(1998年至今)。随着我国《证券法》的实施和证券监管体制的完善,国家加强了对证券市场的监督管理,证监会出台了大量的监管法规,不断提高证券市场的法治化程度。我国《证券法》经历了2005年和2019年两次较大幅度的修订,我国《公司法》经历了2005年、2013年、2018年等5次修改,我国《证券投资基金法》于2003年出台,并经2012年、2015年两次修改,这使证券市场的法律法规体系不断健全完善,法治化程度不断提升。

2. 我国证券法的功能定位

中国金融市场发展的水平、发展阶段和特有国情,决定了我国目前仍然应当处理好金融发展、金融创新、金融风险防范和金融管制的关系。在国家干预和放松管制之间寻求平衡,是证券监管的核心理念。证券法在强化政府监管的同时,应当坚持市场化的改革方向和私法自治的基本原则,平衡好监管主体与市场主体的利益关系,让证券市场中的商业判断事项回归私法自治。例如,建立证券公开发行的注册制,优化证券行业的自律监管,建立与注册制改革相适应的信息披露制度等。

证券法的重要功能是保护投资者的合法权益,《证券法》专设第6章系统性规定投资者保护制度。其一,将投资者适当性上升为法律制度。明确要求证券公司向投资者销售证券、提供服务时,应当充分了解投资者的基本情况、财产状况、金融资产状况、投资知识和经验、专业能力等相关信息;充分揭示投资风险;销售、提供与投资者上述状况相匹配的证券、服务。其二,将投资者区分为普通投资者和专业投资者。普通投资者与证券公司发生纠纷的,证券公司应当承担举证责任,证明其行为符合法律、行政法规以及国务院证券监督管理机构的规定,不存在误导、欺诈等情形;证券公司不能证明的,应当承担相应的赔偿责任。其三,创设公开征集股东权利制度。上市公司董事会、独立董事、持有1%以上有表决权股份的股东或者法定投资者保护机构,可以作为征集人,自行或者委托证券公司、证券服务机构,公开请求上市公司股东委托其代为出席股东大会,并代为行使提案权、表决权等股东权利。其四,强化债权人利益保护。规定公开发行公司债券的,应当设立债券持有人会议,发行人应当为债券持有人聘请债券受托管理人。债券受托管理人应当勤勉尽责,公正履行受托管理职责,不得损害债券持有人利益。其五,创造性地规定了先行赔付制度、支持诉讼制度、投资者保护机构作为代表人参加诉讼制度。

二、证券市场的法律监管

(一)证券信息披露制度

信息披露制度是证券法的一项基础性制度,是旨在保护投资者知情权的监管制度。信息披露制度是以信息作为规范基础并由一系列原则、规则、制度综合联结而成的法律制度。信息披露应当遵循真实原则、全面原则、准确原则、及时原则、要式原则、同步原则。证券信息披露制度具体可以分为发行信息披露和持续信息披露。

1. 发行信息披露

招股说明书是发行人制定的向社会公众公开披露与股票发行有关的实质性重大信息的规范性文件。从法律性质上来看,招股说明书应该是要约邀请,即发行人向社会公众作出准备发行股票的意思表示,吸引公众投资者进行认购。招股说明书具有以下特点:其一,招股说明书是旨在筹集资金的法定文件,是向不特定的社会公众投资者发出的。其二,招股说明书中的记载事项具有要式性,必须符合法律的规定。其三,招股说明书的签署人不得对披露事实作出假定前提的陈述,也不得声明免除其法定责任,各中介机构在各自的专业范围内,须对相关文件及表述的真实性、准确性和完整性承担法律责任。其四,招股说明书只能揭示股票发行人向投资者发售的股票总额,而非向特定投资者发出的、出售确定数量股份的意思表示。

上市公告书是指证券上市交易被申请核准后,被核准的上市公司按照证券法规披露证券上市有关事宜的文件。发行人应在其股票上市 5 日前,将上市公告书全文刊登在至少一种由证监会指定的报刊及证监会指定的网站上,并将上市公告书文本备置于发行人住所、拟上市的证券交易所住所、有关证券经营机构住所及其经营网点,以供公众查阅。

2. 持续信息披露

持续信息披露,是上市公司在其证券上市交易后,依照法律规定向社会公众投资者披露对投资者投资决策有重大影响的信息。在现代证券市场中,上市公司的持续信息披露义务已成为上市公司的法定义务,而且持续信息披露义务的范围也越来越广。持续信息披露主要分为定期报告和临时报告。定期报告是上市公司应当在法定期限内制作并公告的公司文件,《证券法》规定了年度报告、中期报告、季度报告。上市公司编制并公告定期报告应在法定期限内完成,并应具有连续性。临时报告又称重大事件的临时报告,是指上市公司就可能对上市公司股票价格产生重大影响而投资者尚未得知的重大事件作出说明,因而不定期出具的临时性报告。临时报告是持续信息披露制度的重要组成部分。临时报告制度的特点是:第一,报告义务人为上市公司;第二,所报告的事件为重大事件;第三,临时报告以说明事件实质为宗旨,即说明重大事件与股票价格变化的相关联系。对不明原因的公司股票价格的剧烈波动,上市公司只负有提示义务,无须作临时报告。

(二)证券发行监管制度

1. 证券发行监管模式的变革

审批制系是指法律规定证券发行的实质性条件,证券发行人准备发行证券时,须将证明其具备实质性条件的文件向审批机关申报,由审批机关根据法律的规定以及内部所制定的政策或发行计划,决定是否批准发行人发行证券。这种制度透明度不高,可预见性不强,人为因素较多,是证券市场法治水平较低时采用的制度。我国 1990 年证券市场正式诞生初期实行的就是审批制,根据调控政策目标,对不同行业和地区下发额度指标。

核准制系是指法律规定证券发行的实质性条件,证券发行人准备发行证券时,须将证明其具备实质性条件的文件向审核机构申报,当申报符合法律规定的实质性条件时,审核机构即应核准发行人发行证券。2000 年 3 月,证监会发布了《关于发布〈中国证监会股票发行核准程序〉的通知》,标志着我国股票发行体制开始由审批制向核准制转变,它是由发行人申请、中介机构推荐、证监会进行合规性审核、发审委进行实质性判断、证监会进行核准等一整套机制组成。核准制的核心为:合规性审核 + 强制性披露 + 实质性判断。与审批制的本质区别在于:在核准制下,发行证券申请只要符合法定条件即应予以核准,不受内部文件或计划指标的限制。由此可见,核准制意味着法治化水平得到大幅度提升,但审核机构仍然要对证券发行申请是否符合法律规定的实质性条件,如财务指标和发展前景等,进行实质性判断,这等于是以审核机关的判断代替了市场的判断,市场化水平不高。

注册制系是指证券发行申请人依法将与证券发行有关的信息和资料公开,制作成注册申报文件送交审核机构审查,审核机构只负责审查发行申请人是否履行了信息披露义务的一种制度。2013 年 11 月 12 日,党的十八届三中全会通过了《中共中央关于全面深化改革若干重大问题的决定》,该决定提出推进股票发行注册制改革。2018 年 11 月,党中央、国务院决定在上海证券交易所设立科创板并试点注册制,揭开了证券发行注册制的改革序幕。《证券法》第 9 条明确了证券发行的注册制,标志着证券发行监管实现了从核准制到注册制的根本性转变。

注册制的主要特点是:其一,市场导向,证券发行审核机构只对注册文件作形式审查,不对发行人的资质进行实质性审核和价值判断,而是将其留给市场来决定,企业发行股票只要不违背国家利益和公众利益,企业能不能发行、何时发行、以什么价格发行股票,均应由企业和市场自主决定。其二,以信息披露为中心,要求企业必须向投资者披露充分的和必要的投资决策信息,监管机构不对信息披露的真实性负责,但要对信息披露的齐备性、一致性和可理解性负责。其三,中介机构把关,各市场参与主体归位尽责。发行人是信息披露第一责任人,中介机构承担对发行人信息披露的把关责任,投资者依据公开披露信息自行作出投资决策并自担投资风险。其四,宽进严管,加强事中事后监管,严惩违法违规,保护投资者合法权益。

2. 证券发行注册制的功能定位

证券发行注册制的功能定位主要包括三个方面。

第一,注册制改革是简政放权和转换政府职能的必然要求。将股票发行核准制改革为注册制,实质上就是在资本市场进一步简政放权,证券监管部门不再对企业股票公开发行是否符合实质条件、是否具有投资价值进行判断,而是将这种判断权还给市场。注册制改革有利于减少公权力寻租腐败现象,证券监管部门的职责是依法进行高效、独立、自主的监管。

第二,注册制改革有利于提高资本市场运行效率。在审批制下,证券监管部门对股票发行"管价格、调节奏、控规模",虽然短期内可起到稳定证券市场和投资者心理的作用,却不利于市场自身机制的发挥。注册制能够更迅捷地满足筹资者需要,调节社会资金需求者与资金供给者之间的矛盾。证券交易所自主行使发行上市审核权,可以解决在核准制下股票发行阶段交易所审核"缺位"、股票上市阶段交易所审核"虚位",没有权力决定股票发行上市的问题。虽然法律不对企业发行设置发行条件,但证券交易所有必要对企业上市设置上市门槛。证券交易所可以通过上市审核,淘汰那些不符合其上市条件的发行人,从而实现证券交易所应有的市场资源配置作用。

第三,注册制改革有利于促进多层次资本市场合理竞争、协调发展。我国已形成由主板、中小板、创业板、新三板、科创板构成的多层次资本市场体系。在注册制下,证券交易所行使发行上市审核权,将促进交易所之间的良性竞争,激励交易所根据市场情况、自身特点、投资者构成等制定差异化上市条件;有利于提高交易所服务质量,完善多层次资本市场建设,加强投资者利益保护,促进企业提升公司治理水平。

3. 证券发行注册制的运行机制

证券发行注册制的运行机制主要包括三个方面。

第一,对已注册的违法申请进行事后撤销。为补救注册中可能出现的失误,我国《证券法》第 24 条规定,“国务院证券监督管理机构或者国务院授权的部门对已作出的证券发行注册的决定,发现不符合法定条件或者法定程序,尚未发行证券的,应当予以撤销,停止发行。已经发行尚未上市的,撤销发行注册决定,发行人应当按照发行价并加算银行同期存款利息返还证券持有人;发行人的控股股东、实际控制人以及保荐人,应当与发行人承担连带责任,但是能够证明自己没有过错的除外。股票的发行人在招股说明书等证券发行文件中隐瞒重要事实或者编造重大虚假内容,已经发行并上市的,国务院证券监督管理机构可以责令发行人回购证券,或者责令负有责任的控股股东、实际控制人买回证券”。

第二,注册与经营、投资风险没有关联。注册的决定并不意味着对发行人的经营活动、收益以及投资者投资证券的未来收益作出保证。因此,我国《证券法》第 25 条规定,“股票依法发行后,发行人经营与收益的变化,由发行人自行负责;由此变化引致的投资风险,由投资者自行负责”。《科创板首次公开发行股票注册管理办法(试行)》(已失效)第 8 条规定,“同意发行人首次公开发行股票注册,不表明中国证监会和交易所对该股票的投资价值或者投资者的收益作出实质性判断或者保证,也不表明中国证监会和交易所对注册申请文件的真实性、准确性、完整性作出保证”。

第三,参与证券发行申请注册人员的行为禁止。根据我国《证券法》第 21 条的规定,参与证券发行申请注册的人员,无论是国务院证券监督管理机构或者国务院授权的部门中负责证券发行申请注册的人员,还是证券交易所等机构中负责证券发行申请审核的人员,均不得与发行申请人有利害关系,不得直接或者间接接受发行申请人的馈赠,不得持有所注册的发行申请的证券,不得私下与发行申请人进行接触。

(三)证券交易监管制度

禁止的交易行为是指我国《证券法》《公司法》等法律、行政法规以及有关规章制度规定的,证券市场的参与者在证券交易过程中不得从事的行为。公开、公平、公正和诚实信用是包括我国在内的世界各国的证券法的基本原则,是每一个证券投资者和证券市场其他参与者在证券发行和交易活动中必须遵守的。

1. 内幕交易行为。是指内幕信息知情人在内幕信息公开之前进行的自行买卖证券或建议他人买卖证券或者泄露信息的不正当行为。内幕交易的主体包括知悉证券交易内幕信息的知情人员和非法获取证券交易内幕信息的人员。内幕信息包括在证券交易活动中,涉及发行人的经营、财务或者对该发行人证券的市场价格有重大影响的尚未公开的信息。内幕交易行为的类型主要包括买卖、泄露和建议三种。

2. 利用未公开信息交易行为。利用未公开信息交易行为俗称“老鼠仓”行为，是近年来证券交易中较常见的侵害投资者利益的行为。2019 年《证券法》增加了这一禁止交易行为，该法第 54 条第 1 款规定：“禁止证券交易场所、证券公司、证券登记结算机构、证券服务机构和其他金融机构的从业人员、有关监管部门或者行业协会的工作人员，利用因职务便利获取的内幕信息以外的其他未公开的信息，违反规定，从事与该信息相关的证券交易活动，或者明示、暗示他人从事相关交易活动。”

3. 操纵市场行为。操纵证券市场行为又被称为操纵证券市场行情，是指个人或机构背离集合竞价成交原则，通过各种不正当方式，影响或意图影响证券交易价格或者证券交易量，制造证券市场假象，人为地操纵证券交易价格，以引诱他人参与证券交易，为自己牟取不正当利益或者转嫁风险的行为。在证券市场上，影响证券价格涨落的重要因素有两个：一是入市资金量的多少；二是证券市场流通的证券数量。二者使证券市场供求关系不断变化。一般而言，在前者不变的情况下，证券市场流通的证券数量越多，价格就可能越往下跌，即出现证券供大于求的情况；反之，在后者不变的情况下，入市资金量越多，价格就可能越往上涨，即出现证券供不应求的情况。操纵证券市场价格行为通过资金等优势，通过各种不正当手段人为地扭曲证券市场价格，造成虚假的供求关系，违反证券市场公平、公正的原则，扰乱证券市场正常秩序，致使投资者的利益受到损失。因此，各国对操纵市场的行为都是明令禁止的，并均在证券立法中规定了严厉的制裁条款。

4. 编造传播虚假信息或者误导性信息行为。根据我国《证券法》第 56 条第 1 款的规定，编造传播虚假信息或者误导性信息行为是指单位和个人编造传播虚假信息或者误导性信息，扰乱证券市场的行为。包括以下两方面内容：其一，证券交易场所、证券公司、证券登记结算机构、证券服务机构及其从业人员，证券业协会、证券监督管理机构及其工作人员，在证券交易活动中作出虚假陈述或者信息误导；其二，传播媒介及其从事证券市场信息报道的工作人员传播不真实、不客观以及具有误导性的证券市场信息。

5. 损害客户利益行为。根据我国《证券法》第 57 条的规定，损害客户利益行为是指证券公司及其从业人员实施的违背客户真实意思表示，损害客户利益的行为。这一行为的特点包括以下方面：其一，主体特殊，主体为证券公司及其从业人员；其二，行为人在主观方面是故意的；其三，行为方式为违背客户的委托为其买卖证券、不在规定的时间内向客户提供交易的书面确认文件、未经客户的委托擅自为客户买卖证券或者假借客户的名义买卖证券、为牟取佣金收入诱使客户进行不必要的证券买卖、其他违背客户真实意思表示损害客户利益的行为。

6. 其他禁止的交易行为。其他禁止的交易行为，是指除上述禁止行为外的其他可能影响正常证券交易或侵害投资者利益的行为。

（四）自律监管制度

自律监管主要包括证券交易所和证券业协会的监管，其作为政府监管的辅助力量构成我国综合型监管体制。

证券业协会是证券业的自律性组织，是社会团体法人，其自律监管的权力主要源于其社员章程或协议；证券业协会自律管理主要体现为制定自律管理规则以及对市场违法主体施以自律管理措施、为会员提供相应的市场服务、对会员机构进行管理和对会员从业人员进行管理、对投资者进行教育等内容。证券业协会将自身性质定位为“自律、传导、服务”，证券业协会对此的阐释是：“自律是市场监管体系的有机组成部分，也是行业保护共同利益的必然要求；传导是在政府与市场之间，行业与社会之间以及行业内部起到桥梁的作用；服务是协会实现自律职能与服务职能的关键。”

证券交易所实行会员制，会员加入也需承认章程受其约束，但其约束力不仅针对会员，更多则是针对参与证券交易所交易的投资者和上市公司，这说明证券交易所的自律监管权力并非完全来源于约束会员的章程或协议。按照我国《证券法》的规定，证券交易所的设立、变更和解散由国务院决定；证券交易所章程的制定和修改，必须经国务院证券监督管理机构批准；证券交易所依照法律、行政法规和国务院证券监督管理机构的规定，制定上市规则、交易规则、会员管理规则和其他有关业务规则，并报国务院证券监督管理机构批准；证券交易所对证券交易实行实时监控，并可以按照业务规则对出现重大异常交易情况的证券账户的投资者限制交易；当出现重大突发性事件而影响证券交易正常进行时，为维护证券交易正常秩序和市场公平，证券交易所可以采取技术性停牌、临时停市等处置措施，在证券交易结果出现重大异常时甚至可以采取取消交易、通知证券登记结算机构暂缓交收等措施。这些规定表明，证券交易所的监管具有很强的管制特点，不仅在监管手段上强于证券业协会等自律组织，而且其监管职权中还带有较重的法律授权成分，其监管的性质具有自律监管和法律监管两个维度。

第二节 期货市场的法律监管

一、期货与期货市场概述

(一)期货相关的概念

1. 期货的概念

期货是指约定将来在某一特定的时间和地点交割一定数量标的物。期货交易和其他衍生品交易的客体包括农产品、工业品、能源等商品、服务及相关指数,以及有价证券、利率、汇率等金融产品及相关指数等。

期货与现货有如下区别:其一,交易对象不同。期货的交易对象是标准化合约;现货的交易对象是商品。其二,交割时间不同。期货交易存在时间差、商流和物流分离;现货交易即时成交或者在短时间内成交,商流和物流在时空上基本一致。其三,交易目的不同。期货交易是为了转移风险(套期保值的企业)和追求风险收益(普通投资者);现货交易是为了获得或者让渡商品所有权。其四,交易场所与方式不同。期货交易是在交易所集中交易,公开竞价;现货交易的场所和方式无特殊限制。其五,结算方式不同。期货实行每日无负债结算制度;现货以一次性结算为主(一手交钱一手交货),以货到付款或者分期结算为辅。

2. 期货的分类

期货可以大致分为两大类:商品期货与金融期货。商品期货主要可以分为农产品期货、金属期货(包括基础金属与贵金属期货)、能源期货三大类。金融期货主要可以分为外汇期货、利率期货(包括中长期债券期货和短期利率期货)和股指期货。股指期货是以股票指数为标的物的期货。双方交易的是一定期限后的股票指数价格,通过现金结算差价来进行交割。利率期货是以债券类证券为标的物的期货合约,它可以回避银行利率波动所引起的证券价格变动的风险。利率期货的种类繁多,分类方法也有多种。通常,按照合约标的的期限,利率期货可分为短期利率期货和长期利率期货两大类。外汇期货是以汇率为标的物的期货合约,用来回避汇率风险。它是金融期货中最早出现的品种。目前,外汇期货交易的主要品种有:美元、英镑、德国马克、日元、加拿大元、澳大利亚元等。从世界范围看,外汇期货的主要市场在美国。

3. 期货市场相关主体

期货交易者,是指依法从事期货交易,承担交易结果的自然人、法人和非法人组织。期货交易者从事期货交易,除国务院期货监督管理机构另有规定外,应当委托期货经营机构进行。“从境外期货市场看,投资者以合格的机构投资者居多。但我国期货市场具有以散户居多的特点,投资者权益保障至关重要。”①

期货经营机构,是指依法设立的期货公司以及国务院期货监督管理机构核准从事期货业务的其他机构。期货经营机构向交易者提供服务时,应当按照规定充分了解交易者的基本情况、财产状况、金融资产状况、交易知识和经验、专业能力等相关信息;如实说明服务的重要内容,充分揭示交易风险;提供与交易者上述状况相匹配的服务。

期货交易场所,是指依法设立的期货交易所和国务院期货监督管理机构依法批准的其他期货交易场所。期货交易场所应当遵循社会公共利益优先原则,为期货交易提供场所和设施,组织和监督期货交易,维护市场的公平、有序和透明,实行自律管理。

期货结算机构是指依法设立,组织和监督期货交易的结算、交割,实行自律管理的法人。期货结算机构作为中央对手方,是结算参与人共同对手方,进行净额结算,为期货交易提供集中履约保障。

(二)期货风险管理的基本制度

1. 期货品种上市管理制度

《中华人民共和国期货和衍生品法》(以下简称《期货和衍生品法》)明确了期货及期权新品种上市实行注册制,改变了过去国务院多部委联席审批制,缩短了新品种的上市时间和流程,将为期货市场服务实体经济进一步打开空间。《期货和衍生品法》第17条规定,期货合约品种和标准化期权合约品种的上市应当符合国务院期货监督管理机构的规定,由期货交易场所依法报经国务院期货监督管理机构注册。期货合约品种和标准化期权合约品种的中止上市、恢复上市、终止上市应当符合国务院期货监督管理机构的规定,由期货交易场所决定并向国务院期货监督管理机构备案。《期货和衍生品法》完善了期货品种上市管理制度,建立了以市场为导向的品种上市机制,原则性地规定了品种上市的基本条件,优化了品种上市程序,丰富了期货品种,完善了产品结构。在此之前,期货市场新品种上市需要经过两个审批程序并遵守一个原则,即我国期货市场新品种上市需要经过监管部门的立项和预审,需要征求相关部委意见,在此基础上,报国务院批准,并遵循新品种上市应服务实体经济的原则。

---

① 《加快制定期货法,完善期货市场法律制度体系》,载证券时报网 2020 年 5 月 23 日,https://stock.stcn.com/djjd/202005/t20200523_1951569.html。

2. 保证金制度

保证金作为买卖双方履约的财力担保,是防范衍生品市场风险的第一块基石。《期货和衍生品法》第22条规定,期货交易实行保证金制度,保证金的形式包括现金,国债、股票、基金份额、标准仓单等流动性强的有价证券,以及国务院期货监督管理机构规定的其他财产。该法保留了具有中国特色的保证金监控制度,以稳定市场预期,适应现阶段市场发展为特征。为顺应市场发展趋势,破除期货市场发展的体制机制障碍,该法在保证金多样化等方面作出了创新性安排,发挥了立法的前瞻性和先导性作用,为市场改革创新提供了支持。保证金水平是与市场风险相联系的一个概念。保证金水平定得过高,就会影响交易品种的吸引力和流通量,但是如果定得过低,就会增加市场风险,影响投资者对市场的信心。我国目前采用的是基于总持仓的静态保证金体系。在一般市场情形下,交易所按照合约价值收取固定比例的保证金。这种模式简单明了,易于投资者理解,具有符合国情的优点。

3. 结算担保金制度

结算担保金在期货结算风险管理中一般位于保证金之后,是期货市场风险管理的第二道防线。结算担保金制度设立的初衷是实现会员间的风险分担,激励会员参与风险管理,并可以在结算会员违约时使用。一般来说,当结算会员出现违约风险时,先使用该违约会员的保证金和结算担保金进行赔付,不足部分再按比例用其他结算会员缴纳的结算担保金进行支付。结算会员分担的金额以其所缴存的结算担保金为限。结算担保金一般分为基础担保金和变动担保金。基础担保金是指结算会员参与交易所结算交割业务必须缴纳的最低担保金数额。变动担保金是指结算会员随着业务量的增大,需向交易所增缴的担保金。结算担保金制度的引进,使结算机构拥有了一笔相当数量的共同担保资金,可以增加结算机构应对风险的财务资源,建立化解风险的缓冲区,进一步强化结算机构整体的抗风险能力,为市场平稳运作提供有力保障。

4. 风险准备金制度

风险准备金由结算机构自行提取,用于弥补因不可预见的风险带来的结算损失并提供财务担保。我国的《期货交易所管理办法》规定,期货交易所应当按照手续费收入的20%的比例提取风险准备金。证监会可以根据期货交易所业务规模、发展计划以及潜在的风险决定风险准备金的规模。风险准备金的动用次序可被安排在非违约会员的结算担保金之后,但也有交易所将风险准备金的动用放在非违约会员的结算担保金之前。因此,这两者的动用顺序并没有一个固定的模式。

（三）我国期货市场

1. 我国期货市场发展概述

我国期货市场发端于计划经济向市场经济转轨的阶段。20 世纪 80 年代末，为推进商品流通体制改革和价格改革，我国借鉴美国期货发展经验，探索引进期货交易。1988 年 3 月，七届人大一次会议上的《政府工作报告》指出，加快商业体制改革，积极发展各类批发贸易市场，探索期货交易。1990 年，经国务院批准，中国郑州粮食批发市场作为改革试点单位，引入了期货交易机制，迈出了我国现代期货市场发展的第一步。其后，陆续发展形成郑州商品交易所和大连商品交易所、上海期货交易所 3 家商品期货交易所。2006 年，证监会批准成立了中国金融期货交易所，中国金融期货交易所于 2010 年 4 月上市了股指期货，于 2013 年 9 月上市了国债期货。经国务院同意，2021 年证监会批准设立广州期货交易所。

截至 2021 年年底，我国上市期货期权品种数量已达 94 个。中国期货业协会数据显示，2021 年全市场累计成交量、成交额均创下历史新高，分别为 75.14 亿手、581.20 万亿元。我国商品期货的交易规模已连续多年位居全球第一，是全球最大的农产品、有色金属、焦炭、动力煤和黑色建材期货市场。[①] 截至 2022 年 3 月底，我国共有 150 家期货公司，合计净资产 1658.03 亿元，下设 97 家风险管理子公司、10 家资产管理子公司。[②] 从服务实体经济的角度看，我国期货市场的不足之处主要表现在以下三个方面：一是产业参与不够充分，市场功能有待提升；二是多数品种存在近月合约不活跃，活跃合约不连续的问题；三是市场价格波动率较大，部分品种流动性较差，价格多次出现短时大幅波动。

2. 我国期货行业的发展定位

随着市场发展的需要，期货行业经过 1993 年和 1998 年的两次清理整顿之后，国务院两次发布《关于进一步促进资本市场健康发展的若干意见》，支持期货市场发展。2004 年，国务院《关于推进资本市场改革开放和稳定发展的若干意见》（已废止）提出，稳步发展期货市场，在严格控制风险的前提下，逐步推出为大宗商品生产者和消费者提供发现价格和套期保值功能的商品期货品种。2014 年，国务院《关于进一步促进资本市场健康发展的若干意见》提出，推进期货市场建设，发展商品期货市场。以提升产

---

① 参见唐婧：《期货和衍生品法正式施行：期货期权新品种上市实行注册制 提高违规行为处罚力度》，载《21 世纪经济报道》2022 年 8 月 2 日，第 7 版。

② 参见吴晓璐：《期货法助力市场改革创新 提升服务实体经济广度和深度》，载《证券日报》2022 年 4 月 23 日，A02 版。

业服务能力和配合资源性产品价格形成机制改革为重点,继续推出大宗资源性产品期货品种,发展商品期权、商品指数、碳排放权等交易工具,充分发挥期货市场价格发现和风险管理功能,增强期货市场服务实体经济的能力。因此,期货行业的发展需要立足现货市场,服务现货市场,以推动解决我国大宗商品领域发展不充分不平衡的问题和期货市场服务实体经济与现货企业需求之间的矛盾,建设一个适应经济发展阶段和改革开放再出发时代需求的,现货和中远期市场、场外市场和期货市场紧密结合的多层次期货市场体系。

二、期货市场的法律监管

(一)期货市场的监管立法体系

1999年6月2日,国务院第267号令发布《期货交易管理暂行条例》(以下简称《暂行条例》,已废止),该条例于1999年9月1日实施,《暂行条例》将清理整顿时期的国家相关文件精神以法规的形式固定下来。1999年证监会发布了四个配套管理办法,即《期货交易所管理办法》(已废止)、《期货经纪公司管理办法》(已废止)、《期货经纪公司高级管理人员任职资格管理办法》(已废止)、《期货从业人员管理办法》。一个《暂行条例》和四个管理办法构成了我国期货市场试点的基本法规体系。1999年年底前,郑州商品交易所、大连商品交易所、上海期货交易所召开会员大会,通过了新的交易所章程和交易规则;2000年5月,三家交易所统一实行了新制定的规则体系,包括交易所章程、交易规则、交易细则等9个细则。2000年12月29日,中国期货业协会成立。从此,期货行业走上了法制化的规范发展道路,开启了依法治市的新征程。进入新世纪后,期货市场逐步进入健康发展的轨道,一些新的期货品种陆续被推出,市场运行和监管规范有序,期货市场服务实体产业发展的积极作用日益显现并得到市场和行业的认可。虽然,我国期货市场基础制度建设已取得长足进步,但由于期货市场法规制度体系整体效力层级相对较低,致使期货市场发展的法治基础仍显薄弱。2022年4月20日,第十三届全国人民代表大会常务委员会第三十四次会议通过《期货和衍生品法》,该法自2022年8月1日起施行。《期货和衍生品法》从法律层面对我国期货市场的改革开放进行了顶层设计,为规范行业和市场发展,保护投资者权益,推动市场功能发挥,更好服务实体经济提供了强有力的法律保障。

(二)期货市场的监管实施框架

《期货和衍生品法》将促发展与防风险并重,减少了行政审批对市场发展的干预,强化了期货交易场所的一线监管职责,明确了期货结算机构的中央对手方法律地位,并从交易机制、监测监控、监督管理等方面进行全链条风险防控安排。从期货市场监管制度形成看,我国期货市场监管经历了由“多头分散”到“集中统一”的发展历程。早期期货市场主要由相关行业部委和地方政府分头进行监管,1993 年 11 月,国务院授权证监会作为期货市场的行政管理部门,1998 年,明确证监会对期货市场进行垂直管理和集中统一监管。2000 年 12 月,中国期货业协会成立。2006 年,中国期货保证金监控中心的开业和保证金监控系统的上线,实现了期货市场数据大集中,从而确立了证监会、证监局、期货交易所、中国期货保证金监控中心和中国期货业协会的“五位一体”的三层监管模式。证监会的监管为政府监管,期货业协会和期货交易所的监管为行业自律监管,保证金监控中心既有行业自律监管的色彩,又有协助证监会进行政府监管的功能。

1. 政府监管

证监会是我国期货市场的政府监管机构。1999 年颁布的《暂行条例》(已失效),对证监会的监管进行了授权。证监会内设专门的期货监管部门,其是对期货市场统一进行监督管理的职能部门,拥有广泛的监督权,如制定规则权、审批权、调查权、检查权、处罚权、紧急情况处置权等。此前,我国期货市场监管处于分散管理和分级管理的状态,地方政府各自为政,这种管理模式容易造成期货市场条块分割,导致多个部门仅从自身利益考虑,互相之间缺乏配合与合作,阻碍了统一期货市场的形成与发展。将监管权归于证监会的监管模式,期货市场体系内由一个主管部门执行市场监管的集中型管理体制,比较适合我国期货市场发展的现状。集中统一的监管是世界各国的趋势,可以有效克服权力相互摩擦、责任相互推诿以及割据市场的弊端,也避免了法律、政策不统一所带来的市场行为不规范等缺陷。

2. 自律监管

政府监管具有统一性、权威性、强制性等特征,能够切实贯彻落实国家法律法规,克服市场失灵,保护市场参与者的合法利益,维护市场稳定和规范发展。但期货市场是一个特殊的行业,其交易、结算、交割和代理服务等业务都有着极强的特殊性和专业性,期货交易纠纷多、风险大,处理起来相当复杂,因此不能仅依赖法律手段和行政手段解决期货业内的所有问题,必须在依法治市的前提下,以行业自律形式解决期货业内的特殊问题。在期货市场出现混乱、偏差和风险时采取以政府监管为主的阶段性政策有利于市场的规范和稳定,但是一旦市场恢复了有序发展,应让市场充分发挥自律管理职能,政府主要依据法律法规对市场进行宏观管理。

中国期货业协会是自律性、非营利性的社会团体法人,中国期货业协会的设立,主要是为了加强期货业之间的联系、协调、合作和自我约束,以推动期货市场的规范发展。2002 年 12 月中旬，旨在加强行业自律，推进期货行业稳步健康发展的《中国期货业协会团体会员、从业人员信息管理数据库管理暂行规定》（已失效）和《期货从业人员执业资格网上公示实施办法》（已失效）发布实施，标志着中国期货行业的自律管理进入了一个新的阶段。

期货交易所是期货市场的组织和运行者，也是期货交易的一线监督管理机构。期货交易所的自律管理是整个期货市场管理体系的基础，对保障市场的公平性、高效性、流动性起到极其重要的作用。期货交易能否实现其基本经济功能，很大程度上取决于期货交易所一线监管能力的高低。期货交易所身处期货市场第一线，在发现和纠正期货市场不规范行为方面具有得天独厚的优势，如在获取证据方面，技术方面等，是期货市场三级监管体系中最具有效率的一环。

3. 自律监管与协助政府监管

中国期货保证金监控中心有限责任公司是经国务院同意、证监会决定设立，由上海期货交易所、郑州商品交易所、大连商品交易所共同出资，于 2006 年 3 月 16 日在原国家工商行政管理总局注册登记的非营利性公司制法人。期货保证金监控中心的主管部门是证监会，其业务接受证监会的领导、监督和管理。其主要职能是：监控期货保证金、为期货投资者提供有关期货交易结算信息查询等服务、代管期货投资者保障基金、参与期货公司风险处置、监控及研究分析期货市场运行、期货市场统一开户和为监管机构及交易所等提供信息服务。

思考题

1. 如何从证券概念的变化中看待分业监管的发展方向？
2. 证券发行注册制度的顺利推进需要哪些配套制度进行保障？
3. 我国期货市场品种上市的制度演进是如何兼顾交易的安全与效率的？

拓展阅读

1. 周友苏主编：《证券法新论》，法律出版社 2020 年版。
2. 朱锦清：《证券法学》（第 5 版），北京大学出版社 2022 年版。
3. 张兴、刘胜江：《证券法原理》，中国政法大学出版社 2023 年版。
4. 叶林主编：《中华人民共和国期货和衍生品法理解与适用》，中国法制出版社 2022 年版。

第十章　信托与基金市场监管法律制度

学习目标

1. 低阶学习目标

(1)理解信托与基金的法律内涵与外延

(2)理解信托与基金法律关系的主体、客体与内容

(3)熟悉信托市场与基金市场的法律法规体系

2. 高阶学习目标

(1)解释结构化产品的交易架构

(2)阐述信托法理在金融领域的运用场景

(3)阐述实质性监管理念与功能性监管原则的意义与作用

案例研讨

昆山纯高投资开发有限公司(以下简称昆山纯高)为开发某房地产项目于2009年与安信信托公司(以下简称安信信托)设立以所开发项目的国有土地使用权及其在建工程为基础资产的收益权信托并签订《资产收益财产权信托合同》。根据该信托合同,昆山纯高作为委托人,委托安信信托将信托财产划分为62,700等份,每份价值为1万元,并将其发售给优先受益人与一般受益人。合同约定,优先受益人将认购21,500份信托凭证,其余41,200份由一般受益人昆山纯高持有。

昆山纯高通过这一结构可以获得2.15亿元投资以弥补其资金缺口。该信托合同的基础资产是昆山纯高合法拥有的在建工程"昆山·联邦国际"项目及其国有土地使用权;信托财产则是委托人对基础资产依法享有的取得收益的权利以及因对其进行管理、运用、处分或其他情形而取得的财产,信托期限为3年。为保证该信托合同的履行,安信信托又与昆山纯高签订《信托贷款合同》,该贷款合同约定昆山纯高作为借款人,从安信信托处获得2.15亿元的贷款用于开发"昆山·联邦国际"项目,贷款期限亦为3年,年利率为10%,昆山纯高根据该贷款合同就该项目的基础资产办理了抵押登记。在《资产收益财产权信托合同》《信托贷款合同》中,双方一致同意昆山纯高可以将

基础资产出售并按照特定时间表将转让款存入由安信信托持有的信托专户，还进一步约定昆山纯高有义务保证信托专户在不同时间节点内保有最低现金余额。

据上所述，昆山纯高似乎可以根据上述两份合同获得总共4.3亿元的资金，而实际上昆山纯高的资金缺口仅有2.15亿元，且在上述合同签署后安信信托向投资人发行信托凭证募集并交付给昆山纯高的资金亦仅有2.15亿元，因此两份合同其实指向同一项交易，由此形成所谓的"阴阳合同"现象，而如此操作是因基础资产无法按照《资产收益财产权信托合同》办理抵押登记手续。

受国内房地产市场宏观调控政策与市场波动等因素的影响，"昆山·联邦国际"的销售情况远远不如预期，导致昆山纯高于该信托刚成立1年起就未能依约维持信托专户的最低现金余额。安信信托在履行了对信托投资人的兑付义务后根据《信托贷款合同》起诉昆山纯高，要求其偿还贷款本息与各种违约金等，并要求处置抵押物以偿还债务。昆山纯高则辩称解决纠纷的合同应是《资产收益财产权信托合同》而非《信托贷款合同》。

请研讨：

1. 本案中所涉交易是结构性融资交易，亦即证券化，其涉及哪些有关金融监管与业务的法律法规？

2. 本案中的信托财产是什么？假设信托财产是某种收益权，则其与受益人所享有的收益权之间有何差异？

3. 假设监管部门当时已规定开设信托财产/产品登记，是否可以有效避免本案中双方签订"阴阳合同"？如可以有效避免，又应如何协调信托财产/产品登记与物权抵押登记所产生的效力差异？

4. 金融监管对"阴阳合同"通常采取何种态度？金融监管与金融司法是否存在协同的可能性？如存在，又应如何实现制度优化？

5. 本案中安信信托是否存在"刚性兑付"①的行为？监管部门应通过哪些措施减少"刚性兑付"行为？

6. 如监管部门提前介入，则其在何时介入可以有效减少本案中的何种争点？

---

① "刚性兑付"这一概念最初来源于信托行业，在2010年左右被提出，是指信托产品（后延伸至其他运用信托原理设计的金融产品）到期后信托公司应按约向投资者分配本金与收益的要求，即当信托产品出现不能如期兑付或兑付困难的情形时，信托公司应作出兜底处理。

第一节　信托市场的法律监管

一、信托与信托市场概述

(一)信托及其分类

1. 信托的概念

根据我国《信托法》的规定,信托是指委托人基于对受托人的信任,将其财产权委托给受托人,由受托人按委托人的意愿以自己的名义,为受益人的利益或特定目的,进行管理或处分的行为。根据《海牙关于信托的法律适用及其承认的公约》(以下简称《海牙公约》)的约定,当财产为受益人的利益或为了特定目的而置于受托人的控制之下时,在该公约中“信托”这一术语系指财产授予人设定的在其生前或身后发生效力的法律关系。同时该公约指出,财产授予人保留某些权利与权力以及受托人本身得享有作为受益人的权利这一事实并不一定与信托的存在相矛盾,并进一步提出信托具有以下三项特点:第一,该项财产为独立的资金,[①]而不是受托人自己财产的一部分;第二,以受托人名义或以代表受托人的另一个人的名义持有信托财产;第三,受托人根据信托条件与法律赋予他的特殊职责,有管理、使用或处分财产的权利与应尽的义务。从字面含义理解,我国《信托法》将信托定性为一种行为,而《海牙公约》则将信托定性为一种法律关系;从理论层面观察,二者之间不存在实质性矛盾,一如“合同”一词既可以指向合同行为,亦可以指向合同法律关系,在不同场景提及“信托”一词时,其可以分别指代一种法律行为或法律关系。在信托的特性方面,《海牙公约》提及的信托法律关系项下的信托财产具有独立性、受托人在名义上持有信托财产、受托人负有信义义务(一项法定与约定相结合的运用信托财产的忠实与勤勉义务)等三项特性在我国《信托法》语境中依然成立。

2. 信托的分类

根据我国《信托法》的规定,信托可以分为民事信托、营业信托与公益信托。民事信托与营业信托均为私益信托,即属于由当事人为自己或其他特定人的利益而设立的信托。营业信托亦称作商事信托,在大陆法系,商事信托与民事信托相对应,就二者的

---

① 此处“资金”一词宜作广义理解,公约原文表述为“fund”,意指财产,“trust funds”通常亦被理解为信托财产。

区分标准主要存在“目的说”“行为说”“受托人身份说”。目的说认为,以从事商行为为目的之信托即为商事信托,而以一般民事行为为目的之信托即为民事信托。行为说认为,商事信托是受托人以营业为目的而接受的信托,相反,民事信托的受托人接受信托并非以营业为目的。受托人身份说认为,商事信托与民事信托的区别在于受托人是否具有商业受托人的身份,其中典型的商事信托是指依法仅由商业受托人担任受托人的私益信托。因我国监管部门对信托公司采取持牌监管,所以,第三种学说更贴近我国现实情况。公益信托则是指委托人为实现社会公共利益而设立的信托。①

根据《信托公司管理办法》的规定,信托市场下的信托业务主要包括资金信托、动产信托、不动产信托、有价证券信托以及其他财产或财产权信托,这一分类以信托财产的属性为主要划分标准。在实务中,从产品角度还可以将信托业务大致分为债权信托、股权信托、标品信托、同业信托、财产信托、资产证券化信托、公益(慈善)信托与事务信托等。②

(二)信托法律关系

1. 信托法律关系的主体

信托有三方当事人,即委托人、受托人与受益人。三者因信托财产的转移、所有与受益建立互相制衡的法律关系。值得注意的是,委托人与受益人可以是同一人,而即便如此,三方当事人基于不同身份而各自享有的权利义务的性质不变。

委托人是指将财产转移给受托人并创设信托法律关系的主体,其应是具有完全民事行为能力的自然人、法人或依法成立的其他组织。在我国信托市场中,因金融类信托具有一定风险,监管部门要求特定信托产品的委托人应符合合格投资者的条件,其中财产条件是重要内容,即委托人应拥有一定数量的财产。

受托人是指承诺信托、接受信托财产并为受益人的利益而管理与处分信托财产的主体,其应是具有完全民事行为能力的自然人或法人。此外,受托人在特定场景下还需满足其他条件。例如,我国《证券投资基金法》与相关法规对基金管理公司与基金托

---

① 我国《信托法》第60条规定,为了下列公共利益目的之一而设立的信托属于公益信托:(1)救济贫困;(2)救助灾民;(3)扶助残疾人;(4)发展教育、科技、文化、艺术、体育事业;(5)发展医疗卫生事业;(6)发展环境保护事业,维护生态环境;(7)发展其他社会公益事业。

② 原银监会相关人士在2016年中国信托业年会上对信托业务首次提出具体分类,包括债权信托、股权信托、标品信托、同业信托、财产信托、资产证券化信托、公益(慈善)信托与事务信托等。前述八大业务分类主要是以资金运用方式为主、兼顾资金来源而作出的划分。监管部门于2023年发布《关于规范信托公司信托业务分类的通知》,明确“信托公司应当以信托目的、信托成立方式、信托财产管理内容为分类维度,将信托业务分为资产服务信托、资产管理信托、公益慈善信托三大类共25个业务品种”。

管人的条件以及获得相关受托人资格的程序作出了更为具体的规定；又如，公益信托确定其受托人应经有关公益事业的管理部门批准。

受益人是指在信托中享有信托受益权的主体，其可以是自然人、法人或依法成立的其他组织。委托人可以是受益人，亦可以是同一信托的唯一受益人；受托人虽可以是受益人，却不得是同一信托的唯一受益人。在同一个信托中，受益人可以是一人，即单独受益人，亦可以是多人，即共同受益人；在共同受益人中，根据受益权内容的不同，可以分为不同种类的受益人，如优先受益人与一般受益人（劣后受益人）等。符合信托制度前提下的弹性设计可以为搭建具有多样性的结构化金融产品提供条件。

2. 信托法律关系的客体

根据我国《信托法》的规定，受托人因承诺信托而取得的财产属于信托财产，受托人因信托财产的管理运用、处分或其他情形而取得的财产亦归入信托财产。另外，法律、行政法规限制流通的财产依法经有关主管部门批准后可以作为信托财产；法律、行政法规禁止流通的财产不得作为信托财产。此外，信托财产与委托人未设立信托的其他财产相区别（设立信托后，当委托人死亡或依法解散、被依法撤销、被宣告破产时，委托人是唯一受益人的，信托终止，信托财产作为其遗产或清算财产；委托人不是唯一受益人的，信托存续，信托财产不作为其遗产或清算财产）。信托财产与属于受托人所有的财产（固有财产）相区别（信托财产不得归入受托人的固有财产或成为固有财产的一部分；受托人死亡或依法解散、被依法撤销、被宣告破产而终止的，信托财产不属于其遗产或清算财产）。基于上述，信托财产具有同一性与独立性的特点。

其中，独立性是信托财产最为重要与显著的特点。信托财产具有独立性的本质是其在信托有效设立后与信托当事人的固有财产相分离且成为一项仅仅服务于信托目的的特殊财产，成为一个独立的财产整体。在实务中，当事人设立金融类信托的动因往往来自信托财产的独立性。例如，信托财产的独立性可以满足资产证券化设计中原始权益人的破产隔离需求，因此，信托成为资产证券化结构中常见的特殊目的机构之一。[①]

3. 信托法律关系的内容

信托法律关系的内容，是指当事人所享有的权利与承担的义务。委托人的权利主

---

① “特殊目的机构”是指为特定商业目的而设立的法律实体。其业务范围被严格限定。通常包括特殊目的公司与特殊目的信托两类。在特殊目的信托的法律结构中，特定资产的所有人将其资产作为信托财产委托给一家或数家信托机构，资产所有人的受益权利被分解（证券化）并被出售给投资者，信托机构负责根据已规划好的信托资产证券化计划管理、处分信托财产并根据信托财产运用情况向投资者分配盈利。

要包括信托财产运用情况的知情权、信托管理方法的调整权、不当处分信托财产的撤销权与针对失职受托人的解任权；委托人的义务主要包括转移信托财产、向受托人支付报酬与相关费用、除法律规定或信托文件约定的既有条件外尊重受托人对信托财产的运用。受托人的权利主要包括对信托财产的所有权、报酬请求权、费用补偿请求权、辞任权；受托人的义务主要包括遵守信托目的并以应有的谨慎与专业的技能适当处理信托事务、将信托财产与其固有财产进行分别管理并记账、保存记录与秘密、在信托终止时履行清算与报告义务、在职责终止时履行报告与移交义务。受益人通常除享有委托人的上述权利外，还享有信托财产的收益权以及收益权的转移权与抛弃权等；受益人通常除负有委托人的上述义务外，还应依照信托文件的约定向受托人支付报酬、因受托人处理信托事务所支出的费用与对第三人所负债务等。

(三)我国信托市场

1. 我国信托市场发展概述

1979 年中国国际信托投资公司成立。在我国现代信托业发展伊始，信托公司作为改革开放窗口之一在展业之初以类信贷与证券类业务为主，其实质功能是提供融资，以满足当时国家经济转型发展的需求，但因缺乏基本信托法律制度的支持，信托本源业务并未得到实质开展，信托业亦历经数次整顿。随着 2001 年我国颁行《信托法》，信托法律法规体系开始逐步完善，信托公司主营信托业务的商业模式得以逐步确立：一方面，以服务实体经济发展需求为导向的信托贷款业务继续发展；另一方面，以保值增值为目的的理财信托逐步进入以高净值人群为主体的财富管理市场，集合资金信托业务成为支撑信托行业发展的重要业态之一。从总体上观察，我国信托业的发展定位实质上仍围绕着金融服务供给，而基于信托本源的非金融受托服务尚未得到充分发展。

2. 我国信托行业的发展定位

发展以服务信托为代表的非金融受托服务应成为信托业未来定位的重要方向，应在服务民生、协助普惠的重要领域中发挥制度优势并实现制度落地，如养老信托、遗嘱信托、慈善信托、特殊需要信托等业务可以根据制度保障有序、创新开展。根据《资管新规》《信托公司集合资金信托计划管理办法》的规定，以资金信托为代表的信托金融服务亦应从“大而全”的规模优先发展模式向“专而精”的质量优先发展模式转变，由间接融资向直接融资功能转变，提升金融类信托服务实体经济高质量发展的水平。在新形势下，信托业发展应实现信托金融服务与非金融受托服务均衡发展。一方面，发展专业化的信托综合金融服务，以直接融资为核心，发挥信托参与多层次资本市场的主体优势，约束市场主体合规经营；另一方面，发展多元化的非金融受托服务，以服务信托为典型,发挥信托制度的本源优势,契合社会民生需求的多元场景。

二、信托市场的法律监管

(一)信托市场的监管立法体系

在我国改革开放后的相当一段时间内,信托立法处于缺失状态,信托业监管缺乏明确的规范基础。我国虽在2001年颁行《信托法》,但相关配套立法仍不完善。在信托业第六次整顿①中,监管部门进一步强调了监管立法工作的重要性,逐步制定了一系列对信托业发展有重要影响的监管法律文件,其中2007年颁布的《信托公司管理办法》和《信托公司集合资金信托计划管理办法》(2009年修订)与2010年制定的《信托公司净资本管理办法》成为信托业监管最为倚重的三个"部门规章"。此后,监管部门又针对信托公司业务风险管理与不同类型信托业务制定了大量监管文件,尤其针对房地产信托、资本市场信托、银信合作信托、基础设施建设信托与其他类型的创新信托业务,确立了更具针对性的监管政策。这些监管法律文件的制定使信托法基本原理在信托实践领域实现了具体化与实质化并健全了信托业监管的规范体系,为信托公司具体业务的开展提供了行为规则,为监管部门有序执法提供了法律依据。

同时,监管部门亦在根据信托业发展的实践需要不断调整监管规则,对不再完全适应监管客观情况的监管立法予以更新、整合、清理,使其具有充分的回应性与适用性。例如,为了落实《资管新规》,规范信托公司资金信托业务的发展,确立更为全面深入的监管规则体系,监管部门根据近年来信托公司资金信托业务的实践发展与监管情况于2020年5月发布《信托公司资金信托管理暂行办法(征求意见稿)》。在该办法正式颁行后,此前颁布的监管文件《关于印发〈银行与信托公司业务合作指引〉的通知》《关于进一步加强信托公司银信合作理财业务风险管理的通知》《关于进一步规范银信合作有关事项的通知》《关于规范银信理财合作业务有关事项的通知》《关于进一步规范银信理财合作业务的通知》《关于信托公司票据信托业务等有关事项的通知》等规范性文件将同时废止。

---

① 我国信托业第一次整顿是1982年针对信托业务不明确进行的整顿,第二次整顿是1985年针对货币投放与信贷规模的双失控进行的整顿,第三次整顿是1988年针对乱设机构进行的整顿,第四次整顿是1993年针对信托投资机构过分热衷于实业投资与房地产投资进行的整顿,第五次整顿是1998年针对业务管理与机构设置混乱进行的整顿,第六次整顿是2007年针对信托公司业务与内部治理的整顿,当年监管部门发布信托行业"两规",即《信托公司管理办法》《信托公司集合资金信托计划管理办法》,明确了信托公司"受人之托,代人理财"的发展定位。

(二)信托市场的监管实施框架

1. 主体监管

在我国信托业经历六次严格整顿之后,监管部门对信托公司的设立采取严格的持牌制度。在过往10年间,信托公司的数量几乎保持稳定(目前信托公司的数量为68家),[①]由此可见,监管部门对信托公司的新设持较为严格的控制态度。值得注意的是,因我国金融业采取分业监管模式,信托业的监管职责曾先后被赋予原银监会与原银保监会,重点工作对象是从事信托业务的信托公司;此后,国家在原银保监会的基础上组建国家金融监督管理总局,上述监管职能由国家金融监督管理总局承继,国家逐步兼容审慎监管与行为监管理念。在目前的金融监管体系下,部分本质上为信托业务、应适用信托法且应属于信托业监管部门监管的其他金融业务暂未被纳入国家金融监督管理总局的监管范围。

2. 产品监管

为防范金融风险、保护投资者利益,监管部门对信托公司的信托产品尤其是集合资金信托计划产品的成立采取严格的监管政策。在实践中,对集合资金信托计划产品采取单例产品逐一"报告备案"的监管形式,相关备案具有实质审查的内涵,即在监管部门尚未通过备案的情况下,信托公司不得发行相应的信托产品。此外,基于市场宏观调控的需要与避免系统风险的逻辑,监管部门会择机采取更具行政化色彩的监管调控手段,包括但不限于通过"窗口指导"方式约束信托公司的具体业务、对特定种类信托业务采取规模控制或暂停等行政措施。因信托公司的金融机构特性与信托业务的复杂交易结构,严重的经营风险一旦发生将会带来负面社会影响,甚至可能影响社会公共利益、危害金融交易秩序。在目前信托公司市场化退出机制尚未建立且投资者保障机制尚需完善的现实情况下,对信托公司的设立、信托业务的开展、信托产品的发行等采取上述较为严格且相对灵活的监管措施极具合理性,契合我国信托业发展所处的历史阶段,符合我国金融监管制度发展的实际需要。

(三)信托市场的业态监管情况

近年来,信托公司在开展信托业务过程中存在较多不合规行为与一些违法行为,监管部门逐步加大监管执法力度,追究从事违法行为的机构与个人的法律责任。2009~2019年监管部门共对53家信托公司作出108例行政处罚。从行政处罚的数量与频率观察,在2009~2014年,监管部门尚未频繁作出行政处罚,在我国部分信托公司出现经

---

① 根据中国信托业协会数据统计。

营危机、信托业监管治理趋严的背景下，监管部门从2015年开始对从事违法违规行为的信托公司加大处罚力度，2015～2019年行政处罚的数量分别为7例、9例、23例、25例、41例。[①] 具体处罚措施主要包括罚款、责令限期改正、没收违法所得；受到行政处罚的原因主要包括销售推介违规、挪用信托财产、违反审慎经营规则、信息披露违规、违规使用信托财产、交易结构设计违规、关联交易违规、尽职调查不合规。2020～2023年，监管部门依然采取严监管的态度，例如，2022年合计有21家信托公司被给予行政处罚，接近信托公司数量的1/3。[②] 近几年信托业受到的行政处罚数量居多，在一定程度上体现出信托监管部门执法力度的实质性加强，对约束信托公司的不法行为、规范信托业务的有序开展具有积极的现实意义。

信托业过往的监管实践与面临的现实挑战体现出信托业监管仍在制度完善方面存在较大空间：第一，围绕信托市场的基本监管立法缺失，尚无规范调整信托业的信托业法。《信托公司管理办法》《信托公司集合资金信托计划管理办法》《信托公司净资本管理办法》作为部门规章，法律效力位阶较低，在监管部门执法过程中权威性不够，在司法实践中不能直接作为判定相关合同无效的法律依据；而其他效力位阶更低的规范性文件虽内容较为全面、体系相对完整，却因其繁杂细琐的发文体例、前后变化的监管口径，使业界、学界专业人士中鲜有融会贯通、全面兼顾者。第二，未能充分贯彻实质性监管理念与功能性监管原则。因我国长期坚持金融分业监管逻辑，信托业监管部门对其他金融机构开展的、同样具有信托属性的业务难以进行全面、有效的监管，且对一些结构复杂、主体众多的嵌套型金融产品，尚未重点关注信托公司是否切实履行了受托人责任，缺少可以对标量化评价要求的执行机制。因历史性的分业监管未能落实"实质化"的功能监管立场，实践中出现"监管空白""监管弱化"现象在所难免，上述问题亦是导致过往我国资产管理行业问题出现的重要因素。

值得肯定的是，近年来监管部门正布局一系列监管举措以解决相关问题。中国人民银行等于2018年4月联合发布《资管新规》，旨在解决资管业务发展不规范、多层嵌套、刚性兑付、规避金融监管等问题并为此提出统一同类资产管理产品监管标准、坚持宏观审慎管理与微观审慎监管相结合、坚持机构监管与功能监管相结合、强化金融机构的勤勉尽责与信息披露义务、实行穿透式监管等基本措施，为后续信托业监管体系的完善明确方向，有利于信托业的发展转型与业务创新。该意见在一定程度上对过往

---

① 参见夏小雄：《信托业监管体系重构：问题剖析、理论反思与制度完善》，载《金融监管研究》2020年第9期。

② 根据监管部门与中国信托业协会数据统计。

10余年信托业监管所存在的体制机制问题进行了总结与反思，力图重构监管原则、优化监管制度、明晰监管责任。但诚如上述，该意见尚未上升为正式立法，可以对标量化评价要求的执行机制亦尚待开发，故其在短期“震慑”效果之外影响后续基本法完善等更为重要的实施意义与效果尚待进一步观察。此外，信托业的规范发展离不开法制的完善，只有更为多元化的争议解决机制与类型化的司法裁判标准才可使信托法实践更为具体化与实质化，从而有效约束受托人行为并保护受益人利益。

第二节 基金市场的法律监管

一、基金与基金市场概述

(一)基金及其分类

1.基金的概念

基金通常是指具有特定用途的资金集合。结合基金设立目的这一内生性因素与行政许可以及监督管理这一外源性因素的差异，基金可以大致被分为政府基金、投资基金与公益基金等三类。政府基金是指由政府设立并用于特定用途的基金，既包括政府征收的、支持特定公共基础设施建设与公共事业发展的具有专项用途的财政基金，亦包括政府对特定社会行为进行资助或补偿的基金。投资基金则通过市场化方式向投资者募集资金，并由专业机构进行管理、投资，为投资者谋求投资收益。公益基金通常由非营利组织向自愿捐赠的单位或个人募集资金(捐款)并用于特定公益事业。本章所述“基金”如无特别说明专指投资基金。

投资基金是指一种利益共享、风险共担的集合投资方式，即通过发行基金单位集中投资者的资金，由基金托管人托管，由基金管理人运用资金，从事证券、股权等领域的投资。投资基金作为一种投资形式可以充分利用中小投资者的资金进行投资活动，有利于合理分散投资风险，增加市场资金供给，促进市场协调发展。

2.基金的分类

第一，根据组织形式的不同，可以将基金分为契约型基金、公司型基金与合伙型基金。契约型基金通常由基金管理人按照基金契约向投资者募集资金后设立，基金管理人与基金托管人分别按照基金契约对基金进行管理与托管，投资者根据基金契约分享基金收益并行使其他权利，基金管理人、基金托管人与投资者之间均是契约关系。公司型基金通常由投资者作为股东出资成立具有法人资格的基金公司，公司董事会作为管理人对基金进行投资管理或由董事会聘请外部投资顾问对基金进行管理,从资金运用中所获得的收益以股利形式按投资者的出资比例进行分配。合伙型基金通常采取有限合伙的形式,基金投资者以有限合伙人身份投入资金并承担有限责任,基金管理人则以普通合伙人身份参与合伙企业,管理合伙企业的事务并对合伙企业的债务承担无限连带责任。

第二,根据募集方式的不同,可以将基金分为公开募集基金与非公开募集基金。公开募集基金(公募基金)是指通过公开方式向不特定对象募集资金,或向特定对象募集资金累计超过200人的基金。非公开募集基金(私募基金)是指通过非公开方式向不超过200名的适格投资者募集的基金。值得注意的是,公募基金与私募基金的分类并不完全对应于我国《证券投资基金法》中的"公开"与"非公开"的募集分类,例如开放式公募基金仅投资于债券、股票、权证、股指期货、资产支持证券等,不得投资于股权,公募基金子公司的专项资产管理计划则可以开展股权投资,而私募基金亦可以进一步被分为私募证券投资基金与私募股权投资基金。此外,两类投资基金在募集方式、注册备案、基金托管、投资运作等方面均存在较大监管差异。

第三,根据运作模式的不同,可以将基金分为封闭式基金与开放式基金。封闭式基金,是指基金份额总额在基金合同期限内固定不变,基金份额持有人在此期间不得申请赎回的基金。开放式基金,是指基金份额总额不固定,基金份额持有人可以在基金合同约定的时间与场所内申购或赎回的基金,即基金本身可以在约定条件下随时对投资者开放并向拟加入基金的投资者出售受益凭证并根据需要买回受益凭证。因此,基金受益凭证的数量与基金资产的规模均处于不断变动的状态。

(二)基金法律关系

1. 基金法律关系的主体

基金的主要参与方包括基金管理人、基金持有人与基金托管人。基金管理人是指经营管理基金并委托他人保管基金财产的市场主体。基金持有人是指通过向基金投资而持有受益凭证,有权领取运用基金财产所获收益的市场主体。基金托管人是指与基金管理人订立托管协议,负责保管各项基金财产并监督基金管理人运用基金财产的金融机构主体。

基金管理人的角色具有多重性:第一,其属于投资者的受托人,当基金管理人同时是基金发起人时,其属于直接受托管理基金的主体,即属于受托人,而投资者属于委托人;第二,当基金发起人与基金管理人不属于同一主体时,如信托公司、证券公司与其他企业共同发起后委托基金管理人管理基金,则共同发起人是委托管理关系中的委托人,基金管理人则成为这一关系中的受托人;第三,基金管理人在实际运用基金财产时可以要求基金托管人根据自己的指示保管财产,此时其属于委托人。根据我国《证券投资基金法》的规定,基金管理人由依法设立的公司或合伙企业担任;公开募集基金的基金管理人,由基金管理公司或经国务院证券监督管理机构按照规定核准的其他机构担任。

基金持有人的角色亦具有多重性:其既属于基金财产的实际投资人与实际所有人,又属于基金法律关系中的初始委托人,还属于运用基金财产的实际获益者与损失承担人。基金持有人通常是符合法定条件的适格投资者,在我国,公募基金与私募基金的基金持有人的适格性条件有所不同,证券投资基金与股权投资基金的基金持有人的适格性条件亦有不同。

基金托管人在一项投资基金计划中的角色为通过保管基金财产实现投资基金经营与保管分开的目的,保障投资者权益,防止基金财产被挪用。根据我国《证券投资基金法》的规定,基金托管人由依法设立的商业银行或其他金融机构担任。值得注意的是,基金托管人在各法域中的地位有较大的不同:一些法域中的基金托管人仅负有保管职责,另有一些法域则明确基金托管人还可以对基金管理人运用资金的行为进行监督,还有个别法域允许基金托管人根据基金管理人的指示而运用基金财产。在我国,基金托管人的职责范围主要是托管基金财产并对基金的投资行为实施必要监督,可因尚无具体化、可执行的行政规范,基金托管人所负的义务内容存在一定争议。

2. 基金法律关系的客体

根据我国《证券投资基金法》的规定,基金财产独立于基金管理人、基金托管人的固有财产。基金管理人、基金托管人不得将基金财产归入其固有财产。基金管理人、基金托管人因基金财产的管理、运用或其他情形而取得的财产与收益归入基金财产;基金财产的债务由基金财产本身承担,基金份额持有人以其出资为限对基金财产的债务承担责任(基金合同依法另有约定的,从其约定);基金管理人、基金托管人因依法解散、被依法撤销或被依法宣告破产等原因进行清算的,基金财产不属于其清算财产。

3. 基金法律关系的内容

基金法律关系的内容是指主要参与人所享有的权利与承担的义务,基金管理人与基金托管人的权利在一定程度上亦体现为其职责。基金管理人的职责主要包括按照约定运用基金财产、分别管理基金财产与自有财产、及时足额向基金持有人支付基金收益、保存基金的会计账册与记录。基金管理人的义务主要包括注意义务与忠实义务。所谓注意义务即基金管理人在进行基金管理时应遵守立法机关制定的审慎规则,凭借自己所应具有的合理专业技能与工作经验对投资对象进行谨慎调查与抉择,以各种合理方法为投资者谋取尽可能多的利益。所谓忠实义务即基金管理人在管理基金财产时应以受益人的利益为唯一目的,应以诚实心态如处理自己财产那般尽心尽力。基金托管人的职责主要是安全保管基金的全部财产,其亦应履行注意义务与忠实义务。基金托管人的注意义务主要体现为谨慎保管基金财产,防范基金管理人滥用权利。基金托管人的忠实义务主要体现为在保管、动用与处置基金财产时一切以基金持有人的利益为出发点,与基金管理人在行政、财务方面相互独立。基金持有人的权利主要包括对基金情况的了解权、基金财产的受益权、监督参与权、份额处分权、本金取回权。基金持有人的义务主要包括缴纳基金认购款项与其他规定费用、接受基金管理人在管理过程中非因自己的过失而对基金招致的损害。

(三)我国基金市场

1.我国基金市场发展概述

在公募基金市场发展方面,1991 年设立的第一只专项物业投资基金“珠基金”(原名“一号珠信物托”)是我国最早的投资基金。整个行业在 1995 年之后开始处于停滞状态,截至 1996 年年底我国共设立约 75 只基金。以《证券投资基金管理暂行办法》(已失效)的颁行为标志,监管部门对上述基金进行清理规范,后续南方基金公司与国泰基金公司等基金公司成立并发行开元基金与金泰基金等封闭式基金。此后,随着《开放式证券投资基金试点办法》(已废止)的颁行,首只开放式基金华安创新基金设立,以开放式基金为主的基金市场规模迅速壮大,基金管理的监管法规体系得到不断完善。相应地,基金可投资范围从股票市场扩展至债券市场与货币市场,基金品种亦在股票型基金外发展出债券基金、混合基金、货币市场基金与保本基金等。截至 2007 年年底,基金规模达 341 只,总资产净值规模达 3.1 万亿元,基金持股占股票市场的份额已从 2003 年年底的不足 10% 至 2007 年的超过 30%,至此成为股票市场中最大的机构投资者。[①] 自 2008 年以来,公募基金行业整体处于创新突破与调整提高阶段。

在私募基金市场发展方面,2004 年赵某某与深国投合作成立第一只阳光私募基金,随着我国资本市场不断发展,私募基金亦迅速壮大并成为市场中的重要力量,2013 年私募基金被纳入证监会的监管范围。2016 年中国证券投资基金业协会上线资产管理业务综合报送平台,要求每家私募机构分别按照证券类、股权与创投类、其他类选择主营业务类型且不得兼营,自此私募基金行业发展得到了进一步规范。在监管部门的

---

① 参见苏薪茗:《公募基金行业发展转型》,载《中国金融》2017 年第 6 期。

指导下，近年来中国证券投资基金业协会先后出台一系列自律规则，已初步形成由登记备案、信息披露、内部控制、募集行为管理、基金合同、风险监控等构成的规范框架。自2020年起，监管部门先后发布《关于加强私募投资基金监管的若干规定》《私募投资基金监督管理条例》，旨在进一步加强私募基金监管，严厉打击各类违法违规行为，严控私募基金增量风险，稳妥化解存量风险并提升行业规范发展水平，保护投资者与相关当事人的合法权益。

2. 我国基金行业发展定位

随着公募基金行业的发展，不同风险偏好、行业专长与产品类型的公募基金产品出现，较好地契合了资本市场的不同需求，差异化地挖掘与匹配投融资两端需求，满足新兴产业股权与债权融资需求，为资本市场的发展提供重要的机构投资者与资金供给。随着泛资产管理理念的深化，我国公募基金行业可以考虑推行业务创新的增量改革，通过实现基金公司差异化、多元化发展，进一步化解涉及体制机制、组织结构等存量改革中存在的问题。

在私募基金行业快速发展的同时亦随着多类违法违规行为的出现，监管部门有必要总结私募基金领域风险事件的发生特点与处置经验，重申并细化私募基金监管的底线要求，使私募基金行业真正回归“私募”与“投资”的本源，推动优胜劣汰的市场良性循环，促进行业规范可持续发展。此外，监管部门还应加大政策支持力度，进一步发挥私募基金在提高直接融资比重、支持创业创新、服务实体经济与居民财富管理等方面的重要作用。

二、基金市场的法律监管

（一）基金市场的监管立法体系

自1997年11月国务院原证券委员会颁行《证券投资基金管理暂行办法》以来，经过20余年发展完善，证监会已基本建立证券投资基金的监管框架与法规体系，涉及产品研发、信息披露、产品分类、基金销售、风险揭示、投资管理、资金托管、IT系统建设等多个方面。《证券投资基金法》于2003年10月经审议通过后又先后于2012年12月与2015年4月被修订与修正，已基本成为公募与私募证券投资基金兼顾、监管与业务法制并列的规范框架。从目前来看，公募基金行业发展已基本实现规范化与透明化，“卖者有责，买者自负”理念基本得到落实。自2013年私募基金被纳入证监会的监管范围后，监管部门于2014年8月发布《私募投资基金监督管理暂行办法》，主要对私募证券投资基金的登记备案、适格投资者条件、资金募集、投资运作、行业自律等作出明确规定；监管部门于2020年12月发布《关于加强私募投资基金监管的若干规定》，旨在规范私募基金管理人名称、经营范围并实行新老划断，优化对集团化私募基金管理人的监管，规范私募基金管理人与从业人员开展关联交易等；国务院于2023年7月发布《私募投资基金监督管理条例》，以将部门规章与规范性文件中的成熟规范升格为行政法规的方式强化对私募基金募集资金与投资运作的监管。

（二）基金市场的监管实施框架

1. 公募基金监管

在公募基金监管方面，除上述《证券投资基金法》确立的规范框架外，监管部门于2014年7月发布的《公开募集证券投资基金运作管理办法》对公募基金的运作作出了细化规定，该办法主要遵循“加强监管、放松管制”的指导思想，坚持公募基金“组合投资、强制托管、公开披露、独立运作、严格监管”的制度优势，要求加强事中事后监管，加大对违法违规行为的查处力度，贯彻落实基金产品注册制，充分激发市场机构产品创新活力。此后，监管部门于2020年发布《公开募集证券投资基金信息披露管理办法》《公开募集证券投资基金销售机构监督管理办法》，对公募基金的信息披露与合规销售作出了细化规定。在具体指引方面，监管部门自2014年起已先后发布《公开募集证券投资基金运作指引第1号——商品期货交易型开放式基金指引》《公开募集证券投资基金运作指引第2号——基金中基金指引》《公开募集证券投资基金运作指引第3号——指数基金指引》等规范性文件，为不同类型的公募基金规范运作提供行为准则。

2. 私募基金监管

在私募基金监管方面，监管部门主要遵循适度监管与底线监管原则。根据《私募投资基金监督管理条例》《私募投资基金监督管理暂行办法》的规定，私募基金管理人应向中国证券投资基金业协会申请登记，各类私募基金募集完毕，应办理备案手续。值得注意的是，私募基金的登记备案，不构成对私募基金管理人投资能力、持续合规情况的认可，亦不作为对基金财产安全的保证。在市场准入环节，监管部门不对私募基金管理人与私募基金进行前置审批，而是基于中国证券投资基金业协会的登记备案信息进行事后行业信息统计、风险监测与必要的检查；在基金托管环节，监管部门不强制要求将基金财产进行托管；在信息披露环节，私募基金管理人应向投资者披露重大事项与基金合同、公司章程或合伙协议约定的其他事项；在行业自律环节，则由中国证券投资基金业协会充分发挥作用，进行统计监测与纠纷调解等，并通过制定行业自律规则实现会员的自我管理。

（三）基金市场的业态监管情况

随着近年来基金行业的快速发展，监管部门通过发布规范性文件快速跟进市场变化,就出现的新业务模式根据业务实际制定规则保障业务总体规范发展,体现其专业素养与监管能力。另外,《证券法》的修改亦带来多方面的影响,尤其是全面推行证券发行注册制度,可以稳定私募股权投资基金退出预期,促使一级市场的机构将价值投资作为主流方式,同时间接提升监管效果,奠定行业繁荣基础。

从基金市场的整体发展与业态优化角度观察,在公募基金行业仍存在部分监管落后于实际业务发展的现象,如在产品发行方面,公募基金产品目前同质化情形较严重,众多基金产品的风险收益特征无法通过合同廓清,监管部门可以允许并鼓励基金公司对产品在股票、债券、货币市场基金与混合基金等四大类基础上作出更详细的划分。例如,因混合基金各类资产均可投资且投资比例范围较为宽广,投资者很难识别产品的风险特征,可以进一步细化其分类。

在私募基金行业方面,刚性兑付不仅扭曲"受人之托、代人理财"的本质还可能引发系统风险,而私募基金仍需面对是否接受刚性兑付的市场选择,监管部门在投资者教育方面仍需作出进一步的努力。又如,因监管部门在私募基金监管方面主要遵循适度监管与底线监管原则,其发布的《私募投资基金监督管理暂行办法》虽已涵盖私募股权投资基金,但就私募股权投资基金的设立、基金管理人与基金托管人的权利与义务等内容并未作出细化规定,导致在争议解决环节中或要参照适用《证券投资基金法》。进一步观察则可发现,私募股权投资基金与证券投资基金同属以信托关系为基础的金融活动。二者的主要差异在于投资标的是否集中于公开市场,即前者主要投资未上市公司或拟上市公司的股权而后者主要投资公开市场的证券。二者产生法律风险的来源虽有不同,但可能产生的法律风险类型却基本相同。在遵循实质性监管理念与功能性监管原则的语境下,以风险规制与合规约束为视角,二者并非全无一体规范的理据基础的,适度监管与底线监管原则亦不排斥合理的统合规制以提高监管效率、促进行业发展。

从总体上观察,监管部门应有效平衡产品发行类型化、差异化的特性与业态监管统合化、协同化的需求,细化监管适用与其他规范适用的依据,在优化监管机制的同时减轻立法与司法环节的压力。

思考题

1. 赋予信托财产以人格与明确将信托财产所有权转移给受托人,哪项更有利于信托制度的本土化?

2. 在结构化产品的交易架构中,运用信托制度的优势有哪些?

3. 在监管逻辑方面，先区分证券投资基金与股权投资基金后区分公募基金与私募基金，以及与前述互换次序的分类，哪一种分类思路更有利于提高金融监管的效率？

拓展阅读

1. 卞耀武主编：《中华人民共和国信托法释义》，法律出版社 2002 年版。

2. 王巍主编：《金融信托投融资实务与案例》，经济管理出版社 2013 年版。

3. 中国信托业协会编著：《信托法务》，中国金融出版社 2012 年版。

4. 中国信托业协会编著：《信托公司经营实务》（第 2 版），中国金融出版社 2020 年版。

5. 中国信托业协会编著：《信托基础》（第 2 版），中国金融出版社 2020 年版。

6. 中国信托业协会编著：《信托监管与自律》，中国金融出版社 2012 年版。

7. 中国信托业协会编著：《信托与资管产品案例集》，中国金融出版社 2020 年版。

8. 张淳：《信托法哲学初论》，法律出版社 2014 年版。

9. 张军建：《信托法基础理论研究》，中国财政经济出版社 2009 年版。

10. 张天民：《失去衡平法的信托》，中信出版社 2004 年版。

第五编

金融服务法

货币市场主要业务法律制度

资本市场主要业务法律制度

衍生品市场主要业务法律制度

保险业务法律制度

信托业务法律制度

第十一章　货币市场主要业务法律制度

学习目标

1.低阶学习目标

(1)掌握货币市场的基本概念和构成要素

(2)理解货币市场中主要金融工具的基本原理

(3)梳理货币市场主要法律制度的运作框架

2.高阶学习目标

(1)掌握货币市场及其相关法律制度的发展历史和演进脉络

(2)分析信息化数字化条件下票据市场的制度建设方向

(3)分析买断式回购和质押式回购的优劣势,探究我国回购协议市场的制度改革路径

案例研讨

2016年1月22日,某银行发布公告称,该行北京分行票据买入返售业务①发生重大风险事件,经核查,涉及风险金额为39.15亿元。

据报道,2015年3月,王某波经人介绍与姚某延、张某鸣结识。王某波利用多家“过桥行”与某行北京分行开展票据买入返售业务。截至2015年12月,共开展业务39笔,涉及票据381张、票面金额合计约323亿元。2015年5月,王某波与姚某延共谋挪用票据二次贴现用于购买理财产品等经营活动。后姚某延、张某鸣、王某冰、刘某梅共谋,利用分别承担的审查审批客户提交的票据及资料、办理票据封包移交及入出库手续等职务便利,共同将已入库保管的银行承兑汇票票据包提前出库交由王某波使用。王某波将挪用票据二次贴现后的资金部分用于购买理财产品和支付票据回购款,部分用于高风险股票投资交易等活动。但因投资不当,资金产生巨额亏损。2015年12月1

① 票据买入返售业务是指银行作为逆回购方(买入返售方)融出资金的业务。例如,当某银行持有“已贴现但未到期”的承兑汇票,又需要资金时,就可到另一家银行,以这些票据作为担保品,从另一家银行拆借资金,并约定特定日期以一定价格回购票据。

日，王某波为骗取资金继续与某行北京分行开展两笔票据买入返售业务，他雇人制作虚假的票据影像并提供给某行北京分行竞价，被告人姚某延、张某鸣、王某冰利用职务之便将某行资金挪给王某波使用。王某波采取上述方式骗得某行北京分行实际支付买入返售款共计约 19.77 亿元。其中 8.2 亿余元被王某波转至其控制的股票交易账户，其余资金被用于向企业收购银行承兑汇票等其他营利活动。到期后，王某波无力支付回购资金。在此过程中，王某波为感谢姚某延等人在票据交易过程中提供的帮助，先后送给姚某延好处费共计人民币 1720 万元。姚某延又分别分给张某鸣人民币 40 万元、王某冰人民币 10 万元、刘某梅人民币 10 万元。

2017 年 11 月 17 日，原北京银监局公布处罚信息：某银行北京分行因同业票据业务严重违反审慎经营规则，被罚款 1950 万元。主要负责人姚某延、张某鸣、王某冰、刘某梅被终身禁止从事银行业工作。其他责任人龙某芳被给予禁止从事银行业工作 10 年、终身取消董事和高级管理人员任职资格的处罚；胡某刚、吴某强分别被给予警告并被罚款 10 万元；殷某俊被取消 10 年的董事和高级管理人员任职资格，辛某铭被取消 1 年的董事和高级管理人员任职资格。其中，龙某芳为某支行行长；殷某俊、辛某铭为北京分行领导。

请研讨：

1. 梳理案件中的作案手法，并探讨作案人员利用了哪些漏洞牟利？

2. 该案对银行风险控制而言，有什么启示？

3. 2016 年 12 月 8 日，上海票据交易所开业运营。为什么要建立全国统一的票据平台，有什么意义和作用？

货币市场是以 1 年以内的短期金融产品为交易对象的市场，这些产品具有期限短、风险低、流动性好、收益适中的特征，如国库券、商业票据、银行承兑汇票、可转让定期存单等都是常见的交易品种。由于交易的期限较短、可变现性强、流动性高，这些短期金融工具可以被称为“准货币”，该市场因此被称为“货币市场”。货币市场的主要作用是调节短期的资金供求，同时它也是中央银行实施公开市场业务、执行货币政策目标的主要场所。货币市场由多个子市场构成，主要包括同业拆借市场、票据市场、大额可转让存单市场、短期债券市场等。

第一节　同业拆借市场业务法律制度

一、同业拆借市场概述

同业拆借市场是金融机构之间以货币借贷形式进行短期资金互通的市场。其中，资金富余的金融机构将资金暂时借给资金缺乏的金融机构，称为拆出；而资金缺乏的金融机构从资金富余的金融机构临时借入资金，称为拆入。进入同业拆借市场的主体主要是具有准入资格的金融机构。同业拆借市场是货币市场的一个重要分支，也是央行制定和执行货币政策的一个重要平台。其产生的背景是各国建立了存款准备金制度，使商业银行之间出现了资金头寸调节的需求。目前，同业拆借市场不仅用于调节存款准备金，也用于满足金融机构在日常经营中的短期资金供求匹配，成为金融机构协调流动性和营利性关系的有效市场。

经中国人民银行批准，进入全国银行间同业拆借市场的金融机构之间，可以通过全国统一的同业拆借网络进行无担保资金融通行为。全国统一的同业拆借网络包括：全国银行间同业拆借中心的电子交易系统、中国人民银行分支机构的拆借备案系统、中国人民银行认可的其他交易系统。同业拆借交易应遵循公平自愿、诚信自律、风险自担的原则。

二、同业拆借市场主要法律制度

（一）市场准入制度

金融机构进入同业拆借市场必须经中国人民银行批准。可以申请进入同业拆借市场的金融机构包括政策性银行、商业银行、信用合作社、企业集团财务公司、信托公司、金融资产管理公司、金融租赁公司、汽车金融公司、证券公司、保险公司、保险资产管理公司等机构，以及中国人民银行确定的其他机构。

申请进入同业拆借市场的金融机构应当在中华人民共和国境内依法设立，有健全的组织机构和风险管理制度，有专门的交易人员，受监管的主要指标符合规定，近两年未受到处罚或出现资不抵债情况。外资银行、企业集团财务公司、信托公司、金融资产管理公司、金融租赁公司、汽车金融公司、保险资产管理公司和证券公司申请进入同业拆借市场，还应具备相应的经营资格和盈利能力等条件。例如，证券公司应在申请进入同业拆借市场前最近两个年度连续盈利，同期未出现净资本低于2亿元的情况。金融机构申请进入同业拆借市场，应按照中国人民银行规定的程序向中国人民银行或其分支机构提交申请材料。

金融机构决定退出同业拆借市场时,应至少提前30日报告中国人民银行或其分支机构,并说明退出同业拆借市场的原因,提交债权债务清理处置方案,还应采取有效措施保证债权债务关系顺利清理,并针对可能出现的问题制定有效的风险处置预案。金融机构退出同业拆借市场后两年之内不得再次申请进入。中国人民银行及其分支机构批准金融机构进入同业拆借市场或者接到金融机构退出同业拆借市场的报告后,应向市场发布公告。任何机构不得擅自发布相关信息。

（二）交易和清算制度

同业拆借交易必须在全国统一的同业拆借网络中进行,以保证同业拆借交易的安全、高效、规范和透明,方便中国人民银行对同业拆借市场进行监管和指导。全国统一的同业拆借网络主要包括全国银行间同业拆借中心的电子交易系统和中国人民银行分支机构拆借备案系统。不同类型的金融机构应通过不同的系统进行同业拆借交易,政策性银行、企业集团财务公司、信托公司、金融资产管理公司、金融租赁公司、汽车金融公司、证券公司、保险公司、保险资产管理公司等以法人为单位,通过全国银行间同业拆借中心的电子交易系统进行同业拆借交易。通过中国人民银行分支机构拆借备案系统进行同业拆借交易的金融机构应按照中国人民银行当地分支机构的规定办理相关手续。

同业拆借交易以询价方式进行,自主谈判、逐笔成交,充分体现了供求关系和价格形成机制。交易双方互相询问对方是否有意愿进行交易,并商定交易条件,根据各自的资金需求和风险偏好自由选择。同业拆借利率由交易双方根据市场供求状况、货币政策走向、信用评级等因素自由协商确定。

金融机构进行同业拆借交易,应逐笔订立交易合同。交易合同的内容应当具体明确,详细约定同业拆借双方的权利和义务。交易合同应包括以下内容:(1)同业拆借交易双方的名称、住所及法定代表人的姓名;(2)同业拆借成交日期;(3)同业拆借交易金额;(4)同业拆借交易期限;(5)同业拆借利率、利率计算规则和利息支付规则;(6)违约责任;(7)中国人民银行要求载明的其他事项。交易合同可采用全国银行间同业拆借中心电子交易系统生成的成交单,或者采取合同书、信件和数据电文等书面形式。同业拆借的资金清算涉及不同银行的,应直接或委托开户银行通过中国人民银行大额实时支付系统办理。同业拆借的资金清算可以在同一银行完成的,应以转账方式进行。任何同业拆借清算均不得使用现金支付。

（三）风险控制制度

同业拆借存在一定的风险，比如信用风险、市场风险、操作风险等。为了有效防范和控制这些风险，金融机构应当将同业拆借风险管理纳入本机构风险管理的总体框架之中，并根据同业拆借业务的特点，建立健全同业拆借风险管理制度，设立专门的同业拆借风险管理机构，制定同业拆借风险管理内部操作规程和控制措施。

金融机构应当依法妥善保存其同业拆借交易的所有交易记录和与交易记录有关的文件、账目、原始凭证、报表、电话录音等资料，便于监管部门进行监督检查和审计核查，也便于交易双方进行核对和查询。商业银行同业拆借的拆入资金用途应符合《商业银行法》的有关规定。这是为了保证商业银行合理使用其拆入资金，遵守国家法律法规和监管政策，防止资金非法投向高风险项目。

同业拆借的期限由交易双方自行商定，但必须符合以下规定：(1)政策性银行、中资商业银行、中资商业银行授权的一级分支机构、外商独资银行、中外合资银行、外国银行分行、城市信用合作社、农村信用合作社县级联合社拆入资金的最长期限为1年；(2)金融资产管理公司、金融租赁公司、汽车金融公司、保险公司拆入资金的最长期限为3个月；(3)企业集团财务公司、信托公司、证券公司、保险资产管理公司拆入资金的最长期限为7天；(4)金融机构拆出资金的最长期限不得超过对手方由中国人民银行规定的拆入资金最长期限。不过，中国人民银行可以根据市场发展和管理的需要调整金融机构的拆借资金最长期限。同业拆借到期后不得展期，这是为了保证同业拆借市场能够及时清算债权债务，避免出现资金滞留或滚动风险，也能够促进金融机构合理安排资金计划和使用效率。

国家对金融机构同业拆借实行限额管理，拆借限额由中国人民银行及其分支机构按照以下原则核定：(1)政策性银行的最高拆入限额和最高拆出限额均不超过该机构上年末待偿还金融债券余额的8%；(2)中资商业银行、城市信用合作社、农村信用合作社县级联合社的最高拆入限额和最高拆出限额均不超过该机构各项存款余额的8%；(3)外商独资银行、中外合资银行的最高拆入限额和最高拆出限额均不超过该机构实收资本的2倍；(4)外国银行分行的最高拆入限额和最高拆出限额均不超过该机构人民币营运资金的2倍；(5)企业集团财务公司、金融资产管理公司、金融租赁公司、汽车金融公司、保险公司的最高拆入限额和最高拆出限额均不超过该机构实收资本的100%；(6)信托公司、保险资产管理公司的最高拆入限额和最高拆出限额均不超过该机构净资产的20%；(7)证券公司的最高拆入限额和最高拆出限额均不超过该机构净资本的80%；(8)中资商业银行（不包括城市商业银行、农村商业银行和农村合作银行)授权的一级分支机构的最高拆入限额和最高拆出限额由该机构的总行授权确定,纳入总行法人统一考核。中国人民银行可以根据市场发展和管理的需要调整金融机构的同业拆借资金限额,由此保证同业拆借市场平衡供求,防止过度集中或分散,防范系统性风险。中国人民银行可以根据金融机构的申请临时调整拆借资金限额,以保持一定的灵活性和适应性。

(四)信息披露制度

进入同业拆借市场的金融机构承担向同业拆借市场披露信息的义务,其董事或法定代表人应当保证所披露的信息真实、准确、完整、及时。中国人民银行负责制定同业拆借市场中各类金融机构的信息披露规范并监督实施。

全国银行间同业拆借中心是同业拆借市场的中介服务机构,为金融机构在同业拆借市场的交易和信息披露提供服务。全国银行间同业拆借中心制定同业拆借市场交易和信息披露操作规则,报中国人民银行批准后实施,并及时向市场公布利率、交易量、重大异常交易等市场信息和统计数据。全国银行间同业拆借中心负责同业拆借市场日常监测和市场统计,定期向中国人民银行上报同业拆借市场统计数据,发现异常情况及时向中国人民银行报告并通知中国人民银行相关省一级分支机构。

金融机构未按照中国人民银行的规定向同业拆借市场披露信息,或者所披露信息有虚假记载、误导性陈述或重大遗漏的,中国人民银行有权对该金融机构采取限期补充信息披露、核减同业拆借限额、缩短同业拆借最长期限、限制同业拆借交易范围、暂停或停止与全国银行间同业拆借中心交易联网等约束措施。

为金融机构向同业拆借市场披露信息提供专业化服务的注册会计师、律师、信用评级机构等专业机构和人员出具的文件含有虚假记载、误导性陈述或重大遗漏的,不得再为同业拆借市场提供专业化服务。

(五)监督管理制度

中国人民银行依法对同业拆借交易实施非现场监管和现场检查,并对同业拆借市场的行业自律组织进行指导和监督。中国人民银行省一级分支机构负责拟定辖区同业拆借备案管理实施办法,并对辖区内金融机构通过拆借备案系统进行的同业拆借交易进行监管。中国人民银行或者其省一级分支机构根据履行同业拆借市场监管职责的需要,可以采取下列措施进行同业拆借现场检查:(1)进入金融机构进行检查;(2)询问金融机构的工作人员,要求其对有关检查事项作出说明;(3)查阅、复制金融机构与检查事项有关的文件、资料,并对可能被转移、销毁、隐匿或者篡改的文件资料予以封存;(4)检查金融机构运用电子计算机管理业务数据的系统。中国人民银行及其地市中心支行以上分支机构根据履行同业拆借市场监管职责的需要,可以与金融机构董事、高级管理人员谈话,要求其就金融机构执行同业拆借市场管理规定的重大事项作出说明。

金融机构有下列行为之一的,由中国人民银行或者其地市中心支行以上分支机构实施处罚:(1)不具有同业拆借业务资格而从事同业拆借业务;(2)与不具备同业拆借业务资格的机构进行同业拆借;(3)在全国统一同业拆借市场网络之外从事同业拆借业务;(4)拆入资金用途违反相关法律规定;(5)同业拆借超过中国人民银行规定的拆借资金最长期限;(6)同业拆借资金余额超过中国人民银行核定的限额;(7)未按照中国人民银行的规定向同业拆借市场披露信息;(8)违反同业拆借市场规定的其他行为。进行处罚后,应当通报有关监管部门。

第二节　票据市场业务法律制度

一、票据市场概述

票据市场是指在商品交易和资金往来过程中产生的以票据的发行、担保、承兑、贴现、转贴现、再贴现来实现短期资金融通的市场,主要包括商业票据市场和银行承兑汇票市场。[①] 票据作为金融市场上通行的结算和信用工具,是货币市场上主要的交易工具之一。票据是指出票人依法签发的,约定自己或委托付款人在见票时或指定的日期向收款人或持票人无条件支付一定金额并可以转让的有价证券,基本形式包括汇票、本票和支票。汇票是出票人签发的,委托付款人在见票时或者在指定日期无条件支付一定金额给收款人或持票人的一种票据。本票是出票人签发的,承诺自己在见票时无条件支付确定的金额给收款人或者持票人的票据。支票是出票人签发的,委托办理支票存款业务的银行或其他金融机构在见票时无条件支付确定金额给收款人或持票人的票据。

票据具有以下特征:(1)票据是一种完全有价证券。有价证券可分为完全有价证券和不完全有价证券。完全有价证券的证券本身和该证券拥有的权利在任何情况下都不可分离。票据权利的享有和行使与票据的持有密切相关。(2)票据是一种设权证

---

① 承兑是指付款人承诺在商业汇票到期日无条件支付汇票金额的票据行为;贴现是指持票人在商业汇票到期日前,贴付一定利息将票据转让至具有贷款业务资质的机构的行为;再贴现是指人民银行对金融机构持有的已贴现未到期商业汇票予以贴现的行为,是中央银行的一种货币政策工具。

券。所谓设权证券,是指证券权利的发生,必须以制成票据为前提。票据的制成并非用来证明已经存在的权利,而是创立一种新的权利。(3)票据是一种无因证券。即证券上的权利只由证券上的文义确定,持有人在行使权利时无须负证明责任。(4)票据是一种要式证券。即证券的制成必须按照法律规定。(5)票据是一种文义证券。即票据上的所有权利义务关系均以票据上的文字记载为准,不受任何外来因素的干扰。(6)票据是一种流通证券。票据权利可以通过一定的方式转让,一般包括背书或交付。(7)票据是一种返还证券。票据权利人实现了自己的权利,收领了票据上的金额之后,应将票据归还给付款人。

传统纸质化的票据承兑、贴现、转贴现、抵押等业务,通常在线下交易过程中,可能由于银行经营机构内控机制不完善、交易从业人员职业素养低、违规出借同业账户等原因,产生票据业务市场风险、信用风险、操作风险及合规风险。随着2016年上海票据交易所的建立,我国传统以纸质票据业务为主的交易模式开始向全流程电子票据、电子票务交易的方向发展。在中国票据交易系统平台的支持下,上海票据交易所遵循中国人民银行有关票据承兑、贴现、再贴现的操作要求,成立统一的票据电子化交易平台,为参与票据业务的商业银行、企业财务公司等主体,提供电子化票据的登记、清算、结算服务,完成一系列票据资金的承兑、权属变更。上海票据交易所成立后,国内商业银行的所有票据均需通过电子化交易系统,进行票据承兑贴现登记、报价、交易、托管的集中运作处理。①

二、票据市场主要法律制度

2016年,中国人民银行发布了《票据交易管理办法》,扩展了票据交易市场主体的范围,引入财务公司、信托公司、证券公司、基金管理公司、期货公司、保险公司等非商业银行类金融机构,拓宽了市场的广度与宽度,提升了二级市场的交易活跃度。该办法制定了票据交易、登记托管、清算结算等方面的基本规则,打破了曾经不规范的票据交易局面,在票据市场发展中具有里程碑意义。市场参与者从事票据交易应当遵守该办法,此处的票据包括但不限于纸质或者电子形式的银行承兑汇票、商业承兑汇票等可交易票据。

(一)市场准入制度

可以从事票据交易的市场主体主要包括法人类参与者和非法人类参与者。

法人类参与者指金融机构法人,包括政策性银行、商业银行及其授权的分支机构,

---

① 参见樊珂辰:《票据业务的发展与创新研究》,载《全国流通经济》2022年第28期。

农村信用社、企业集团财务公司、信托公司、证券公司、基金管理公司、期货公司、保险公司等经金融监督管理部门许可的金融机构。法人类参与者应当符合以下条件：(1)依法合规设立；(2)已制定票据业务内部管理制度和操作规程，具有健全的公司治理结构和完善的内部控制、风险管理机制；(3)有熟悉票据市场和专门从事票据交易的人员；(4)具备相应的风险识别和承担能力，知悉并承担票据投资风险；(5)中国人民银行要求的其他条件。法人类参与者开展票据交易，应当遵守有关法律法规，强化内控制度建设，完善部门和岗位设置，并采取切实措施持续提高相关人员业务能力。

非法人类参与者指金融机构等作为资产管理人，在依法合规的前提下，接受客户的委托或者授权，按照与客户约定的投资计划和方式开展资产管理业务所设立的各类投资产品，包括证券投资基金、资产管理计划、银行理财产品、信托计划、保险产品、住房公积金、社会保障基金、企业年金、养老基金等。非法人类参与者应当符合以下条件：(1)产品设立符合相关法律法规和监管规定，并已依法在相关金融监督管理部门获得批准或者完成备案；(2)产品已委托具有托管资格的金融机构进行独立托管，托管人对委托人资金实行分账管理、单独核算；(3)产品管理人具有相关金融监督管理部门批准的资产管理业务资格。非法人类参与者开展票据交易，由其资产管理人代表其行使票据权利并以受托管理的资产承担相应的民事责任。资产管理人从事资管业务的部门、岗位、人员及其管理的资产应当与其自营业务相互独立。

(二)基础设施制度

票据市场基础设施是指提供票据交易、登记托管、清算结算、信息服务的机构。票据市场基础设施应当经中国人民银行认可，中国人民银行对票据市场基础设施开展票据相关业务进行监督管理。票据市场基础设施可以为市场参与者提供以下服务：(1)组织票据交易，公布票据交易即时行情；(2)票据登记托管；(3)票据交易的清算结算；(4)票据信息服务；(5)中国人民银行认可的其他服务。票据市场基础设施应当从其业务收入中提取一定比例的金额设立风险基金并存入开户银行专门账户，用于弥补因违约交收、技术故障、操作失误、不可抗力等造成的相关损失。

上海票据交易所是中国人民银行指定的提供票据交易、登记托管、清算结算和信息服务的机构。其作为我国金融市场的重要基础设施，具备票据报价交易、登记托管、清算结算、信息服务等功能，承担中央银行货币政策再贴现操作等政策职能，是我国票据领域的登记托管中心、业务交易中心、创新发展中心、风险防控中心、数据分析中心、信息服务中心。上海票据交易所的建设和发展，将大幅度提高票据市场的安全性、透明度和交易效率，更好地防范票据业务风险；有助于持续推动产品创新，激发票据市场活力,提升票据服务中小微企业的效能;有利于进一步完善中央银行宏观调控,优化货币政策传导,增强金融服务实体经济的能力。

(三)信息登记与电子化制度

纸质票据贴现前,金融机构办理承兑、质押、保证等业务,应当不晚于业务办理的次一工作日在票据市场基础设施完成相关信息登记工作。纸质商业承兑汇票完成承兑后,承兑人开户行应当根据承兑人委托代其进行承兑信息登记。承兑信息未能及时登记的,持票人有权要求承兑人补充登记承兑信息。纸质票据票面信息与登记信息不一致的,以纸质票据票面信息为准。

贴现人办理纸质票据贴现时,应当通过票据市场基础设施查询票据承兑信息,并在确认纸质票据必须记载事项与已登记承兑信息一致后,为贴现申请人办理贴现,贴现申请人无须提供合同、发票等资料。如果信息不存在或者纸质票据必须记载事项与已登记承兑信息不一致,则不得办理贴现。纸质票据必须记载事项,根据《票据法》的规定,包括表明“汇票”的字样、无条件支付的委托、确定的金额、付款人名称、收款人名称、出票日期、出票人签章等。汇票上未记载前述规定事项之一的,汇票无效。贴现人完成纸质票据贴现后,应当不晚于贴现次一工作日在票据市场基础设施完成贴现信息登记。

承兑人或者承兑人开户行收到挂失止付通知或者公示催告等司法文书并确认相关票据未付款的,应当于当日依法暂停支付并在票据市场基础设施登记或者委托开户行在票据市场基础设施登记相关信息。金融机构通过票据市场基础设施进行相关业务信息登记,因信息登记错误给他人造成损失的,应当承担赔偿责任。

贴现人办理纸质票据贴现后,应当在票据上记载“已电子登记权属”字样,该票据不再以纸质形式进行背书转让、设立质押或者其他交易行为。贴现人应当对纸质票据妥善保管。已贴现票据背书通过电子形式办理。电子形式背书是指在票据市场基础设施以数据电文形式记载的背书,和纸质形式背书具有同等法律效力。纸质票据电子形式背书后,由票据权利人通过票据市场基础设施通知保管人变更寄存人的方式完成交付。贴现人可以按市场化原则选择商业银行对纸质票据进行保证增信,保证增信行对纸质票据进行保管并为贴现人的偿付责任进行先行偿付。已贴现票据应当通过票据市场基础设施办理背书转让、质押、保证、提示付款等票据业务。

纸质票据贴现后,其保管人可以向承兑人发起付款确认。付款确认可以采用实物确认或者影像确认。实物确认是指票据保管人将票据实物送达承兑人或者承兑人开户行,由承兑人在对票据真实性和背书连续性审查的基础上对到期付款责任进行确认。影像确认是指票据保管人将票据影像信息发送至承兑人或者承兑人开户行，由承兑人在对承兑信息和背书连续性审查的基础上对到期付款责任进行确认。承兑人要求实物确认的，银行承兑汇票保管人应当将票据送达承兑人，实物确认后，纸质票据由其承兑人代票据权利人妥善保管；商业承兑汇票保管人应当将票据通过承兑人开户行送达承兑人进行实物确认，实物确认后，纸质票据由商业承兑汇票开户行代票据权利人妥善保管。实物确认与影像确认具有同等效力。

承兑人或者承兑人开户行进行付款确认后，除挂失止付、公示催告等合法抗辩情形外，应当在持票人提示付款后付款。承兑人收到票据影像确认请求或者票据实物后，应当在3个工作日内做出或者委托其开户行做出同意或者拒绝到期付款的应答。如果拒绝到期付款，应当说明理由。

票据保管人应当采取切实措施保证纸质票据不被挪用、污损、涂改和灭失，并承担因保管不善引发的相关法律责任。

电子商业汇票签发、承兑、质押、保证、贴现等信息应当通过电子商业汇票系统同步传送至票据市场基础设施，电子商业汇票一经承兑即视同承兑人已进行付款确认。

（四）票据登记与托管制度

票据登记是指金融机构将票据权属在票据市场基础设施电子簿记系统予以记载的行为。贴现人应当于票据交易前在票据市场基础设施完成纸质票据登记工作，确保其提交的票据登记信息真实、有效，并承担相应法律责任。票据市场基础设施依据电子商业汇票系统相关信息为持票人完成电子票据登记。

票据托管是指票据市场基础设施根据票据权利人委托对其持有票据的相关权益进行管理和维护的行为。市场参与者应当在票据市场基础设施开立票据托管账户，开立票据托管账户时，应当向票据市场基础设施提出申请，并保证所提交的开户资料真实、准确、完整。票据托管账户采用实名制，不得出租、出借或者转让。除中国人民银行另有规定外，一个市场参与者只能开立一个票据托管账户。具有法人资格的市场参与者应当以法人名义开立票据托管账户；经法人授权的分支机构应当以分支机构名义开立票据托管账户；非法人市场参与者应当以产品名义单独开立票据托管账户。因票据的交易过户、非交易过户等原因引起票据托管账户余额变化的，票据市场基础设施应当为权利人办理票据变更登记。

（五）票据交易制度

票据交易采取全国统一的运营管理模式，通过票据市场基础设施进行。市场参与者完成票据登记后即可以开展交易，或者在付款确认、保证增信后开展交易。贴现人申请保证增信的,应当在首次交易前完成。

票据交易的具体形式包括转贴现、质押式回购和买断式回购等。转贴现是指卖出方将未到期的已贴现票据向买入方转让的交易行为。质押式回购是指正回购方在将票据出质给逆回购方融入资金的同时,双方约定在未来某一日期由正回购方按约定金额向逆回购方返还资金、逆回购方向正回购方返还原出质票据的交易行为。买断式回购是指正回购方将票据卖给逆回购方的同时,双方约定在未来某一日期,正回购方再以约定价格从逆回购方买回票据的交易行为。质押式回购和买断式回购最短期限为1天,并应当小于票据剩余期限,质押式回购的回购金额不得超过质押票据的票面总额。

票据到期后偿付顺序如下:(1)票据未经承兑人付款确认和保证增信即交易的,若承兑人未付款,应当由贴现人先行偿付。该票据在交易后又经承兑人付款确认的,应当由承兑人付款;若承兑人未付款,应当由贴现人先行偿付。(2)票据经承兑人付款确认且未保证增信即交易的,应当由承兑人付款;若承兑人未付款,应当由贴现人先行偿付。(3)票据保证增信后即交易且未经承兑人付款确认的,若承兑人未付款,应当由保证增信行先行偿付;保证增信行未偿付的,应当由贴现人先行偿付。(4)票据保证增信后且经承兑人付款确认的,应当由承兑人付款;若承兑人未付款,应当由保证增信行先行偿付;保证增信行未偿付的,应当由贴现人先行偿付。

票据交易应当通过票据市场基础设施进行并生成成交单。成交单应当对交易日期、交易品种、交易利率等要素做出明确约定。票据成交单、票据交易主协议及补充协议(若有)构成交易双方完整的交易合同。票据交易合同一经成立,交易双方应当认真履行,不得擅自变更或者解除合同。票据交易无须提供转贴现凭证、贴现凭证复印件、查询查复书及票面复印件等纸质资料。票据贴现、转贴现的计息期限,从贴现、转贴现之日起至票据到期日止,到期日遇法定节假日的顺延至下一工作日。

(六)票据交易结算与到期处理制度

票据交易的结算通过票据市场基础设施电子簿记系统进行,包括票款对付和纯票过户。票款对付是指结算双方同步办理票据过户和资金支付并互为条件的结算方式。纯票过户是指结算双方的票据过户与资金支付相互独立的结算方式。市场参与者开展票据交易应当采用票款对付,同一法人分支机构间的票据交易可以采用纯票过户。

已在大额支付系统开立清算账户的市场参与者,应当通过其在大额支付系统的清算账户办理票款对付的资金结算。未在大额支付系统开立清算账户的市场参与者,应当委托票据市场基础设施代理票款对付的资金结算。票据市场基础设施代理票款对付的资金结算时,应当通过其在大额支付系统的清算账户进行。票据市场基础设施应当在该账户下,为委托其代理资金结算的市场参与者开立票据结算资金专户。

交易双方应当根据合同约定,确保在约定结算日有用于结算的足额票据和资金。在票据交易达成后结算完成之前,不得动用该笔交易项下用于结算的票据、资金或者担保物。办理法院强制执行、税收、债权债务承继、赠与等非交易票据过户的,票据市场基础设施应当要求当事人提交合法有效的法律文件。

持票人在提示付款期内通过票据市场基础设施提示付款的,承兑人应当在提示付款当日进行应答或者委托其开户行进行应答。如果承兑人存在合法抗辩事由拒绝付款,应当在提示付款当日出具或者委托其开户行出具拒绝付款证明,并通过票据市场基础设施通知持票人。承兑人或者承兑人开户行在提示付款当日未做出应答的,视为拒绝付款,票据市场基础设施提供拒绝付款证明并通知持票人。

如果商业承兑汇票承兑人在提示付款当日同意付款,承兑人开户行应当根据承兑人账户余额情况予以处理:(1)承兑人账户余额足够支付票款的,承兑人开户行应当代承兑人做出同意付款应答,并于提示付款日向持票人付款;(2)承兑人账户余额不足以支付票款的,则视同承兑人拒绝付款,承兑人开户行应当于提示付款日代承兑人做出拒付应答并说明理由,同时通过票据市场基础设施通知持票人。

银行承兑汇票的承兑人已于到期前进行付款确认的,票据市场基础设施应当根据承兑人的委托于提示付款日代承兑人发送指令划付资金至持票人资金账户。商业承兑汇票的承兑人已于到期前进行付款确认的,承兑人开户行应当根据承兑人委托于提示付款日扣划承兑人账户资金,并将相应款项划付至持票人资金账户。保证增信行或者贴现人承担偿付责任时,应当委托票据市场基础设施代其发送指令划付资金至持票人资金账户。

承兑人或者出票人付款后,票据保管人应当参照会计档案保管要求对票据进行保管。承兑人进行影像确认并付款的,可以凭票据市场基础设施的提示付款通知、划款通知以及留存的票据底卡联作为会计记账凭证。票据发生法律纠纷时,依据有权申请人的请求,票据市场基础设施应当出具票据登记、托管和交易流转记录;票据保管人应当提供相应票据实物。

第三节　大额可转让存单市场业务法律制度

一、大额可转让存单市场概述

20世纪60年代,美国银行存款利率受相关法规限制低于一般市场利率水平,导致定期存款大量缩减。为规避这种不利影响，美国的商业银行在原有银行定期存款的基础上进行金融创新，开始发行大额可转让存单。随后大额可转让存单在国际范围内迅速发展，现已成为货币市场的重要工具。从形式上看，银行发行的大额可转让存单是一种记账式存款凭证，即存款人的债权凭证，但大额可转让存单不同于普通定期存款单，其具有不记名、可转让、金额大且固定、期限短等特点。

大额可转让存单的发行和流通交易活动形成了大额可转让存单市场，包括发行市场和转让市场。其主要参与者包括发行者、投资者和中介结构。一般而言，存单的发行者主要是规模大、信誉高的商业银行，存单市场也成为商业银行特别是大型银行调整流动性的一个领域。存单的投资者主要包括企业、金融机构、外国政府及个人，尤以大型企业为代表。对企业来说，在保证资金流动性和安全性的情况下，其现金管理目标就是寻求剩余资金的收益最大化，投资存单使企业可将存单的到期日与预计产生固定支出的日期联系起来，到期以存单的本息支付，如果遇到意外支出，企业还可以在二级市场出售存单获取资金。中介机构一般由投资银行充当，负责承销大额可转让存单，并将向发行人收取的费用作为收益。

二、大额可转让存单市场主要法律制度

2015 年 6 月，为规范大额存单业务发展，拓宽存款类金融机构负债产品市场化定价范围，有序推进利率市场化改革，中国人民银行制定了《大额存单管理暂行办法》《大额存单管理实施细则》。2016 年 6 月，中国人民银行对《大额存单管理暂行办法》进行了修改。

（一）产品与发行人制度

在我国，大额存单是指由银行业存款类金融机构面向非金融机构投资人发行的、以人民币计价的记账式大额存款凭证，是银行存款类金融产品，属一般性存款。大额存单的投资人包括个人、非金融机构、机构团体，以及保险公司、社保基金等中国人民银行认可的其他单位。大额存单采用标准期限的产品形式，期限包括 1 个月、3 个月、6 个月、9 个月、1 年、18 个月、2 年、3 年和 5 年共 9 个品种。个人投资人认购大额存单起点金额不低于 20 万元，机构投资人认购大额存单起点金额不低于 1000 万元。大额存单发行利率以市场化方式确定。固定利率存单采用票面年化收益率的形式计息，浮动利率存单以上海银行间同业拆借利率（Shibor）为浮动利率基准计息。大额存单自认购之日起计息，付息方式分为到期一次还本付息和定期付息、到期还本。

发行人发行大额存单应当具备以下条件：（1）是全国性市场利率定价自律机制成员单位；（2）已制定本机构大额存单管理办法，并建立大额存单业务管理系统；（3）中国

人民银行要求的其他条件。符合条件的存款类金融机构在首次发行大额存单前,应向自律机制秘书处提交本机构大额存单管理办法以及已建立大额存单业务管理系统的相关证明材料。经自律机制评估符合相关条件的存款类金融机构,应于每年首只大额存单发行前向中国人民银行备案年度发行计划;发行人若需调整年度发行计划,应向中国人民银行重新备案。发行人应于每年首期大额存单发行前,向全国银行间同业拆借中心注册当年发行额度,当年发行额度应与发行人向人民银行备案的年度发行计划中的额度保持一致。发行人每期大额存单的计划发行量不得超过发行人当年可用额度。当年可用额度 = 当年备案额度 - 已发行未到期的大额存单总额。

(二)发行与交易制度

中国人民银行授权全国银行间同业拆借中心为大额存单业务提供第三方发行、交易和信息披露平台。大额存单发行采用电子化的方式,在发行人的营业网点、电子银行、第三方平台以及经人民银行认可的其他渠道发行。对于在发行人营业网点、电子银行发行的大额存单,发行人为投资人提供大额存单的登记、结算、兑付等服务;银行间市场清算所股份有限公司(以下简称上海清算所)对每期大额存单的日终余额进行总量登记。对于通过第三方平台发行的大额存单,上海清算所应当提供登记、托管、结算和兑付服务。每期大额存单采用唯一有序编号和命名。发行人或上海清算所应当准确、连续记录投资人持有大额存单情况,不得与其他产品的投资信息相混淆。发行人为投资人开立大额存单专用账户,投资人购买大额存单遵循实名制规定。

大额存单可以用于办理质押业务,包括但不限于质押贷款、质押融资等。应大额存单持有人要求,对通过发行人营业网点、电子银行等自有渠道发行的大额存单,发行人应当为其开立大额存单持有证明;对通过第三方平台发行的大额存单,上海清算所应当为其开立大额存单持有证明。

发行人应于每期大额存单发行前在发行条款中明确是否允许转让、提前支取和赎回,以及相应的计息规则等。大额存单的转让可以通过第三方平台开展,转让范围限于个人、非金融机构、机构团体,以及保险公司、社保基金等中国人民银行认可的其他单位。对于通过发行人营业网点、电子银行等自有渠道发行的大额存单,可根据发行条款通过发行人自有渠道办理提前支取和赎回。发行人为投资人办理提前支取时,应按照发行时约定的提前支取条款,兑付提前支取部分的本金和利息。投资人可全额提前支取,也可部分提前支取,对于部分提前支取的,提前支取后的大额存单余额不得低于大额存单认购起点金额。发行人可在发行时约定的赎回条件发生时主动赎回投资人持有的大额存单,并按照事先约定的计息规则支付投资人的本金和利息。发行人赎回大额存单时应赎回该期大额存单所有剩余金额,不得对部分投资人办理赎回业务。

(三)信息披露制度

发行人应保证大额存单相关披露信息真实、完整、准确,不得有虚假记载、误导性陈述和重大遗漏。发行人应指定信息披露联系人。大额存单存续期间,发行人若发生主体变更、财务状况出现重大变化等影响其履行债务的重大事件时,应在事件发生后3个工作日内通过中国货币网予以披露。

通过第三方平台发行的大额存单,发行人应于每期大额存单发行前一个工作日向全国银行间同业拆借中心提交该期大额存单的发行条款,并通过本机构官方网站和中国货币网进行披露。发行完成后,发行人应于次日内通过本机构官方网站和中国货币网披露发行情况。通过第三方平台发行的大额存单,发行条款与发行情况由第三方平台自动生成传输至中国货币网。

(四)监督管理制度

发行人应按照发行结果履行按期还本付息等义务。投资人应确保有足额的资金与大额存单用于履行认购、买卖义务。发行人通过自有渠道发行的大额存单,应通过全国银行间同业拆借中心向中国人民银行报备相关发行信息以及提前支取和赎回信息。发行人的报备应不晚于发行、提前支取、赎回、兑付发生日的次一工作日日终。

发行人应以市场化方式确定大额存单发行利率,不得以任何形式操纵、引导发行价格,扰乱发行秩序。市场利率定价自律机制根据市场发展状况,对大额存单发行交易的利率确定及计息规则等实施自律管理。自律机制可对发行人与投资人进行常规调查,方式包括但不限于电话访谈、书面调查、问卷调查、现场调查。调查对象应积极配合,及时提供真实、准确、完整材料。发行人应互相监督,发现违反自律规则及相关管理办法和细则的行为时,应及时向自律机制举报,并提供有效的证据材料。投资人在认购、交易过程中自身正当权益受到侵害时,可向自律机制投诉,并提供有效的证据材料。自律机制在收到举报、投诉相关材料后,按照相关自律规则进行调查取证、核实认定,并采取相应的措施。发生以下情形的,自律机制可采取书面警告、通报、暂停发行权限、取消自律机制成员资格等措施,并视情节轻重向人民银行报告:(1)发行人未按时足额还本付息;(2)发生以任何形式操纵发行价格,扰乱发行秩序的;(3)其他违反相关细则规定的情形。第三方平台应根据中国人民银行规定对在其平台上发行、交易及报备的大额存单进行日常监测。

大额存单在会计上单独设立科目进行管理核算;在统计上单独设立统计指标进行反映。

第四节　短期债券市场业务法律制度

一、短期债券市场概述

短期债券主要包括国库券和中央银行票据。

国库券又称短期国债，是国家财政当局为弥补国库收支不平衡而发行的一种政府债券。因国库券的债务人是国家，其还款保证是国家财政收入，所以它几乎不存在信用违约风险。值得注意的是，在我国期限无论是在1年以内还是1年以上的政府债券，民间均有将其称为国库券的习惯，但在国外，期限在1年以上的政府中长期债券被称为公债，期限在1年以内的债券才被称为国库券。本章采狭义概念，国库券特指财政部发行的期限在1年以内的短期债券。

国库券具有以下特征：(1)贴现发行，即以低于国库券面额的价格向社会发行，短期国债的票面金额减去贴现利息为发行价格，到期再按票面金额足额偿付，发售价格与票面金额之差即为国库券的利息；(2)违约风险低，因国库券是由一国政府发行的债券，有国家信用作为担保，一般认为没有违约风险，被誉为"金边债券"；(3)流动性强，这是因为国库券的期限短、风险低，有广大的二级市场，随时可以变现；(4)相对于其他的货币市场工具，国库券的面额比较小。国库券的发行通常采取招标投标制。财政部确定本次发行规模以后向社会公告，各投标人在一定的约束条件下，报出自己拟购买的数量和价格；发行人根据投标情况按一定的规则进行配售。

根据2011年修订的《国库券条例》，国库券的发行对象包括居民个人、个体工商户、企业、事业单位、机关、社会团体和其他组织。国库券以人民币元为计算单位。每年国库券的发行数额、利率、偿还期等，经国务院确定后，由财政部予以公告。国库券发行采取承购包销、认购等方式。国家下达的国库券发行计划，应当按期完成。国库券按期偿还本金。国库券利息在偿还本金时一次付给，不计复利。国库券的发行和还本付息事宜，在各级人民政府统一领导下，由财政部门和中国人民银行组织有关部门多渠道办理。国库券可以用于抵押，但是不得作为货币流通。国库券可以转让，但是应当在国家批准的交易场所办理。发行国库券筹集的资金，由国务院统一安排使用。对伪造国库券的，依法追究刑事责任。国库券的利息收入享受免税待遇。

中央银行票据是中央银行为调节商业银行超额准备金，而向商业银行发行的短期债务凭证。中央银行票据是公开市场业务的有效工具：中央银行通过发行中央银行票据,可以回笼基础货币;而中央银行票据到期,则体现为投放基础货币。商业银行在支付认购中央银行票据的款项后,直接结果就是可贷资金量的减少。在我国,中国人民银行在银行间市场通过中国人民银行债券发行系统发行中央银行票据,发行对象是公开市场业务一级交易商。中国人民银行从1998年开始建立公开市场业务一级交易商制度,选择了一批能够承担大额债券交易的商业银行作为公开市场业务的交易对象。近年来,公开市场业务一级交易商制度不断完善,先后建立了一级交易商考评调整机制、信息报告制度等相关管理制度,一级交易商的机构类别也从商业银行扩展至证券公司等其他金融机构。值得一提的是,除了发行中央银行票据,中国人民银行公开市场业务还包括回购交易和现券交易。

二、短期债券市场相关法律制度

就交易品种的角度而言,因期限较短,国库券和中央银行票据是短期债券市场的交易品种,但一般而言实践中并不针对这两种交易品种进行专门法律规制。就交易方式而言,一般将通过回购协议进行短期资金融通的市场归类为回购协议市场,而短期债券是回购协议市场的交易对象之一。回购协议是指债券持有人在出售债券(大多为国债)的同时,与债券购买商约定在一定期限后再按约定价格购回所售债券的协议。回购交易实际上是一种以债券为抵押品的短期融资活动。在回购交易中,债券持有者通过出售债券融入资金,而债券购买者通过买入债券融出资金。

就法律角度而言,债券回购又分为质押式回购交易和买断式回购交易,两者的区别在于债券的移转所基于的法律关系不同。就质押式回购交易(又称封闭式回购)而言,资金融入方在向资金融出方转移债券时,是基于质押法律关系,资金融入方保留对债券的所有权,对债券形成间接占有。质押式回购的交易过程中不发生债券所有权的转移,该券一般由第三方托管机构进行冻结托管,并在到期时予以解冻。资金融入方在交易系统中委托显示"融资",资金融出方在交易系统中委托显示"融券",双方在转移债券和资金的同时,约定在将来某一日期由正回购方向逆回购方返还本金和按约定回购利率计算的利息,逆回购方向正回购方返还原出质债券。

买断式回购交易(又称开放式回购)则不同,资金融入方将债券转移给资金融出方是基于买卖合同法律关系,债券所有权发生转移,交易双方约定在未来某一日期,再由卖方(正回购方)以约定的价格从买方(逆回购方)购回相等数量同种债券。因此,在买断式回购中,债券所有权发生两次转移,不体现为质押形式,逆回购方取得的不是债券的质押权,而是债券的所有权,其在回购期间可对回购债券进行处置,但回购到期时应将债券交还正回购方并相应收回融出的资金。

买断式回购的两次有条件的债券所有权的转移,有三点优势:一是能避免质押式回购中当正回购方破产或陷入经济纠纷案中时,逆回购方面临的本金流动性风险或质押权可能无法行使的问题;二是能避免质押式回购中当正回购方到期不履行债券购回义务时,逆回购方通过行使质押权追偿资金在时间上的不确定性,从而快捷地处置回购项下买入的债券,避免流动性风险;三是对逆回购方来说,在回购期间内使用所买入债券进行现券卖出或正回购都没有任何法律障碍,有利于提高市场流动性。

从买断式回购的本质特征来看,一笔买断式回购交易结算结束后,回购债券仍然回到正回购方手中,回购期间债券的应计利息实际上也是由正回购方获得的,回购到期后最终实际上是由正回购方向逆回购方归还期初融入的本金及回购期间的应计利息(不考虑回购期间发生回购债券付息的情况,其实际结果也是一样的),在回购期间,回购债券在经济目的上发挥的是质押品的作用。从现实经济意义来看,买断式回购也具有质押贷款的色彩,而发挥质押品作用的就是回购债券。但值得注意的是,虽然买断式回购可以被看作一种特殊的质押贷款,但其法律关系与担保法中的质押并不相同。这一点与国外成熟市场的回购交易是一致的。在国外回购中,回购"买入"的债券被作为正回购方取得贷款的质押品,这种"质押品"(Collateral,所有权发生转移的质押品)——回购债券的所有权发生转移,回购期间逆回购方拥有回购债券的完整法律权利,对回购债券进行处置的空间更大,这是回购交易与一般的债券质押贷款的最大不同之处。并且,根据境内外的业务实践,在发生违约事件时,基于买卖法律关系的框架支持受让方直接获得担保物的所有权,突破了禁止流质的束缚,这是买断式回购法律安排的显著特色。在一般的质押贷款中,质押证券(Pledge,所有权不发生转移的质押品)也有利于资金融出方防范违约风险,但要获得质押证券的完整受偿需要通过拍卖变卖等程序实现。相反,在买断式回购中,回购债券从一开始就属于逆回购方,逆回购方可以更便利地、高效地防范违约风险。可见,虽然买断式回购交易从经济意义上看类似质押贷款,但从法理上看并不应直接适用我国民法典的相关担保规定,不应适用质押担保相关规范。这种通过转移所有权实现担保、保留流质可能性的法律安排,较为侧重保护担保权人的利益。①

① 参见蔡国喜、包香明、吴方伟:《关于买断式债券回购有关问题的探讨》,载《证券市场导报》2005 年第 6 期。

思考题

1. 票据市场基础设施建设需要哪些法律制度的完善保障?

2. 你认为是否需要修改《票据法》等相关法律法规,以适应票据电子化、数字化的趋势? 如果认为需要,请指出需要修改的条款及相应修改方案;如果认为不需要,请说明理由。

3. 对比当前国内外债券回购市场采取的主流法律模式,并谈谈背后的原因?

拓展阅读

1. [英]沃尔特·白芝浩:《伦巴第街:货币市场记述》,刘昭洁译,中信出版集团 2018 年版。

2. [英]莫德·休亨瑞:《全球货币市场手册》,北京融和友信科技有限公司译,企业管理出版社 2016 年版。

3. 谢怀栻:《票据法概论》,法律出版社 2017 年版。

4. 宋汉光:《新时代票据市场理论与实践》,中国金融出版社 2021 年版。

5. 曹守晔主编:《票据法律适用指南:审理票据纠纷案件规定理解与适用》,法律出版社 2022 年版。

6. 中国银行间市场交易商协会编:《〈中国银行间市场债券回购交易主协议(2013 年版)〉释义》,中国金融出版社 2013 年版。

第十二章　资本市场主要业务法律制度

学习目标

1. 低阶学习目标

(1)掌握债券的特点和类型

(2)了解股票的概念与属性

(3)理解证券投资基金的概念与特点

2. 高阶学习目标

(1)分析可转换公司债券的性质

(2)阐述股票信息披露的监管重点

(3)思考证券投资基金与股票、债券的区别

案例研讨

2016年2月,甲资产管理公司与乙资本公司等共同发起设立海外并购基金,其中甲资产管理公司认购优先级有限合伙份额28亿元,乙资本公司认购劣后级有限合伙份额6000万元。2016年4月,乙资本公司向甲银行出具《差额补足函》,载明“甲银行通过甲资产管理公司设立的专项资产管理计划,认购基金的优先级有限合伙份额28亿元……我司同意在基金成立满36个月之内,由指定第三方以不少于[28亿元×(1+8.2%×资管计划存续天数÷365)]的目标价格受让基金持有的标的公司100%的股权,我司将对目标价格与股权实际转让价格之间的差额无条件承担全额补足义务。届时,资管计划终止日,如果标的股权没有被完全处置,我司同意承担全额差额补足义务”。乙证券公司系乙资本公司的唯一股东,其向乙资本公司出具回复称“我司已知悉并认可乙资本公司对甲银行的补足安排”。后因海外收购的标的公司濒临破产,基金无法顺利退出,甲银行遂诉请乙资本公司履行差额补足义务。

上海金融法院于2020年7月30日作出(2019)沪74民初601号民事判决,判决乙资本公司向甲银行支付3,115,778,630.04元及以3,115,778,630.04元为基数,自2019年5月6日起至实际清偿之日止的利息损失。

一审判决后,乙资本公司提起上诉。上海市高级人民法院于2021年6月4日作出(2020)沪民终567号民事判决,驳回上诉,维持原判。

请研讨:

1. 乙资本公司在上述案件中的地位和作用?其是否构成所涉基金的管理人或销售机构?

2. 乙资本公司承诺差额补足是否属于刚性兑付行为?

3. 甲银行与乙资本公司分别认购基金的优先级、劣后级合伙份额,乙资本公司利用上述结构化安排以及《差额补足函》的形式,与甲银行就双方的投资风险及投资收益进行分配,是否具有无效情形?

4. 如何认定《差额补足函》的法律性质?是否构成保证?基金合伙协议及标的公司股权回购协议的债权债务关系与乙投资公司承诺的差额补足义务是否具有同一性?差额补足义务是否具有独立性?

资本市场又称长期资金市场,是金融市场的重要组成部分。作为与货币市场相对应的理论概念,资本市场通常是指进行中长期(1年以上)资金(或资产)融通活动的市场。资本市场由多个子市场构成,主要包括中长期债券市场、股票市场、基金市场等。

我国《证券法》第2条规定,“在中华人民共和国境内,股票、公司债券、存托凭证和国务院依法认定的其他证券的发行和交易,适用本法;本法未规定的,适用《中华人民共和国公司法》和其他法律、行政法规的规定。政府债券、证券投资基金份额的上市交易,适用本法;其他法律、行政法规另有规定的,适用其规定。资产支持证券、资产管理产品发行、交易的管理办法,由国务院依照本法的原则规定。在中华人民共和国境外的证券发行和交易活动,扰乱中华人民共和国境内市场秩序,损害境内投资者合法权益的,依照本法有关规定处理并追究法律责任”。尽管我国《证券法》未明确界定证券的定义和范围,但是通过适用范围的规定,可以看出我国《证券法》所规范和调整的证券主要是股票、公司债券、存托凭证、政府债券、证券投资基金份额、资产支持证券、资产管理产品和国务院依法认定的其他证券。

第一节 中长期债券市场业务法律制度

债券是指依照法定程序发行的,发行主体约定在一定期限内还本付息的有价证券，债券本质上是一种资金借贷的证明，是发行人为融资需求向投资者发行并按条件以约定的利息偿付资金的债权债务凭证。债券所规定的资金借贷双方的权责关系主要有：第一，所借贷货币资金的数额；第二，借贷的时间；第三，在借贷时间内的资金成本或应有的补偿（债券的利息）。

债券所规定的借贷双方的权利义务关系包含四个方面的含义：第一，发行人是借入资金的经济主体；第二，投资者是出借资金的经济主体；第三，发行人必须在约定的时间付息还本；第四，债券反映了发行者和投资者之间的债权债务关系，而且是该关系的法律凭证。债券有以下基本性质：

（1）债券属于有价证券。首先，债券反映和代表一定的价值。债券本身有一定的面值，通常它是债券投资者投入资金的量化表现。其次，持有债券可按期取得利息。利息也是债券投资者收益的价值表现。

（2）债券是一种虚拟资本。债券尽管有面值，代表了一定的财产价值，但它也只是一种虚拟资本，而非真实资本。因为债券的本质是证明债权债务关系的证书，在债权债务关系建立时所投入的资金已被债务人占用，债券是实际运用的真实资本的证书。债券的流动并不意味着它所代表的实际资本也同样流动，债券独立于实际资本之外。

（3）债券是债权的表现。债券代表债券投资者的权利，这种权利不是直接支配财产权，也不是资产所有权的表现，而是一种债权。拥有债券的人是债权人，债权人不同于公司股东，是公司的外部利益相关者。

根据发行主体不同大致可将债券区分为政府债券、金融债券和企业债券。

政府债券，是指政府为了筹措经济建设资金、弥补财政赤字或国库收支差额等特定目的，按照一定的程序发行的，以政府信用作为担保承诺到期还本付息的债务凭证。政府债券可分为中央政府债券和地方政府债券。

依据《全国银行间债券市场金融债券发行管理办法》，金融债券是指依法在中华人民共和国境内设立的金融机构法人在全国银行间债券市场发行的、按约定还本付息的有价证券。金融机构法人包括政策性银行、商业银行、企业集团财务公司及其他金融机构。

企业债券，是指企业发行的约定在一定期限内还本付息的债券。企业债券分为公司债券和非公司企业债券。

一、债券发行制度

（一）金融债券的发行制度

金融债券的发行条件，因金融机构主体不同而异。

商业银行发行金融债券应具备以下条件：（1）具有良好的公司治理机制；（2）核心

资本充足率不低于4%;(3)最近3年连续盈利;(4)贷款损失准备计提充足;(5)风险监管指标符合监管机构的有关规定;(6)最近3年没有重大违法、违规行为;(7)中国人民银行要求的其他条件。根据商业银行的申请,中国人民银行可以豁免前述所规定的个别条件。

企业集团财务公司发行金融债券应具备以下条件:(1)具有良好的公司治理机制;(2)资本充足率不低于10%;(3)风险监管指标符合监管机构的有关规定;(4)最近3年没有重大违法、违规行为;(5)中国人民银行要求的其他条件。

金融机构(不包括政策性银行)发行金融债券应向中国人民银行报送下列文件:(1)金融债券发行申请报告;(2)发行人公司章程或章程性文件规定的权力机构的书面同意文件;(3)监管机构同意金融债券发行的文件;(4)发行人近3年经审计的财务报告及审计报告;(5)募集说明书;(6)发行公告或发行章程;(7)承销协议;(8)发行人关于本期债券偿债计划及保障措施的专项报告;(9)信用评级机构出具的金融债券信用评级报告及有关持续跟踪评级安排的说明;(10)发行人律师出具的法律意见书;(11)中国人民银行要求的其他文件。采用担保方式发行金融债券的,还应提供担保协议及担保人资信情况说明。如有必要,中国人民银行可商请其监管机构出具相关监管意见。

政策性银行发行金融债券应向中国人民银行报送下列文件:(1)金融债券发行申请报告;(2)发行人近3年经审计的财务报告及审计报告;(3)金融债券发行办法;(4)承销协议;(5)中国人民银行要求的其他文件。

(二)普通公司债券的发行制度

依据《证券法》以及《公司债券发行与交易管理办法》公开发行公司债券,应当符合下列条件:(1)具备健全且运行良好的组织机构;(2)最近3年平均可分配利润足以支付公司债券1年的利息;(3)具有合理的资产负债结构和正常的现金流量;(4)国务院规定的其他条件。公开发行公司债券,由证券交易所负责受理、审核,并报证监会注册。公开发行公司债券筹集的资金,必须按照公司债券募集办法所列资金用途使用;改变资金用途,必须经债券持有人会议作出决议。公开发行公司债券筹集的资金,不得用于弥补亏损和非生产性支出。

申请公开发行公司债券,应当向国务院授权的部门或者国务院证券监督管理机构报送下列文件:(1)公司营业执照;(2)公司章程;(3)公司债券募集办法;(4)国务院授权的部门或者国务院证券监督管理机构规定的其他文件。依照《证券法》规定聘请保荐人的,还应当报送保荐人出具的发行保荐书。

有下列情形之一的,不得再次公开发行公司债券:(1)对已公开发行的公司债券或者其他债务有违约或者延迟支付本息的事实,仍处于继续状态;(2)违反《证券法》规定,改变公开发行公司债券所募资金的用途。

资信状况符合以下标准的公开发行公司债券,专业投资者和普通投资者可以参与认购:(1)发行人最近3年无债务违约或者延迟支付本息的事实;(2)发行人最近3年平均可分配利润不少于债券1年利息的1.5倍;(3)发行人最近一期末净资产规模不少于250亿元;(4)发行人最近36个月内累计公开发行债券不少于3期,发行规模不少于100亿元;(5)证监会根据投资者保护的需要规定的其他条件。未达到前述规定标准的公开发行公司债券,仅限于专业投资者参与认购。

(三)可转换公司债券的发行制度

公开发行可转换公司债券的公司,除应符合公开发行公司债券的规定,也应符合上市公司公开发行证券的规定。

上市公司发行可转债,应当符合下列规定:(1)具备健全且运行良好的组织机构。(2)最近3年平均可分配利润足以支付公司债券1年的利息。(3)具有合理的资产负债结构和正常的现金流量。(4)交易所主板上市公司向不特定对象发行可转债的,应当最近3个会计年度盈利,且最近3个会计年度加权平均净资产收益率平均不低于6%;净利润以扣除非经常性损益前后孰低者为计算依据。

上市公司存在下列情形之一的,不得发行可转债:(1)对已公开发行的公司债券或者其他债务有违约或者延迟支付本息的事实,仍处于继续状态;(2)违反《证券法》规定,改变公开发行公司债券所募资金用途。

二、债券上市制度

(一)普通公司债券的上市制度

依据《上海证券交易所公司债券上市规则》《深圳证券交易所公司债券上市规则》,发行人申请债券上市,应当符合下列条件:(1)符合《证券法》等法律、行政法规规定的公开发行条件;(2)经有权部门注册并依法完成发行;(3)债券持有人符合交易所投资者适当性管理规定;(4)交易所规定的其他条件。上海证券交易所、深圳证券交易所可以根据市场情况,调整债券上市条件。

(二)可转换公司债券的上市制度

依据《上海证券交易所可转换公司债券上市交易规则》《深圳证券交易所可转换公司债券上市交易规则》,申请上市的可转换公司债券必须符合下列条件:(1)经证券主管部门批准并公开发行;(2)可转换公司债券的实际发行额在1亿元以上;(3)可转换公司债券的期限在3年以上,但不超过5年;(4)可转换公司债券的利率不超过国家限定的利率水平;(5)国家法律、法规及交易所规定的其他条件。

三、债券信息披露制度

发行人、增信机构及其履行信息披露职责的有关人员应当保证发行人、增信机构及时、公平地披露信息,确保所披露的信息或者提交的文件真实、准确、完整,简明清晰、通俗易懂,不存在虚假记载、误导性陈述或者重大遗漏,并确保提交的电子件、传真件、复印件等与原件一致。

发行人的控股股东、实际控制人、增信机构、专业机构及其相关人员应当及时、如实提供相关信息,积极配合发行人等信息披露义务人履行信息披露义务,及时告知发行人等信息披露义务人已经发生或者拟发生的重大事项,并严格履行所作出的承诺。

信息披露义务人披露的信息应当在交易所网站和符合国务院证券监督管理机构规定条件的媒体披露,且披露时间不得晚于在其他交易场所、媒体或者其他场合公开披露的时间。信息披露义务人不得以新闻发布或者答记者问等形式代替履行信息披露义务。

信息披露义务人有充分理由认为披露有关信息会损害企业利益,且不公布也不会导致债券市场价格重大变动的,或者认为根据国家有关法律法规不得披露的事项,应当向交易所报告,并陈述不宜披露的理由;经交易所同意,可不予披露。

信息披露义务人可以自愿披露与投资者作出价值判断和投资决策有关的信息。自愿披露应当符合信息披露有关要求,遵守有关监管规定,就类似事件执行同一披露标准,不得选择性披露,且所披露内容不得与依法披露的信息相冲突,不得误导投资者。

发行人及其控股股东、实际控制人、董事、监事、高级管理人员等作出公开承诺的,应当披露。

发行人应当制定信息披露事务管理制度,并指定信息披露事务负责人及联络人负责信息披露相关事宜,按照规定和约定履行信息披露义务。

信息披露事务负责人应当由发行人的董事或者高级管理人员担任。发行人应当在募集说明书中披露信息披露事务负责人及联络人的信息,并在债券上市期间及时披露其变更情况。

债券上市期间,发生可能影响发行人偿债能力或者债券价格的重大事项,或者存在关于发行人及其债券的重大市场传闻的,发行人应当按照相关法律法规、相关规则及交易所其他规定及时向交易所提交并披露临时报告,说明事件的起因、目前的状态和可能产生的后果。重大事项包括但不限于:(1)发行人股权结构或者生产经营状况发生重大变化;(2)发行人重大资产被抵押、质押、出售、转让、报废或者被查封、扣押、冻结;(3)发行人放弃债权、财产或其他导致发行人发生超过上年末净资产10%的重大损失;(4)发行人当年新增借款或者对外提供担保超过上年末净资产的20%;(5)发行人发生未能清偿到期债务的违约情况;(6)发行人分配股利,作出减资、合并、分立、解散、申请破产决定,或者依法进入破产程序、被责令关闭;(7)发行人涉及重大诉讼、仲裁事项;(8)发行人涉嫌犯罪被依法立案调查,受到重大行政处罚、行政监管措施或自律组织纪律处分,或者存在其他重大失信行为;(9)发行人的控股股东、实际控制人、董事、监事、高级管理人员涉嫌犯罪被依法采取强制措施,或者存在其他重大失信行为;(10)发行人的董事、监事、高级管理人员发生重大变动或者无法履行职责;(11)发行人主体或者公司债券信用评级发生变化;(12)其他对投资者作出投资决策有重大影响的事项。发行人应当及时披露重大事项的进展及其可能产生的影响。发行人受到重大行政处罚、行政监管措施或纪律处分的,还应当及时披露相关违法违规行为的整改情况。

第二节　股票市场业务法律制度

股票是指股份有限公司签发的证明股东按其所持有的股份享有权利的书面凭证,是表彰股权的有价证券,具有下列属性:

(1)股票是有价证券。有价证券是财产价值和财产权利的统一表现形式。持有有价证券,一方面表示拥有一定价值量的财产,另一方面也表明有价证券持有人可以行使该证券所代表的权利。股票具有有价证券的特征:第一,股票虽然本身没有价值,但其是一种代表财产权的有价证券,它意味着股东具有依其持有的股票要求股份公司按规定分配股息和红利的请求权。第二,股票与它代表的财产权有不可分离的关系,二者合为一体。换言之,行使股票所代表的财产权,必须以持有股票为条件,股东权利的转让应与股票占有的转移同时进行,股票的转让就是股东权的转让。

(2)股票是要式证券。股票应具备《公司法》规定的有关内容,如果缺少规定的要件,股票就无法律效力。

(3)股票是证权证券。证券可以分为设权证券和证权证券。设权证券是指证券所代表的权利本来不存在,而是随着证券的制作而产生,即权利的发生是以证券的制作和存在为条件的。证权证券是指证券是权利的一种物化的外在形式,它是权利的载体,权利是已经存在的。股票代表的是股东权利,它的发行是以股份的存在为条件的,股票只是把已存在的股东权利表现为证券的形式,它的作用不是创造股东的权利,而是证明股东的权利。所以说,股票是证权证券。

(4)股票是资本证券。发行股票是股份公司筹措自有资本的手段,因此,股票是投入股份公司的资本份额的证券化,属于资本证券。但是,股票又不是一种现实的资本,股份公司通过发行股票筹措的资金是公司用于营运的真实资本。股票独立于真实资本之外,在股票市场上进行着独立的价值运动,是一种虚拟资本。

(5)股票是综合权利证券。股票不属于物权证券,也不属于债权证券,而是一种综合权利证券。物权证券是指证券持有者对公司的财产有直接支配处理权的证券;债权证券是指证券持有者为公司债权人的证券。股票持有者作为股份公司的股东,享有独立的股东权利。换言之当公司股东将出资交给公司后,股东对其出资财产的所有权就转化为股东权(股权)了。股东权是一种综合权利,股东依法享有资产收益、参与重大决策、选择管理者等权利。股东虽然是公司财产的所有人,享有种种权利,但对于公司的财产不能直接支配处理,而对财产的直接支配处理是物权证券的特征,所以股票不是物权证券。另外,一旦投资者购买了公司股票,即成为公司部分财产的所有人,但该所有人在性质上是公司内部的构成分子,而不是与公司对立的债权人,所以股票也不是债权证券。

一、股票发行制度

依据我国《证券法》,公司首次公开发行新股,应当符合下列条件:(1)具备健全且运行良好的组织机构;(2)具有持续经营能力;(3)最近3年财务会计报告被出具无保留意见审计报告;(4)发行人及其控股股东、实际控制人最近3年不存在贪污、贿赂、侵占财产、挪用财产或者破坏社会主义市场经济秩序的刑事犯罪;(5)经国务院批准的国务院证券监督管理机构规定的其他条件。上市公司发行新股,应当符合经国务院批准的国务院证券监督管理机构规定的条件,具体管理办法由国务院证券监督管理机构规定。

《上市公司证券发行注册管理办法》明确规定了上市公司发行股票的条件。上市公司向不特定对象发行股票,应当符合下列规定:(1)具备健全且运行良好的组织机构。(2)现任董事、监事和高级管理人员符合法律、行政法规规定的任职要求。(3)具有完整的业务体系和直接面向市场独立经营的能力,不存在对持续经营有重大不利影响的情形。(4)会计基础工作规范,内部控制制度健全且有效执行,财务报表的编制和披露符合企业会计准则和相关信息披露规则的规定,在所有重大方面公允反映了上市公司的财务状况、经营成果和现金流量,最近 3 年财务会计报告被出具无保留意见审计报告。(5)除金融类企业外,最近一期末不存在金额较大的财务性投资。(6)交易所主板上市公司配股、增发的,应当最近 3 个会计年度盈利;增发还应当满足最近 3 个会计年度加权平均净资产收益率平均不低于 6%;净利润以扣除非经常性损益前后孰低者为计算依据。

上市公司存在下列情形之一的,不得向不特定对象发行股票:(1)擅自改变前次募集资金用途未作纠正,或者未经股东大会认可;(2)上市公司或者其现任董事、监事和高级管理人员最近 3 年受到证监会行政处罚,或者最近 1 年受到证券交易所公开谴责,或者因涉嫌犯罪正在被司法机关立案侦查或者涉嫌违法违规正在被证监会立案调查;(3)上市公司或者其控股股东、实际控制人最近 1 年存在未履行向投资者作出的公开承诺的情形;(4)上市公司或者其控股股东、实际控制人最近 3 年存在贪污、贿赂、侵占财产、挪用财产或者破坏社会主义市场经济秩序的刑事犯罪,或者存在严重损害上市公司利益、投资者合法权益、社会公共利益的重大违法行为。

上市公司存在下列情形之一的,不得向特定对象发行股票:(1)擅自改变前次募集资金用途未作纠正,或者未经股东大会认可。(2)最近 1 年财务报表的编制和披露在重大方面不符合企业会计准则或者相关信息披露规则的规定;最近 1 年财务会计报告被出具否定意见或者无法表示意见的审计报告;最近 1 年财务会计报告被出具保留意见的审计报告,且保留意见所涉及事项对上市公司的重大不利影响尚未消除。本次发行涉及重大资产重组的除外。(3)现任董事、监事和高级管理人员最近 3 年受到证监会行政处罚,或者最近 1 年受到证券交易所公开谴责。(4)上市公司或者其现任董事、监事和高级管理人员因涉嫌犯罪正在被司法机关立案侦查或者涉嫌违法违规正在被证监会立案调查。(5)控股股东、实际控制人最近 3 年存在严重损害上市公司利益或者投资者合法权益的重大违法行为。(6)最近 3 年存在严重损害投资者合法权益或者社会公共利益的重大违法行为。

上市公司发行股票,募集资金使用应当符合下列规定:(1)符合国家产业政策和有关环境保护、土地管理等法律、行政法规规定;(2)除金融类企业外,本次募集资金使用不得为持有财务性投资,不得直接或者间接投资于以买卖有价证券为主要业务的公司;(3)募集资金项目实施后,不会与控股股东、实际控制人及其控制的其他企业新增构成重大不利影响的同业竞争、显失公平的关联交易,或者严重影响公司生产经营的独立性;(4)科创板上市公司发行股票募集的资金应当投资于科技创新领域的业务。

二、股票上市制度

依据《首次公开发行股票注册管理办法》，发行人申请首次公开发行股票并上市，应当符合相关板块定位。主板突出"大盘蓝筹"特色，重点支持业务模式成熟、经营业绩稳定、规模较大、具有行业代表性的优质企业。科创板面向世界科技前沿、面向经济主战场、面向国家重大需求。优先支持符合国家战略，拥有关键核心技术，科技创新能力突出，主要依靠核心技术开展生产经营，具有稳定的商业模式，市场认可度高，社会形象良好，具有较强成长性的企业。创业板深入贯彻创新驱动发展战略，适应发展更多依靠创新、创造、创意的大趋势，主要服务成长型创新创业企业，支持传统产业与新技术、新产业、新业态、新模式深度融合。

发行人申请首次公开发行股票并上市，应符合以下要求：

第一，依法设立且持续经营三年以上。发行人是依法设立且持续经营 3 年以上的股份有限公司，具备健全且运行良好的组织机构，相关机构和人员能够依法履行职责。有限责任公司按原账面净资产值折股整体变更为股份有限公司的，持续经营时间可以从有限责任公司成立之日起计算。

第二，会计基础工作规范、内部控制制度健全。发行人会计基础工作规范，财务报表的编制和披露符合企业会计准则和相关信息披露规则的规定，在所有重大方面公允地反映了发行人的财务状况、经营成果和现金流量，最近 3 年财务会计报告由注册会计师出具无保留意见的审计报告。发行人内部控制制度健全且被有效执行，能够合理保证公司运行效率、合法合规和财务报告的可靠性，并由注册会计师出具无保留结论的内部控制鉴证报告。

第三，业务完整，具有直接面向市场独立持续经营的能力。(1)资产完整，业务及人员、财务、机构独立，与控股股东、实际控制人及其控制的其他企业间不存在对发行人构成重大不利影响的同业竞争，不存在严重影响独立性或者显失公平的关联交易。(2)主营业务、控制权和管理团队稳定，首次公开发行股票并在主板上市的，最近 3 年内主营业务和董事、高级管理人员均没有发生重大不利变化；首次公开发行股票并在科创板、创业板上市的，最近两年内主营业务和董事、高级管理人员均没有发生重大不利变化；首次公开发行股票并在科创板上市的，核心技术人员应当稳定且最近两年内没有发生重大不利变化。发行人的股份权属清晰，不存在导致控制权可能变更的重大权属纠纷，首次公开发行股票并在主板上市的，最近 3 年实际控制人没有发生变更；首次公开发行股票并在科创板、创业板上市的，最近两年实际控制人没有发生变更。(3)不存在涉及主要资产、核心技术、商标等的重大权属纠纷，重大偿债风险，重大担保、诉讼、仲裁等或有事项,经营环境已经或者将要发生重大变化等对持续经营有重大不利影响的事项。

第四,生产经营符合国家产业政策。发行人生产经营符合法律、行政法规的规定,符合国家产业政策。最近3年内,发行人及其控股股东、实际控制人不存在贪污、贿赂、侵占财产、挪用财产或者破坏社会主义市场经济秩序的刑事犯罪,不存在欺诈发行、重大信息披露违法或者其他涉及国家安全、公共安全、生态安全、生产安全、公众健康安全等领域的重大违法行为。董事、监事和高级管理人员不存在最近3年内受到证监会行政处罚,或者因涉嫌犯罪正在被司法机关立案侦查或者涉嫌违法违规正在被证监会立案调查且尚未有明确结论意见等情形。

三、股票信息披露制度

发行人及法律、行政法规和国务院证券监督管理机构规定的其他信息披露义务人,应当及时依法履行信息披露义务。信息披露义务人披露的信息,应当真实、准确、完整,简明清晰,通俗易懂,不得有虚假记载、误导性陈述或者重大遗漏。证券同时在境内境外公开发行、交易的,其信息披露义务人在境外披露的信息,应当在境内同时披露。

关于定期报告。上市公司、股票在国务院批准的其他全国性证券交易场所交易的公司,应当按照国务院证券监督管理机构和证券交易场所规定的内容和格式编制定期报告,并按照以下规定报送和公告:(1)在每一会计年度结束之日起4个月内,报送并公告年度报告,其中的年度财务会计报告应当经符合《证券法》规定的会计师事务所审计;(2)在每一会计年度的上半年结束之日起2个月内,报送并公告中期报告。

关于临时报告。发生可能对上市公司、股票在国务院批准的其他全国性证券交易场所交易的公司的股票交易价格产生较大影响的重大事件,投资者尚未得知时,公司应当立即将有关该重大事件的情况向国务院证券监督管理机构和证券交易场所报送临时报告,并予公告,说明事件的起因、目前的状态和可能产生的法律后果。重大事件包括:(1)公司的经营方针和经营范围的重大变化;(2)公司的重大投资行为,公司在1年内购买、出售重大资产超过公司资产总额30%,或者公司营业用主要资产的抵押、质押、出售或者报废一次超过该资产的30%;(3)公司订立重要合同、提供重大担保或者从事关联交易,可能对公司的资产、负债、权益和经营成果产生重要影响;(4)公司发生重大债务和未能清偿到期重大债务的违约情况;(5)公司发生重大亏损或者重大损失;(6)公司生产经营的外部条件发生的重大变化;(7)公司的董事、1/3以上监事或者经理发生变动,董事长或者经理无法履行职责;(8)持有公司5%以上股份的股东或者实际控制人持有股份或者控制公司的情况发生较大变化,公司的实际控制人及其控制的其他企业从事与公司相同或者相似业务的情况发生较大变化;(9)公司分配股利、增资的计划,公司股权结构的重要变化,公司减资、合并、分立、解散及申请破产的决定,或者依法进入破产程序、被责令关闭;(10)涉及公司的重大诉讼、仲裁,股东大会、董事会决议被依法撤销或者宣告无效;(11)公司涉嫌犯罪被依法立案调查,公司的控股股东、实际控制人、董事、监事、高级管理人员涉嫌犯罪被依法采取强制措施;(12)国务院证券监督管理机构规定的其他事项。公司的控股股东或者实际控制人对重大事件的发生、进展产生较大影响的,应当及时将其知悉的有关情况书面告知公司,并配合公司履行信息披露义务。

发行人的董事、高级管理人员应当对证券发行文件和定期报告签署书面确认意见。发行人的监事会应当对董事会编制的证券发行文件和定期报告进行审核并提出书面审核意见。监事应当签署书面确认意见。发行人的董事、监事和高级管理人员应当保证发行人及时、公平地披露信息,所披露的信息真实、准确、完整。董事、监事和高级管理人员无法保证证券发行文件和定期报告内容的真实性、准确性、完整性或者有异议的,应当在书面确认意见中发表意见并陈述理由,发行人应当披露。发行人不予披露的,董事、监事和高级管理人员可以直接申请披露。

关于信息披露的公平性。信息披露义务人披露的信息应当同时向所有投资者披露,不得提前向任何单位和个人泄露。但是,法律、行政法规另有规定的除外。任何单位和个人不得非法要求信息披露义务人提供依法需要披露但尚未披露的信息。任何单位和个人提前获知的前述信息,在依法披露前应当保密。

关于自愿信息披露。除依法需要披露的信息之外,信息披露义务人可以自愿披露与投资者作出价值判断和投资决策有关的信息,但不得与依法披露的信息相冲突,不得误导投资者。发行人及其控股股东、实际控制人、董事、监事、高级管理人员等作出公开承诺的,应当披露。不履行承诺给投资者造成损失的,应当依法承担赔偿责任。

关于信息披露义务的违反。信息披露义务人未按照规定披露信息,或者公告的证券发行文件、定期报告、临时报告及其他信息披露资料存在虚假记载、误导性陈述或者重大遗漏,致使投资者在证券交易中遭受损失的,信息披露义务人应当承担赔偿责任;发行人的控股股东、实际控制人、董事、监事、高级管理人员和其他直接责任人员以及保荐人、承销的证券公司及其直接责任人员,应当与发行人承担连带赔偿责任,但是能够证明自己没有过错的除外。

信息披露的媒介。依法披露的信息,应当在证券交易场所的网站和符合国务院证券监督管理机构规定条件的媒体发布，同时将其置备于公司住所、证券交易场所，供社会公众查阅。

第三节　基金市场业务法律制度

证券投资基金，是指通过公开发行基金份额来募集投资者资金，由基金管理人管理，基金托管人托管，为基金份额持有人的利益以资产组合方式进行证券投资的基金形式。证券投资基金具有下列特点：

(1)集合理财、专业管理。证券投资基金通过汇集众多投资者的资金，进行共同投资，表现出一种集合理财的特点。集中众多投资者的资金，积少成多，有利于发挥资金的规模优势，降低成本。证券投资基金由专业机构进行管理与运作，它们一般拥有专业的投资研究人和强大的信息网络，能够更好地对证券市场进行动态跟踪与深入分析。因此，通过买基金进行投资，相当于聘请了一个专业的投资经理，使中小投资者也能享受到专业的和个性化的投资管理服务。

(2)组合投资、分散风险。对中小投资者而言，由于其资金有限，很难通过购买多种证券的方式达到有效分散投资风险的目的。为降低投资风险，有关法律法规通常会要求基金进行组合，投资者买基金就相当于用很少的投资购买了“一揽子”股票，从而享受到组合投资、分散风险的好处。

(3)利益共享、风险共担。证券投资基金实行利益共享、风险共担的原则，基金收益在扣除基金费用后由基金投资者按其所持基金份额享有。

(4)严格监管、信息透明。为切实保护基金投资者的利益，增强投资者对基金投资的信心，各国(地区)的基金监管机构都对证券投资基金实行严格监管，并强制基金进行信息披露。

(5)独立托管、保障安全。基金财产独立于基金管理人、基金托管人的固有财产。基金管理人负责基金的投资操作，本身并不参与基金财产的保管，基金财产的保管由独立于基金管理人的基金托管人负责。这种相互制约、相互监督的制衡机制为投资者利益保护提供了主要的制度保障。

《证券法》和《证券投资基金法》是证券投资基金的一般法与特别法。而后，证监会出台了《公开募集证券投资基金管理人监督管理办法》《公开募集证券投资基金销售机构监督管理办法》《公开募集证券投资基金信息披露管理办法》《公开募集证券投资基金运作管理办法》等一系列规章，共同构成了证券投资基金法律体系。

一、证券投资基金的募集制度

申请公开募集基金，拟任基金管理人、基金托管人应当具备下列条件：(1)拟任基金管理人为依法设立的基金管理公司或者经证监会核准的其他机构，拟任基金托管人为具有基金托管资格的商业银行或者经证监会核准的其他金融机构；(2)有符合证监会规定的、与管理和托管拟募集基金相适应的基金经理等业务人员；(3)最近1年内没有因重大违法违规行为、重大失信行为受到行政处罚或者刑事处罚；(4)没有因违法违规行为、失信行为正在被监管机构立案调查、司法机关立案侦查，或者正处于整改期间；(5)最近1年内向证监会提交的注册基金申请材料不存在虚假记载、误导性陈述或者重大遗漏；(6)不存在对基金运作已经造成或者可能造成不良影响的重大变更事项，或者诉讼、仲裁等其他重大事项；(7)不存在治理结构不健全、经营管理混乱、内部控制和风险管理制度无法得到有效执行、财务状况恶化等重大经营风险；(8)证监会根据审慎监管原则规定的其他条件。

申请公开募集基金，拟募集的基金应当具备下列条件：(1)有明确、合法的投资方向；(2)有明确的基金运作方式；(3)符合证监会关于基金品种的规定；(4)基金合同、招募说明书等法律文件草案符合法律、行政法规和证监会的规定；(5)基金名称表明基金的类别和投资特征，不存在损害国家利益、社会公共利益，欺诈、误导投资者，或者其他侵犯他人合法权益的内容；(6)招募说明书真实、准确、完整地披露了投资者做出投资决策所需的重要信息，不存在虚假记载、误导性陈述或者重大遗漏，语言简明、易懂、实用，符合投资者的理解能力；(7)有符合基金特征的投资者适当性管理制度，有明确的投资者定位、识别和评估等落实投资者适当性安排的方法，有清晰的风险警示内容；(8)基金的投资管理、销售、登记和估值等业务环节制度健全，行为规范，技术系统准备充分，不存在影响基金正常运作、损害或者可能损害基金份额持有人合法权益、可能引发系统性风险的情形；(9)证监会规定的其他条件。

基金募集期限自基金份额发售之日起不得超过3个月。基金募集期限届满，募集的基金份额总额符合相关规定并具备下列条件的，基金管理人应当按照规定办理验资和基金备案手续：基金募集份额总额不少于2亿份，基金募集金额不少于2亿元人民币；基金份额持有人的人数不少于200人。发起式基金不受上述限制。发起式基金是指基金管理人在募集基金时，使用公司股东资金、公司固有资金、公司高级管理人员或者基金经理等人员资金认购基金的金额不少于1000万元人民币，且持有期限不少于3年。发起式基金的基金合同生效3年后，若基金资产净值低于2亿元的，基金合同自动终止。

非公开募集基金应当向合格投资者募集，合格投资者累计不得超过 200 人。合格投资者，是指达到规定资产规模或者收入水平，并且具备相应的风险识别能力和风险承担能力、其基金份额认购金额不低于规定限额的单位和个人。

二、公开募集证券投资基金的上市制度

依据《上海证券交易所证券投资基金上市规则(修订稿)》《深圳证券交易所证券投资基金上市规则》，基金在交易所上市，应符合下列条件：(1)经证监会核准发售且基金合同生效；(2)基金合同期限 5 年以上；(3)基金募集金额不低于 2 亿元人民币；(4)基金份额持有人不少于 1000 人；(5)有经核准的基金管理人和基金托管人；(6)交易所要求的其他条件。

基金在交易所上市，基金管理人应向交易所提交下列文件和资料：(1)上市申请书；(2)经证监会审定的基金募集申请材料及核准文件；(3)上市交易公告书；(4)基金简称及交易代码的申请；(5)有证券业务资格的会计师事务所出具的募集基金验资报告；(6)交易所 1 ~2 名会员出具的上市推荐书；(7)基金份额已全部托管的证明文件；(8)基金管理人联系方式及该基金的基金经理的姓名和联系方式、信息披露负责人及经办人的姓名和联系方式；(9)基金管理人、基金托管人就基金上市之后履行管理人、托管人职责的承诺；(10)基金管理人保证所提交文件和资料真实、准确和完整的承诺；(11)交易所要求的其他文件。交易型开放式指数基金上市的，除了提交上述文件和资料外，还应向交易所提供代办基金份额申购、赎回的证券公司名单及委托协议。

三、公开募集证券投资基金的信息披露制度

基金信息披露义务人应当在证监会规定时间内，将应予披露的基金信息通过符合证监会规定条件的全国性报刊及互联网网站等媒介披露，并保证投资者能够按照基金合同约定的时间和方式查阅或者复制公开披露的信息资料。网站包括基金管理人网站、基金托管人网站、证监会基金电子披露网站。规定网站应当无偿向投资者提供基金信息披露服务。

公开披露基金信息，不得有下列行为：(1)虚假记载、误导性陈述或者重大遗漏；(2)对证券投资业绩进行预测；(3)违规承诺收益或者承担损失；(4)诋毁其他基金管理人、基金托管人或者基金销售机构；(5)登载任何自然人、法人和非法人组织的祝贺性、恭维性或推荐性文字；(6)证监会禁止的其他行为。

(一)基金募集信息披露

基金募集申请经证监会注册后，基金管理人应当在基金份额发售的 3 日前，将基金份额发售公告、基金招募说明书提示性公告和基金合同提示性公告登载在规定报刊上，将基金份额发售公告、基金招募说明书、基金产品资料概要、基金合同和基金托管协议登载在规定网站上；基金托管人应当同时将基金合同、基金托管协议登载在规定网站上。

基金管理人应当在基金合同生效的次日在规定报刊和规定网站上登载基金合同生效公告。

基金合同生效后，基金招募说明书、基金产品资料概要的信息发生重大变更的，基金管理人应当在3个工作日内，更新基金招募说明书和基金产品资料概要，并登载在规定网站上。

（二）基金运作信息披露

基金份额获准在证券交易所上市交易的，基金管理人应当在基金份额上市交易的3个工作日前，将基金份额上市交易公告书登载在规定网站上，并将上市交易公告书提示性公告登载在规定报刊上。

基金管理人应当按照下列要求披露基金净值信息：(1)至少每周在规定网站披露一次封闭式基金资产净值和基金份额净值；(2)开放式基金的基金合同生效后，在开始办理基金份额申购或者赎回前，至少每周在规定网站披露一次基金份额净值和基金份额累计净值；(3)开放式基金在不晚于每个开放日的次日，通过规定网站、基金销售机构网站或者营业网点披露开放日的基金份额净值和基金份额累计净值；(4)在不晚于半年度和年度最后一日的次日，在规定网站披露半年度和年度最后一日的基金份额净值和基金份额累计净值。基金管理人应当在开放式基金的基金合同、招募说明书等信息披露文件上载明基金份额申购、赎回价格的计算方式及有关申购、赎回费率，并保证投资者能够在基金销售机构网站或营业网点查阅或者复制前述信息资料。

关于定期报告。基金管理人应当在每年结束之日起3个月内，编制完成基金年度报告，将年度报告登载在规定网站上，并将年度报告提示性公告登载在规定报刊上。基金管理人应当在上半年结束之日起两个月内，编制完成基金中期报告，将中期报告登载在规定网站上，并将中期报告提示性公告登载在规定报刊上。基金管理人应当在季度结束之日起15个工作日内，编制完成基金季度报告，将季度报告登载在规定网站上，并将季度报告提示性公告登载在规定报刊上。基金合同生效不足两个月的，基金管理人可以不编制当期季度报告、中期报告或者年度报告。

（三）基金临时信息披露

基金发生重大事件，有关信息披露义务人应当在两日内编制临时报告书，并登载在规定报刊和规定网站上。重大事件,是指可能对基金份额持有人权益或者基金份额的价格产生重大影响的下列事件:(1)基金份额持有人大会的召开及决定的事项;(2)基金终止上市交易、基金合同终止、基金清算;(3)基金扩募、延长基金合同期限;(4)转换基金运作方式、基金合并;(5)更换基金管理人、基金托管人、基金份额登记机构,基金改聘会计师事务所;(6)基金管理人委托基金服务机构代为办理基金的份额登记、核算、估值等事项,基金托管人委托基金服务机构代为办理基金的核算、估值、复核等事项;(7)基金管理人、基金托管人的法定名称、住所发生变更;(8)基金管理公司变更持有5%以上股权的股东、变更公司的实际控制人;(9)基金募集期延长或提前结束募集;(10)基金管理人高级管理人员、基金经理和基金托管人专门基金托管部门负责人发生变动;(11)基金管理人的董事在最近12个月内变更超过50%,基金管理人、基金托管人专门基金托管部门的主要业务人员在最近12个月内变动超过30%;(12)涉及基金财产、基金管理业务、基金托管业务的诉讼或仲裁;(13)基金管理人或其高级管理人员、基金经理因基金管理业务相关行为受到重大行政处罚、刑事处罚,基金托管人或其专门基金托管部门负责人因基金托管业务相关行为受到重大行政处罚、刑事处罚;(14)基金管理人运用基金财产买卖基金管理人、基金托管人及其控股股东、实际控制人或者与其有重大利害关系的公司发行的证券或者承销期内承销的证券,或者从事其他重大关联交易事项,证监会另有规定的情形除外;(15)基金收益分配事项,货币市场基金等证监会另有规定的特殊基金品种除外;(16)管理费、托管费、销售服务费、申购费、赎回费等费用计提标准、计提方式和费率发生变更;(17)基金份额净值计价错误达基金份额净值0.5%;(18)开放式基金开始办理申购、赎回;(19)开放式基金发生巨额赎回并延期办理;(20)开放式基金连续发生巨额赎回并暂停接受赎回申请或延缓支付赎回款项;(21)开放式基金暂停接受申购、赎回申请或重新接受申购、赎回申请;(22)基金信息披露义务人认为可能对基金份额持有人权益或者基金份额的价格产生重大影响的其他事项或证监会规定的其他事项。

召开基金份额持有人大会的,召集人应当至少提前30日在规定报刊和规定网站上公告基金份额持有人大会的召开时间、会议形式、审议事项、议事程序和表决方式等事项。基金份额持有人或基金份额持有人大会的日常机构依法召集持有人大会,基金管理人、基金托管人对基金份额持有人大会决定的事项不依法履行信息披露义务的,召集人应当履行相关信息披露义务。

在基金合同期限内,任何公共媒体中出现的或者在市场上流传的消息可能对基金份额价格产生误导性影响或者引起较大波动,以及可能损害基金份额持有人权益的,相关信息披露义务人知悉后应当立即对该消息进行公开澄清，并将有关情况立即报告证监会、基金上市交易的证券交易所。

思考题

1. 阐述资本市场信息披露制度的重要性。
2. 分析证券投资基金公开募集与非公开募集制度存在差异的原因。
3. 对比债券、股票、证券投资基金的发行制度、上市制度、信息披露制度的异同，探讨产生上述异同的原因。

拓展阅读

1. 朱慈蕴、汤欣主编：《金融与公司法之交融》，法律出版社 2023 年版。
2. 何海锋：《证券法通识》，中国法制出版社 2022 年版。
3. 冯果主编：《证券法》，武汉大学出版社 2022 年版。
4. 李东方主编：《证券法学》，中国政法大学出版社 2021 年版。
5. 周友苏主编：《证券法新论》，法律出版社 2020 年版。
6. 朱锦清：《证券法学》(第 5 版)，北京大学出版社 2022 年版。
7. 张兴、刘胜江：《证券法原理》，中国政法大学出版社 2023 年版。

第十三章　衍生品市场主要业务法律制度

学习目标

1. 低阶学习目标

(1)理解期货的内涵与外延以及期货法律关系

(2)理解其他主要衍生品的内涵与外延

(3)理解期货交易与其他主要衍生品交易活动的基本原则

2. 高阶学习目标

(1)解释《期货和衍生品法》中“交易者”的内涵及其与“投资者”的异同

(2)阐述衍生品交易者的适格性义务

(3)解释期货市场与股票市场、债券市场之间的业务规则异同

案例研讨

原油宝是中国银行于2018年1月发行的产品,主要为境内个人客户提供挂钩境外原油期货的交易服务,其中,美国原油品种挂钩的是芝加哥商品交易所(CME)的德州轻质原油(WTI)期货首行合约,交易规则主要是双向多空交易+100%保证金无杠杆交易。当原油宝挂钩合约到期时,中国银行进行相应移仓(平仓客户持有的当期合约,开仓下一期合约)或平仓(仅平仓客户持有的全部当期合约),合约到期日的结算价由中国银行参考CME公布的官方结算价。

2020年4月21日凌晨,WTI期货5月合约价格急剧下跌并到达历史低位,当日CME公布的结算价为-37.63美元。中国银行将4月20日设置为原油宝产品当月的最后交易日,交易截止时间为北京时间22时。因此,上述价格变动导致原油宝开多单的客户在结算价为负值的情况下,除亏损掉人民币账户所有本金外,还须补足银行按照结算价结算的保证金。此后,这一事件引发了业界与监管部门的关注,诸多投资者联名起诉中国银行赔偿本金,而中国银行表示应按照协议追索穿仓损失,并划转客户的中国银行账户资金或动用征信措施。

请研讨：

1. 中国银行是否属于我国法律规定的期货或其他衍生品的适格经纪商？
2. 中国银行挂钩境外期货交易的产品设计(内盘+外盘)应遵循哪些法律法规？
3. 提供100%保证金的无杠杆交易是否属于期货交易？

第一节　期货业务法律制度

一、期货交易与期货市场概述

(一)期货交易

期货交易以现货交易为基础逐步发展起来。根据《期货和衍生品法》的规定,期货交易是指以期货合约或标准化期权合约为交易标的的交易活动。期货交易应在依法设立的期货交易所或期货监管部门依法批准组织开展期货交易的其他期货交易场所,采用公开的集中交易方式或期货监管部门批准的其他方式进行。期货交易的主要目的并非转移商品所有权,而通常是买卖期货合约回避现货价格风险。期货合约是期货交易的买卖对象或标的物,通常是指由期货交易所统一制定并规定在将来某一特定的时间与地点交割一定数量与质量标的物的合约。

根据期货交易目的的不同,期货交易主要分为套期保值、套利与投机三类。套期保值是指在现货市场上买进或卖出一定数量现货商品的同时,在期货市场上卖出或买进与现货品种相同、数量相当而交易方向相反的期货合约,通过一个市场的盈利弥补另一个市场的亏损,达到规避价格风险的目的。套利行为在于从期货市场中获取较为稳定的价差收益,投机行为在于从期货市场的价格波动中获取风险收益。

根据期货交易对象的不同,期货交易主要分为商品期货与金融期货两类。商品期货是指标的物为实物商品的期货合约,主要包括农产品期货、金属期货与能源期货。农产品期货是指以农产品为标的物的期货合约,主要包括谷物类期货、经济作物类期货、畜禽产品期货与林产品期货。金属期货是指以金属为标的物的期货合约,其中金属期货品种主要是有色金属,例如铜、锌、铝、金、银等。能源期货是指以能源产品为标的物的期货合约,其中能源期货品种主要包括原油、汽油、天然气。金融期货是指买卖双方约定在将来某一特定日期交收一定数量某种金融工具的金融合约,主要包括外汇期货、利率期货、股票期货与股票指数期货。外汇期货是指以汇率为标的物的期货合约,利率期货是指以货币市场与资本市场的各种利率工具为标的物的期货合约,股票期货是指以单只股票或一定数量股票作为标的物的期货合约,股票指数期货是指以股票价格指数作为基础资产的期货合约,前述金融期货主要用于规避相对应市场可能产生的金融风险。

(二)期货市场

规避风险与价格发现是期货市场的两大基本功能。就规避风险而言,交易者通过套期保值在期现货两个市场之间建立盈亏冲抵机制,使两个市场交易的损益相互抵补,以实现锁定生产成本、回避价格风险、保障稳定收益的目的。就价格发现而言,期货市场通过公开、公正、高效、竞争的期货交易运行机制,形成具有真实性、预期性、连续性与权威性的价格与价格变动趋势。

期货市场的良性发展对一国宏观与微观经济均具有重要作用,主要体现在以下几个方面:第一,利用期货市场套期保值可以帮助经营者规避现货市场的价格风险,避免企业生产活动受到价格波动干扰,保证生产活动平稳进行;第二,期货市场的价格信号具有更强的原始价格发现功能,可以较现货市场更真实地反映行业未来发展趋势,经营者可以利用期货市场上的价格变化指导未来生产安排,通过期货市场对未来价格的预期作用调节并引导现货市场;第三,政府可以通过期货价格的预期性与连续性调控宏观经济,在调节市场供求、减缓价格波动的同时,引导产业结构调整;第四,期货市场在世界范围内对产品价格形成与波动均有重要影响,我国逐步增加期货品种,可以完善商品价格体系、拓展市场服务领域、提升市场开放程度,有利于提高我国期货市场价格在国际上的影响力,增强国际商品定价话语权。

二、期货交易的主要业务特征与规则

(一)期货交易的主要业务特征

期货交易的主要业务特征包括以下几个方面:

第一,期货交易要求场内交易。期货市场是一个高度组织化的市场,期货交易应在期货交易所内集中完成。期货交易所通常实行会员制,仅会员可以进场交易,场外客户参与期货交易应委托期货公司代理交易。

第二,期货交易通常采用标准化合约。期货交易的对象通常为标准化合约,除价格外的其他条款原则上均已由期货交易所制定。合约标准化为期货交易带来便利,交易双方不需要再协商具体交易条款,可以节省时间成本并减少纠纷。

第三,期货交易实行保证金制度。期货交易者进行期货交易时通过缴纳保证金(通常为成交合约价值的5%～15%)可以完成价值数倍甚至数十倍于保证金金额的合约交易,即形成杠杆机制。期货交易的杠杆机制使期货交易具有高收益与高风险并存的特征。

第四,期货交易实行当日无负债结算制度。当日无负债结算制度,又称“逐日盯市”制度,即结算单位在每日交易结束后按当日结算价结算交易者当日交易的所有合约的盈亏、交易保证金与手续费、税金等费用,对应收应付款项实行净额划转,并相应增加或减少保证金。当交易者的保证金余额低于规定的标准时,其会被要求在下一日开市前追加保证金金额,实现“当日无负债”,将当日内价格发生不利变动所形成的交易亏损控制在可控范围内,保证期货市场正常运行。

(二)期货交易的主要业务规则

期货交易的双向交易与对冲机制形成其最主要的业务规则。如前所述,因相关合约具有标准化特征,交易者在交易过程中无论是买入或卖出合约均不需要对合约的具体条款进行协商,这是交易者通过集合竞价、连续竞价开展双向交易的前提。因此,交易者在期货市场上既可以买入期货合约作为期货交易的开端(买入建仓),亦可以卖出期货合约作为交易的开端(卖出建仓),即“买空卖空”。对冲机制与双向交易相联系,大多数交易者在期货交易中并非通过在合约到期时进行实物交割的方式履行合约,而是通过进行与建仓时的交易方向相反的交易解除履约责任,即交易者买入建仓后可以通过卖出相同合约的方式解除履约责任,卖出建仓后可以通过买入相同合约的方式解除履约责任。

保证金制度与当日无负债结算制度既指向期货交易的主要业务特征,亦属于主要业务规则,除前述制度外,期货交易的其他主要业务规则包括以下几个方面:

第一,价格限制制度,通常包括涨跌停板制度与“熔断”制度。涨跌停板制度,又称每日价格最大波动限制制度,即期货合约在一个交易日中的交易价格波动不得高于或低于规定的涨跌幅度,超过涨跌幅度上限的报价被视为无效报价,相关涨跌幅度上限通常以合约上一交易日的结算价为基准确定。涨跌停板制度可以帮助交易者锁定每一交易日所持有合约的最大盈亏比例,通过抑制一些突发性事件与过度投机行为对期货价格的冲击有效缓释市场风险。“熔断”,又称自动停盘制度,是指当价格波幅达到规定的熔断点时,期货交易所为控制风险采取的暂停交易的制度。

第二,持仓限额制度与大户报告制度。持仓限额是指期货交易所规定的会员或客户可以持有的、按单边计算的某一合约投机头寸的最大数额。大户报告是指会员或客户的某一期货合约持仓达到期货交易所规定的持仓报告标准时应及时报告。持仓限额制度与大户报告制度紧密相连,在防止大户操纵市场价格、控制市场的同时亦防止期货市场的风险过度集中于少数交易者。

第三,风险准备金制度。风险准备金制度是指期货交易所从收取的会员交易手续费中提取一定比例的资金作为履约担保的备付金,其设立的目的在于弥补因不可预见的风险而带来的亏损。风险准备金应单独核算、专户存储,除用于弥补风险损失外,不得挪作他用。

第四,强行平仓制度。强行平仓制度与前述制度相互配合,当会员或客户的交易保证金不足且未在规定时间内补足,或当会员或客户的持仓数量超出规定的限额时,期货交易所或期货公司为防止风险进一步扩大或扩散应强制平掉会员或客户相应的持仓量。

第二节　其他主要衍生品业务法律制度

一、其他主要衍生品及其业务概述

(一)其他主要衍生品的种类与功能

根据《期货和衍生品法》的规定,衍生品交易是指期货交易以外的,以互换合约、远期合约与非标准化期权合约及其组合为交易标的的交易活动。标准化或非标准化期权合约分别是指约定买方有权在将来某一时间以特定价格买入或卖出约定标的物(包括期货合约)的标准化或非标准化合约,其中标准化期权合约交易被《期货和衍生品法》列为期货交易的一种。互换合约是指约定在将来某一特定时间内相互交换特定标的物的金融合约。远期合约是指期货合约以外的,约定在将来某一特定的时间与地点交割一定数量标的物的金融合约。通常而言,金融衍生品合约使交易者更清楚地识别风险,根据其对风险的承受程度选择一种最适合自己的投资组合,实现资金的合理配置。

(二)其他主要衍生品的主要业务规则

通常而言,其他主要衍生品交易同样适用保证金制度、当日无负债结算制度、价格限制制度、持仓限额制度、大户报告制度、风险准备金制度与强行平仓制度。此外,与资产管理相关的一般性业务规则亦适用于这类衍生品交易。例如,金融机构开展柜台对客衍生品业务,其应向客户充分揭示相关产品或服务的风险,提示客户应具备相应的风险承受能力、参与衍生品业务风险自担,不得出现欺诈、误导销售、夸大收益、回避风险或承诺收益等情况。

二、衍生品市场的风险防范

(一)衍生品市场风险的产生

衍生品市场风险主要包括:第一,价格波动风险,商品价格的变化在实践中并非时刻遵循某一规律,价格波动的不可预期性增加了生产与经营的不稳定性,而衍生品市场特有的运行机制则可能导致价格频繁异常波动;第二,杠杆效应风险,衍生品交易采用保证金制度,当交易者发生违约行为时,衍生品市场风险因杠杆机制而扩大;第三,过度投机风险,投机者虽在衍生品交易中扮演不可或缺的角色,但在风险管理机制相对不健全的情况下,投机者受利益驱使,可能作出诸多不具有合规性或不符合基本金融伦理的操作,对衍生品市场秩序产生极大负面影响。

(二)衍生品市场风险的防范

衍生品市场的风险贯穿交易全过程,与整个市场的交易机制紧密联系,衍生品交易风险的防范不仅是衍生品监管部门的职责,同样需要所有市场主体共同参与。相关的风险防范措施包括但不限于充分正向利用衍生品市场的价格预测机制、合理配置资金并积极遵守业务规则、由期货交易所与会员单位共同形成风险管理机制并保障相关基础设施有效运行、深度利用监管信息、不断加强交易者教育的力度等。

思考题

1. 如何理解多层次期货市场的内涵?
2. 如何判断嵌套期货或其他衍生品的理财产品在期货市场场外交易的合规性?
3. 如何理解《证券法》与《期货和衍生品法》之间的关系?

拓展阅读

1. 王瑞贺、方星海主编:《中华人民共和国期货和衍生品法释义》,法律出版社 2022 年版。

2. 程红星主编:《中华人民共和国期货和衍生品法释义》,中国金融出版社 2022 年版。

3. 叶林主编:《中华人民共和国期货和衍生品法理解与适用》,中国法制出版社 2022 年版。

4. 刘道云:《关于完善期货法立法的导向性建议》,载《证券市场导报》2017 年第 11 期。

5. 刘少军:《我国“期货法”制定中的主要问题研究》,载《南昌大学学报(人文社会科学版)》2017 年第 6 期。

6. 安毅、王军:《与〈期货法〉立法相关的若干重要问题探讨》,载《证券市场导报》2015 年第 1 期。

第十四章　保险业务法律制度

学习目标

1. 低阶学习目标

(1)掌握人身保险业务的特点和类型

(2)掌握财产保险业务的特点和类型

(3)了解互联网保险的形式

(4)理解保证保险的法律属性

2. 高阶学习目标

(1)分析人身保险业务的风险及防范

(2)阐述责任保险业务应当如何发展以分散民事责任风险

(3)如何有效监管互联网保险业务

(4)思考保证保险的不同定性对市场交易的影响

案例研讨

2018 年 11 月 19 日,友利银行与阳光保险公司签订《个人贷款保证保险合作项目协议》(以下简称《合作协议》),约定与阳光保险公司合作的第三方负责推荐符合承保条件的客户给友利银行,友利银行独立审核与客户签署借款或贷款合同,客户与阳光保险公司签署以友利银行为被保险人的保险合同。《合作协议》签署后,2019 年至 2020 年,友利银行经阳光保险公司推荐,向借款人(投保人)发放贷款,贷款期限 6 个月至 12 个月不等。后部分借款人陆续出现偿还贷款逾期情况,友利银行根据《合作协议》约定及相应的保单向阳光保险公司索赔,阳光保险公司仅就其中极小部分逾期贷款进行了赔偿。友利银行认为阳光保险公司已经构成违约,请求人民法院依法判决支持友利银行的全部诉讼请求。

关于保证保险的背景信息:

2000 年 8 月 28 日,最高人民法院在给湖南省高级人民法院《关于〈中国工商银行郴州市苏仙区支行与中保财产保险有限公司湖南省郴州市苏仙区支公司保证保险合同纠纷一案的请示报告〉的复函》中认为,“保证保险虽是保险人开办的一个险种,其实质是保险人对债权人的一种担保行为。在企业借款保证保险合同中,因企业破产或倒闭,银行向保险公司主张权利,应按借款保证合同纠纷处理,适用有关担保的法律”。

2001年3月14日,最高人民法院在审理神龙汽车有限公司诉华泰财产保险股份有限公司保证保险合同纠纷案之民事裁定书中认定,保证保险合同是当事人依据保险法的规定而成立的保险合同。2003年,最高人民法院在《关于审理保险纠纷案件若干问题的解释(征求意见稿)》中将保证保险合同规定为“是为保证合同债务的履行而订立的合同,具有担保合同性质”。

2010年6月24日,最高人民法院在给辽宁省高级人民法院《关于保证保险合同纠纷案件法律适用问题的答复》中认为,该案所涉保险单虽名为保证保险单,但性质上应属于保险合同。但是,2013年12月26日,最高人民法院在审理上述案件的再审申请时,作出了截然相反的判断,(2013)民申字第1565号民事裁定书中认定,保证保险虽是保险人开办的一个险种,其实质是保险人对债权人的一种担保行为,故主张该案应优先适用保险法相关规定的再审理由不能被支持。

请研讨:

1. 保证保险的法律属性是保险还是担保?应当适用《保险法》还是《民法典》?
2. 保证保险的法律认定不同,对当事人有何影响?对市场创新有何影响?

第一节　人身保险与财产保险业务法律制度

以保险标的为标准可以将保险业务分为人身保险业务和财产保险业务。人身保险业务是以人的身体和生命作为保险标的的保险业务类型。财产保险业务是以补偿被保险人的经济损失为基本目的,以特定的财产物资及其相关利益为承保标的的保险业务。

一、人身保险业务法律制度

根据《保险法》第12条第3款的规定,人身保险业务以人的寿命或身体为保险标的,是投保人与保险人约定当发生约定范围内的意外事故、意外灾害或因疾病、年老等导致被保险人死亡、伤残或丧失劳动能力,或者约定的期限届满时,保险人按照约定承担给付保险金责任的业务。

人身保险业务的当事人包括保险人、投保人、被保险人和受益人。人身保险合同的保险人不仅要有经保险监督管理机关依法批准的保险人资格，而且其业务范围须经过批准。保险公司应当在国务院保险监督管理机构依法批准的业务范围内从事保险经营活动。人身保险合同的投保人可以是自然人，也可以是法人或其他组织。订立合同时，投保人对被保险人不具有保险利益的，合同无效；合同订立后，如果投保人丧失对被保险人的保险利益，那么当事人不能主张保险合同无效。人身保险合同的被保险人是指以自己的生命或身体作为保险标的的人，仅限于自然人。受益人是指人身保险合同中由被保险人或者投保人指定的享有保险金请求权的人。受益人可以是投保人或者被保险人，也可以是投保人、被保险人以外的第三人；受益人可以是自然人，也可以是法人或其他组织。受益人由被保险人或者投保人指定。投保人指定受益人时须经被保险人同意。

（一）人寿保险业务

人寿保险业务是投保人和保险人约定，以被保险人的生命为保险标的，以其在合同规定的期限内生存或死亡为给付条件的人身保险业务。投保人按照合同的约定缴纳保险费，保险人承担被保险人在保险期限内死亡或生存至保险期限届满时给付保险金的义务。与其他保险合同不同的是，人寿保险业务转嫁的是被保险人的生存或者死亡的风险。人寿保险合同在保险费的缴纳方面具有特殊性。保险费的缴纳分为自然保费制和均衡保费制两种。自然保费制是以各年岁的死亡率为缴付标准计算保险费，每年更新续保时，保险费因各年岁的死亡率不同而变动。在均衡保费制下，保险人将人的不同年龄的自然保险费结合利息因素，均匀地分配到各个年度，保险费不随年龄变化而变化。均衡保费制可避免被保险人晚年因保险费的上升而无力续保的情况，因此适合长期性的人寿保险。

以保险金的给付条件为标准进行划分，可以将人寿保险业务分为：

1. 死亡保险业务

死亡保险业务是以被保险人在保险期限内死亡为保险人给付保险金的条件的人寿保险业务。根据合同约定的保险期限的不同，死亡保险业务又分为定期人寿保险业务和终身人寿保险业务。

2. 生存保险业务

生存保险业务是以被保险人在保险期限内生存至保险期限届满为保险人给付保险金的条件的人寿保险业务。如果被保险人生存至保险期限届满，则保险人承担给付保险金的义务；如果被保险人在保险期限内死亡，则保险人不给付保险金，并不退还保险费。因而生存保险业务的保险金具有较强的储蓄性质，其主要目的在于满足被保险人一定期限之后的特定需要,如子女的教育、被保险人的养老等。

3. 生死两全保险业务

生死两全保险业务是由生存保险和死亡保险混合而形成的独立险种,以被保险人在保险期限内死亡或生存至保险期限届满为给付保险金的条件。如果被保险人在保险期限内死亡,保险人给付保险金后保险合同终止;如果被保险人在保险期限届满后仍然生存,保险人承担给付保险金的义务后保险合同终止。生死两全保险合同的主要目的在于从生存和死亡两方面为被保险人提供保险保障。

(二)健康保险业务

健康保险业务是以被保险人的身体为保险标的,对被保险人因健康原因和医疗行为导致的伤残或死亡产生的费用支出或损失,保险人承担给付保险金义务的人身保险业务。健康保险业务具有补偿性质,其目的在于弥补医疗费用及其他相关费用支出和损失。健康保险业务的承保风险具有特殊性,强调疾病的内源性和非先天性。健康保险业务的保险期限较短,由于医疗服务成本呈递增趋势以及疾病的发生率难以确定,保险人很难制定长期的保险费率,健康保险合同的保险期限通常为 1 年及 1 年以下。健康保险业务旨在为被保险人提供医疗费用支出和损失的补偿,因而无须指定受益人,健康保险合同除一般人身保险合同的通用条款外,还采用一些特有条款,如体检条款、观察期条款、免赔额条款、等待期条款、给付限额条款等。

以保险人提供的保险保障内容为区分标准可以将健康保险业务分为以下两类:

1. 医疗费用保险业务

医疗费用保险业务的目的在于为被保险人接受诊疗期间的医疗费用支出提供保障,包括住院费、检查费、治疗费、手术费、护理费、药品费等。为明确保险人的保险责任范围,医疗费用保险合同中通常有免赔额条款,免赔额之内的费用由被保险人自负。免赔额的计算方式有单一赔款免赔额、全年免赔额以及集体免赔额三种。对超出免赔额的医疗费用,医疗费用保险合同中又规定了比例给付条款,即超出免赔额的医疗费用由保险人和被保险人共同分摊,保险人按某一固定比例或者按累进比例给付保险金。

2. 疾病保险业务

疾病保险业务以被保险人发生合同约定的疾病为给付保险金的条件。这里的疾病是从狭义上进行理解的,即保险合同约定的疾病。一般针对威胁到生命或者治疗费用高昂的重大疾病,通常采用定额给付方式,当被保险人身患合同规定的重大疾病时,保险人即按照保险金额一次性赔付。最常见的疾病保险包括两种:重大疾病短期保险和重大疾病终身保险。长期健康保险中的疾病保险产品,可以包含死亡保险责任,但死亡给付金额不得高于疾病最高给付金额。

（三）意外伤害保险业务

意外伤害保险业务是以被保险人的身体为保险对象，在被保险人遭受意外伤害或因伤害而致残、死亡时，保险人按照合同约定给付保险金的保险业务。意外伤害保险旨在补偿被保险人或受益人因意外伤害所面临的经济损失，其适用范围较广，涉及社会各个领域和行业的社会成员。目前我国保险市场的意外伤害保险主要有个人意外伤害保险、团体意外伤害保险、航空意外伤害保险、旅游意外伤害保险、住宿旅客意外伤害保险、出国人员意外伤害保险等险种。意外伤害保险也可以作为附加险附加于各种人身保险合同。

意外伤害保险原则上是定额给付性合同。当被保险人遭受意外伤害或因伤害而致残、死亡时，其身体利益是无法用金钱衡量的，保险人并非基于被保险人身体利益的对价而给付保险金，而是按照合同约定的保险金额给付保险金，不得任意增减。意外伤害保险合同承保的危险具有特殊性。意外伤害保险合同承保的危险是人身遭受意外伤害。人身，是指人体的天然部分，不包括人工装置的非天然部分。意外伤害，应当具备外来性、突发性、偶然性。意外伤害保险的保险费率主要取决于被保险人的职业、工种或者所从事的活动的危险程度。由于被保险人所面临的危险因素是变动的，因而意外伤害保险合同通常是短期保险合同，以一年期为多甚至更短。

二、财产保险业务法律制度

财产保险业务是投保人和保险人之间达成的由投保人缴纳保险费，保险人对所承保的财产及其有关利益因保险事故所产生的损失承担赔偿责任的保险业务。财产保险的保险标的是财产及其有关利益，保险金额以保险标的的价值为基础，基于财产保险合同的补偿性，投保人和保险人只能在保险价值的范围内约定保险金额。我国《保险法》未对超额保险的后果进行区分规定，即未区分善意与恶意，而一律规定为超过部分无效。保险事故发生后，保险人只能在保险价值范围内，依据保险标的的实际损失承担保险责任。财产保险的期限较短，被保险人在保险事故发生时，对保险标的应当具有保险利益。

（一）财产损失保险业务

财产损失保险业务是投保人和保险人达成的以有形的物质财产为保险标的的保险业务。财产损失保险的保险标的是有形财产，是以特定物形式存在的物质财产，能够以一定的价值尺度进行衡量，其金钱估价的总额是确定保险金额和赔偿金的基础。财产损失保险的目的是补偿保险事故发生时作为保险标的的物质财产的损失。保险人按合同约定对因保险事故发生使保险标的毁损、灭失而致财产价值量减少或丧失的损失予以赔偿。赔偿包括两个部分,即保险财产的实际损失,以及为防止或减少保险标的损失所支付的必要的施救费用和其他合理费用。

(二)责任保险业务

责任保险业务是投保人和保险人约定,以被保险人依法对第三者应承担的民事赔偿责任为保险标的,当被保险人因承保范围内的致害行为导致第三人人身伤亡或财产损失而依法应承担民事赔偿责任时,由保险人负责赔偿的一种财产保险业务。责任保险的保险标的是在保险合同有效期限内发生的被保险人应当承担的民事赔偿责任,是被保险人基于过失或无过失而承担的民事赔偿责任,故意违法行为所产生的民事责任则被排除在外,以避免造成道德风险。责任保险合同实际上是为第三人利益订立的合同,是针对被保险人向第三人承担的民事赔偿责任,保险标的不能及于被保险人的人身或其财产。责任保险中,每个被保险人责任风险的大小也是事先无法预估的,其损害后果也是不确定的,保险人对基于风险产生的民事赔偿责任亦无法通过保险价值来界定,只能约定保险责任的最高限额,保险人给付保险金额均以合同约定的最高额为限。

责任保险是随着社会经济的发展、法律制度的完善以及公民维权意识的增强而逐步发展起来的。责任保险合同的适用方式具有多样性特征。保险实务中,保险人承保责任保险的方式可以概括为三种:(1)独立承保方式。保险人将民事赔偿责任作为专门的保险责任予以承保,签发专门的责任保险单,如产品责任保险、公众责任保险。(2)附加承保方式。保险人将民事赔偿责任作为附加险,与其他财产保险一并承保,即一般财产保险是主险,责任保险则是附加险,如建筑工程和安装工程的第三者责任保险等。(3)组合承保方式。保险人将民事赔偿责任作为基本责任的一部分予以承保,不必签订单独的责任保险合同,也无须签发附加或特约条款,如船舶保险合同中的船舶碰撞责任。

第二节　其他保险业务法律制度

一、互联网保险业务法律制度

(一)互联网保险的概念及特点

1. 互联网保险的概念

目前学界对于何为互联网保险众说纷纭。互联网保险应当是保险行业与互联网深度融合的产物，互联网保险的保险利益应当是一种融合线上与线下的保险利益，或者虽然是以线下风险为保险利益，但以互联网为销售渠道的保险业务。

2015 年 7 月 22 日，原保监会印发《互联网保险业务监管暂行办法》（以下简称《暂行办法》，已废止）。《暂行办法》将“互联网保险业务”界定为“保险机构依托互联网和移动通信等技术，通过自营网络平台、第三方网络平台等订立保险合同、提供保险服务的业务”。《暂行办法》对于互联网保险业务的界定融合了保险与互联网的双重特点。

2. 互联网保险的特点

(1)虚拟性。一个服务器一个网址，再与相关保险单位建立链接，就可完成数字化的投保流程。如此一来，相较传统保险，互联网保险不仅节省了经营者的人力、物力，还简化了消费者烦琐的投保步骤。

(2)场景化。互联网保险经营主体能够运用自身优势对处于长尾区域的碎片化、个性化的消费者需求进行挖掘，设计出较多新颖的场景化保险产品，如“退货运费险”“旅游意外险”“航班延误险”等。

(3)低保费。在网上销售保险，消费者主动体验购买模式代替了传统的被动营销模式，为经营者减少了代理费、房租、交通费和印刷费等成本，进而促使互联网保费相对低廉。

(二)互联网保险业务发展的模式

1. “保险(机构)+互联网”阶段

我国的互联网保险始于 1997 年。1997 年，我国第一家保险网站——中国信息保险网成立，标志着我国互联网保险的开始。但由于当时互联网的普及率较低，消费者对互联网保险缺乏认同，互联网保险发展较为缓慢。随后，互联网的普及推动了互联网保险的发展。保险中介是保险公司重要的销售渠道，监管的重点主要集中在互联网保险销售上。保险监管的主要目的是确保互联网保险业务能满足“线上线下一致原则”。彼时互联网企业利用互联网技术对传统保险公司还未形成挑战，也未引发监管的特别关注。

2. “互联网(公司)+保险”阶段

自 2013 年以来，互联网企业已不甘于仅作为传统保险的展业渠道而存在，开始逐步加大向保险业渗透的力度，其在互联网保险产品和服务方式等方面的优势逐渐显现。

(1)众安保险引领技术创新。2013 年 11 月，阿里巴巴集团旗下的蚂蚁金服联合腾讯和中国平安集团等保险和科技互联网行业领军企业率先成立了“专注于互联网、服务于互联网”的众安在线财产保险股份有限公司(以下简称众安保险),利用互联网生态开发、销售保险产品成为其最主要的发展方式。众安保险的业务流程全程在线,其在全国均不设任何分支机构,完全通过互联网进行承保和理赔服务,通过独特研发的核心业务系统,借助阿里巴巴旗下的淘宝、支付宝等平台开发互动场景产品,创下退货运费险单日出单2亿笔的纪录,此后又借助平安集团的优势开展车险业务,又一次对传统保险行业发起挑战,业务规模不断增大。众安保险2016年的利润仅有937万元,而其于2017年9月在中国香港特区上市后市值突破千亿港元,投资者对于互联网概念及保险科技给予了充分的“估值溢价”。

(2)互联网公司打造互联网保险生态。随着互联网技术的深入发展,互联网巨头和第三方科技平台纷纷涌入保险领域。互联网巨头在其主业上拥有广阔的入口、庞大的流量、丰富的场景和充分的黏性,它们希望通过涉足保险领域将其高质量的原始数据转化为客户现实的保险需求。

其中,蚂蚁金服作为阿里巴巴旗下的重要子公司之一,拥有支付宝这一核心工具。支付宝随着互联网和移动支付的发展成为阿里巴巴旗下重要的互联网平台。除通过支付场景销售保险外,蚂蚁金服还利用其科技优势推出“车险分”和“定损保”。“车险分”借助人工智能技术,根据职业特性风险度、身份特质风险、信用历史等细分标签,将车主量化为300分到700分不等的车险标准分,分数越高的,购买车险的费用越低。“定损保”则是一款利用图像识别技术对发生事故的保险车辆进行自动识别和确定定损方案的应用程序。蚂蚁金服对外的互联网保险协议要求合作对手的投保、退保、理赔等程序均在其平台完成。相关技术本身不具有明显的法律属性,但如果从承保到理赔均是在互联网平台完成的,拥有技术的互联网平台和传统保险公司之间的界限则难以区分,蚂蚁金服在现有保险监管规则下提供前述服务是否会被认为是保险特许经营行为,可能一时难以准确定性。此外,2017年3月,腾讯通过控股微民保险代理有限公司开展保险中介业务。2018年2月,百度上线了其保险平台,在百度钱包、百度理财的页面中新增了“保险板块”,包括医疗险、重疾险、出行险三大类共8款产品。

(三)互联网保险的法律规制

1.政府监管:从分业监管走向混业监管

互联网保险具有跨界的特点,其业务涉及的信息流和资金流具有隐蔽性和传递性。在分业监管模式下,监管部门之间缺乏有效的信息,对互联网保险进行有效监管存在难度。互联网保险的跨区域性和虚拟性导致政府监管效率降低。互联网保险具有很强的开放性和共享性，风险很容易在行业间传递，造成不可挽救的后果。还有的互联网保险机构未经保险监管部门审批和备案，就擅自修改保单或发布新保单，甚至篡改已经生效的保单。① 2018 年 3 月，我国金融体制进行改革，将银监会和保监会合并，尝试向混业经营迈进，并将在此基础上进一步完善监管协作机制，最终向混业监管转变。

2. 发挥自律监管的协同作用

互联网保险行业复杂多变，需要其他监管机构配合政府监管。目前我国互联网保险几乎仅依靠政府监管，其他监管机构缺失，发挥自律监管将有效提升对互联网保险的监管效能。2015 年 8 月 10 日，中国保险行业协会（以下简称中保协）成立互联网分会，其职责之一为“完善市场运行机制，强化行业自律规范”。2015 年 12 月 31 日，中国互联网金融协会成立（以下简称中金协），这是包括互联网保险在内的互联网金融行业全国性自律组织，于 2016 年先后发布《互联网金融行业健康发展倡议书》《中国互联网金融协会会员自律公约》《中国互联网金融协会自律惩戒管理办法》等行业规定，是我国互联网金融行业自律监管的一大进步。今后，中金协应当吸引更多的互联网保险企业入会，更加关注互联网保险的专业性和特殊性，制定有针对性的自律规定，加强中金协和中保协之间的协调与沟通，建立信息共享机制，提高监管效率。

二、保证保险业务法律制度

（一）保证保险的概念及特征

保证保险，是指投保人以借款合同或融资合同等基础合同的履行为保险标的，以出借人为被保险人向保险人投保，当投保人违约时，由保险人承担保险责任的一种财产保险。保证保险在中小企业、小微型企业融资中起到了很好的桥梁作用。保险公司推出保证保险业务，在合规审核通过后帮助小微企业从合作银行获取贷款。保证保险有以下基本特征：第一，保证保险的投保人为需要资金的借款人即债务人，如对外借款的中小型企业、小微企业，房贷险的购房人，消费信贷中的消费者。第二，保证保险的被保险人为提供资金的出借方，如银行、融资公司、P2P 等平台。第三，以保险标的为基础履行合同项下的债务，即在相应的借款合同和融资租赁合同等合同项下的投保人履行还款义务。保险责任通常是当投保人不履行还款义务达到保险合同约定期限时，由保险人承担还款义务。第四，保证保险合同为独立合同，但保证保险合同中的保险关系的存在必然对应基础合同——借贷或融资合同，即承保保险合同承保标的对应的借

① 参见唐金成、韦红鲜：《中国互联网保险发展研究》，载《南方金融》2014 年第 5 期。

贷合同,如《融资租赁合同》《贷款合同》等。第五,保险人保险责任的承担与否取决于投保人是否违约,不论该违约系因经营不善、破产等客观原因导致,还是因投保人主观故意不履行合同义务。

(二)保证保险的分类

保证保险有诚实保证保险和确实保证保险之分,前者是指保险人对雇员的欺骗舞弊行为给雇主造成的损失负赔偿责任,后者是指保险人对债务人不履行义务给债权人造成的损失负赔偿责任。我国开展的借款保证保险业务属于确实保证保险的范畴。在确实保证保险业务中,至少存在两份合同:一是债务人与债权人订立的基础合同;二是债务人作为投保人与保险人订立的以债权人为被保险人的保证保险合同,两份合同各自独立,互不具有从属性。实务中,按照基础合同是否具有融资属性,可将保证保险划分为融资性保证保险(如借款、融资租赁等融资合同)和非融资性保证保险(如工程类、质量类等非融资合同)两类。

(三)保证保险的法律属性

围绕保证保险的法律性质,国内学界和司法实务界素有"保证说""保险说""二元说"之争。这三种观点在司法实践中均有对应的判决。虽然我国自2009年修订后的《保险法》明确规定保证保险属于财产保险业务范围以来,对保证保险的认识逐渐倾向于"保险说",但因《保险法》未明确界定保证保险之内涵,依旧未完全达成共识。

1."保证说"

尽管保证保险在形式上是保险人开办的一个险种,但其实质为保险人采取保险形式对债权人的一种担保行为,是保险公司借用保险形式履行的有偿保证义务,主要依据如下:(1)一般保险契约只有保险人和投保人,而保证保险业务中有保证人、被保证人和债权人;(2)未有保险原理之存在,不符合大数法则,且所保障之危险是否发生非属偶然事件,而取决于被保证人之主观意思,如投保人是否故意不履行债务;(3)购买保证保险所缴费用只是保险人借保险之名义收取的手续费或服务费,而非保险费;(4)保证保险的保险人在承担保险责任后,可以向债务人(投保人)追偿,而保险人在保险合同中一般并无追偿权;(5)保证保险合同依附于基础合同不具有独立性,符合保证合同之特征。在司法实践中,最高人民法院在早期涉及保证保险的案例中多采"保证说",其在相关复函中明确指出:保证保险是由保险人为投保人向被保险人(债权人)提供担保的保险,虽是保险人开办的险种,其实质是保险人对债权人的担保行为,适用有关担保的法律。[1]

2."保险说"

保证保险在实质上为财产保险的一种,是保险公司以"保证"形式经营的一种新型保险业务,与保证合同存在本质区别,主要理由如下:(1)保险契约为双务契约,保证契约一般为无偿单务契约;(2)保险契约只有保险人与投保人的观点忽略了保险契约有为第三人利益投保之可能和情形;(3)保险事故是否具有偶发性,不应根据投保人是否故意来判断,而应解释为保险契约订立之际是否处于尚未确定之状态,即使依投保人的意思所发生的事故亦不能认定其缺乏偶然性。在司法实践中,福建省高级人民法院在《关于审理保险合同纠纷案件的规范指引》(2010年7月12日印发)中对保证保险合同的法律性质明确规定如下:保证保险合同是指借款合同或借款担保合同的债务人向保险人投保,当债务人不履行借款合同或者借款担保合同约定的义务,导致债权人权益受到损失时,由保险人承担保险赔偿责任的财产保险合同。

3."二元说"

保证保险兼具"保险"和"保证"双重属性,且二者是无法割裂的。虽然保证与保险性质不同,但二者可以相辅相成共同发挥作用,从而连结保险制度和保证制度。保证保险合同是混合合同,其不属于保证合同或者保险合同中的任何一种,在合同中涉及保险和保证的部分分别适用不同的法律。"二元说"的另外一种解释为,保证保险合同的性质要根据具体的合同内容确定,不能将其"一刀切"地归为保证或者保险,要根据个案的实际内容来确定适用《保险法》抑或《民法典》关于保证合同之规定。

(四)保证保险的法律适用

除了2009年10月1日开始实施的《保险法》(已修改)第95条第一次明确将保证保险列入财产保险项下外,时至今日,立法上没有关于保证保险的明确具体规定。

在我国《保险法》明文规定保证保险属于财产保险业务范围的情况下,认定保证保险业务的性质,应考虑当事人的意思表示和民事法律关系成立的标准。应贯彻尊重当事人的意思自治和实质重于形式的原则,确定合同约定的内容是否符合我国《保险法》对保险的定义和保险合同应具备的事项,并结合其目的与功能等,确定民事法律行为和民事法律关系之本质,并据此确定应适用的法律。若认定保证保险合同在实质上属于保险,不具有担保性质,应完全适用《保险法》,并无适用《民法典》关于担保物权和保证合同的相关规定之可能和必要。若认定保险公司在合作协议中为债务提供保证的

---

① 最高人民法院民事裁定书,(2013)民申字第1565号。

约定或者保证保险合同不符合保险法原理，则属于名义上为“保证保险”，而实质上为保证担保的业务，应认定保险公司与权利人之间建立了保证法律关系，则应适用《民法典》关于保证合同的相关规定来认定保险公司之责任。

当事人有多个意思表示并且其行为符合两种以上民事法律关系构成要件的，如保险人在合作协议中明确约定为贷款银行提供保证，同时又以贷款银行为被保险人订立保证保险合同的，可认定成立保证合同关系和保证保险合同关系等多种民事法律关系，应分别适用《民法典》关于保证合同的相关规定或者《保险法》。若当事人的行为只符合一种民事法律关系的构成要件，则该民事法律关系的性质或只能被认定为保险或只能被认定为保证，或者适用《保险法》，或者适用《民法典》关于保证合同的相关规定来确定当事人的权利和义务，不能同时适用《保险法》和《民法典》关于保证合同的相关规定。

思考题

1. 阐述保证保险法律性质的认定及其适用影响。

2.《民法典》对财产保险的范围和责任保险的发展将有哪些影响？

拓展阅读

1. 贾林青:《保险法》(第6版),中国人民大学出版社2020年版。

2. 王静:《保险案件裁判精要》,法律出版社2019年版。

3. 李玉泉主编:《保险法学——理论与实务》(第2版),高等教育出版社2010年版。

第十五章　信托业务法律制度

学习目标

1. 低阶学习目标

(1)理解商事信托与金融信托的关系

(2)理解民事信托与家族信托的关系

(3)理解资产管理的内涵与外延

2. 高阶学习目标

(1)阐述泛资产管理业态对金融监管的影响

(2)阐述结构化产品对金融创新的意义

(3)解释信托法下资产管理维度与结构化设计维度的产品规制侧重点

案例研讨

2019 年 8 月,建信信托有限责任公司操作首单将上市公司控股股东存量股票置入"全权委托型"家族信托,并实现与控股股东即委托人的权属分离,由受托机构提供长期专业化管理与长期多元化配置的业务,实现非一致行动关系。该业务通过将存量股票资产产权信托化,可以实现控股股东子孙后代凭借信托受益权合理继承(流转)对应股票的权益,避免后代离世、婚姻变化、血亲关系向下分化等导致家族财产外流。此外,目前相关政策对上市公司大股东的减持要求严格,存量市场流动性越发弱化。探索将股票(股权)置入家族信托,形成与大股东的非一致行动关系,可以实现合规减持,有利于提高资本市场流动性,促进市场良性发展。

家族信托持股上市公司的架构设计在国际上是上市公司控股股东优化企业治理、实现财富延续、进行长期税务筹划的常见形式。因国内一直将信托架构在企业上市时认定为"三类股东"①并要求企业上市前需要完成清理,我国信托持股上市及存量股票置入境内家族信托均未有可复制、可推广的案例,在参与上市公司股权架构方面,此单

① 所谓"三类股东"是指契约型私募基金、资产管理计划(主要指基金子公司与券商资管计划)与信托计划。

股票家族信托在推动境内家族信托与国际信托接轨方面有较大意义。

请研讨：

1. 家族信托与其他民事信托有何差异？本案中的家族信托与商事信托有何差异？

2. 是否必须由信托公司担任家族信托的受托人？信托公司担任家族信托受托人的优势与劣势分别是什么？

3. 如何平衡家族信托的保密性诉求与资本市场的信息披露要求？

第一节 信托业务法律制度

一、信托的设立、变更与终止

（一）信托的设立

信托的设立是指当事人之间建立信托关系的行为。根据我国《信托法》的规定，设立信托必须具有合法的信托目的，必须拥有确定的信托财产且该信托财产必须是委托人合法所有的财产（包括但不限于合法的财产权利）。同时，设立信托应采取书面形式（包括信托合同、遗嘱或法律、行政法规规定的其他书面文件等），其书面文件应载明信托目的，委托人、受托人的姓名或名称、住所，受益人或受益人范围，信托财产的范围、种类与状况，以及受益人取得信托利益的形式、方法。设立信托还应按照有关法律、行政法规的规定办理信托财产登记手续。

此外，当信托目的违反法律、行政法规或损害社会公共利益，信托财产不能确定，委托人以非法财产或《信托法》规定不得设立信托的财产设立信托，存在专以诉讼或讨债为目的的设立信托的情形，受益人或受益人范围不能确定，或存在法律、行政法规规定的其他情形时，信托无效。

值得注意的是，我国《民法典》规定，自然人可以依法设立遗嘱信托。又根据我国《信托法》的规定，遗嘱指定的人拒绝或无能力担任受托人的，由受益人另行选任受托人；受益人为无民事行为能力人或限制民事行为能力人的，依法由其监护人代行选任。

（二）信托的变更

信托的变更是指信托有效成立后，当出现约定的或法定的变更事由时，当事人依法对信托法律关系进行变更的行为。在信托变更的形式方面，我国《信托法》并未作出明确规定。根据《信托法》关于设立信托应采取书面形式的规定可知，信托的设立属于要式法律行为，根据信托的特性，信托的变更亦应属于要式法律行为，即同样需要以书面方式进行。在信托变更的效力方面，信托变更的法律后果仅及于变更事项本身，当事人依法对信托进行变更后，信托关系继续存续，即信托管理具有连续性，受托人应按照变更后的内容继续管理信托财产。

根据信托变更依据的不同，可以将信托的变更分为约定变更与法定变更。约定变更是指依据信托文件的规定或当事人合意对信托文件规定的事项进行调整的行为；法定变更是指出现《信托法》规定的可以变更信托的法定情形时，依据《信托法》的规定对信托文件规定的事项进行调整的行为。根据我国《信托法》的规定，设立信托后，如受益人对委托人有重大侵权行为，受益人对其他共同受益人有重大侵权行为，受益人同意，或出现信托文件规定的其他情形时，委托人可以变更受益人或处分受益人的信托受益权。

（三）信托的终止

信托的终止是指出现约定或法定的事由导致信托关系归于消灭。根据我国《信托法》的规定，当信托文件规定的终止事由发生，信托的存续违反信托目的，信托目的已实现或不能实现，信托当事人协商同意，信托被撤销，或信托被解除时，信托终止。《信托法》同时规定，委托人是唯一受益人的，委托人或其继承人可以解除信托，当出现允许信托变更的法定情形时，委托人亦可以解除信托。此外，除《信托法》或信托文件另有规定，信托不因委托人或受托人的死亡、丧失民事行为能力、依法解散、被依法撤销或被宣告破产而终止，亦不因受托人的辞任而终止。

根据我国《信托法》的规定，信托终止的，信托财产归属于信托文件规定的人；信托文件未规定的，按受益人或其继承人、委托人或其继承人的顺序确定归属。在该信托财产转移给权利归属人的过程中，信托视为存续，权利归属人视为受益人。信托终止后，受托人可以依法行使请求给付报酬、从信托财产中获得补偿的权利，可以留置信托财产或对信托财产的权利归属人提出请求。

二、私益信托与公益信托

（一）私益信托

在制定法的语境中，私益信托可以根据民商分立的框架分为民事信托与商事信托。在实践中，民事信托与商事信托并无特别明确的界限，其主要原因是我国目前绝大部分私益信托均依赖信托公司担任受托人。私益信托的设立、变更与终止如上所述，对于私益信托尤其是因监管部门对信托公司采取持牌监管而金融化趋势明显的商事信托，其受公法（主要是监管）调整的内容在本书第十章已作阐述，此处不再赘述。

私益信托的制度价值主要体现为两点：第一，财产转移。这是信托最原始的功能，信托的设立必须以财产移转为要件，即通过信托可以将财产转移给他人，在这些财产应为受益人利益而持有的前提下，私益信托通过发挥财产转移功能，可以达到财富传承的目的。第二，资金融通。这是金融类信托最常见的功能，信托公司根据不同风险设计不同产品、集合社会资本并由其统一运用，或委托人以财产权利设立信托并以向社会分割转让受益权的方式募集资金，信托市场中的集合资金信托计划、房地产信托基金等均体现私益信托的资金融通功能。

（二）公益信托

公益信托是相对于私益信托的概念，其与私益信托最根本的区别在于设立信托的目的，公益信托的信托目的必须具有公益性。“公益信托”一词源于日本信托法，该法将英美法系中以信托方式从事慈善事业的行为译为公益信托，此后我国《信托法》采用这种表述形式。英美法系则将前述行为译为慈善信托，我国《慈善法》采用这种表述形式，该法规定慈善信托属于公益信托，并将慈善信托定义为委托人基于慈善目的依法将其财产委托给受托人，由受托人按照委托人意愿以受托人名义进行管理与处分而开展慈善活动的行为。根据文义解释，慈善信托的外延小于公益信托的外延，因《慈善法》又对慈善活动的外延作出兜底性规定，即慈善活动包括符合该法规定的其他公益活动，因此从慈善信托与公益信托的实质内容观察，两者在外延上可以理解为是重叠的。

在法律适用方面，我国《信托法》已对公益信托作出专章规定，并明确公益信托适用该章规定，而该章未作规定的，适用该法以及其他相关法律的规定。我国《慈善法》亦对慈善信托作出专章规定，其规定慈善信托的设立、信托财产的管理、信托当事人、信托的终止与清算等事项，该章未作规定的，适用该法其他有关规定，而该法未作规定的，适用《信托法》的有关规定。因此，根据特别法优先于一般法适用、后法优先于前法适用的法理逻辑，就公益（慈善）信托有关事项的法律适用问题，宜优先适用《慈善法》的规定，《慈善法》未作规定的，适用《信托法》关于公益信托的专章规定，该章未作规定的，适用《信托法》及其他相关法律的规定。

此外，公益信托涉及公共利益，应对其设立与运作予以管理，防止出现借设立公益信托之名谋取私利或在运作过程中损害社会公共利益的行为。《慈善法》对《信托法》中公益信托的管理作出较大改动，管理部门由公益事业管理机构转变为民政部门，管理措施则由事前审批向事中检查与事后备案转变。另外，公益信托终止后可能存在剩余信托财产归属的问题，如无信托财产权利归属人或信托财产权利归属人是不特定的社会公众,经批准,受托人应将信托财产用于与原公益目的相近似的目的或将信托财产转移给具有近似目的的公益组织或其他公益信托,此即公益信托的近似原则。

第二节 资产管理与结构化金融业务法律制度

一、资产管理业务法律制度

(一)信托的资产管理功能

资产管理是信托制度的基本功能之一,普通投资者通过金融机构进行专业化财产管理与投资管理可以克服资金规模小的限制与资产管理知识或技术不足的缺点,达到资产保值增值的目的。实践中,资产管理业务是指银行、信托、证券、基金、期货、保险资产管理机构、金融资产投资公司等金融机构接受投资者委托,对受托的投资者财产进行投资和管理的金融服务;资产管理产品包括但不限于人民币或外币形式的银行非保本理财产品,资金信托,证券公司、证券公司子公司、基金管理公司、基金管理子公司、期货公司、期货公司子公司、保险资产管理机构、金融资产投资公司发行的资产管理产品等。

(二)资产管理业务的法律制度概述

根据《资管新规》的规定,资产管理业务是金融机构的表外业务,金融机构不得在表内开展资产管理业务,金融机构开展资产管理业务时不得承诺保本保收益,出现兑付困难时不得以任何形式垫资兑付。金融机构为委托人利益履行诚实信用、勤勉尽责义务并收取相应的管理费用,委托人自担投资风险并获得收益。金融机构可以与委托人在合同中事先约定收取合理的业绩报酬,业绩报酬计入管理费,应与产品一一对应并逐个结算,不同产品之间不得相互串用。金融机构发行、销售资产管理产品应坚持“了解产品”与“了解客户”的经营理念,加强投资者适当性管理,向投资者销售与其风险识别能力、风险承担能力相适应的资产管理产品,不得通过拆分资产管理产品的方式向风险识别能力、风险承担能力低于产品风险等级的投资者销售资产管理产品。

二、结构化金融业务法律制度

(一)信托的破产隔离与权利转换功能

根据信托原理,破产隔离的法律功能体现在信托财产因其独立性所对应的有限责任方面,这一功能在金融创新中得到广泛应用。信托产品可以通过其风险隔离功能提供特殊的信用提升方式,如资产证券化采取特定目的信托模式使证券化资产(信托财产)实现真正独立,达到资产证券化风险隔离与真实销售的要求。此外,信托财产所有权与受益权的分离使相关权利转换更为灵活,通过设计交易架构可以将不同财产转化为收益权并在多元化分割后使收益分配呈现多样性,如信托受益权可以被分割为本金受益权与收益受益权并可以约定先后次序。从总体上观察,信托财产的独立性与受益权的可分割性能为以证券化为代表的结构化金融产品提供充分的创新空间,以满足市场中日益多元化、个性化的金融需求。

(二)结构化金融业务的法律制度概述

结构化金融产品通常属于资产证券化与信用衍生交易工具,产品发行人通过证券化与信用衍生原理设计耦合不同资产等级的金融工具,使潜在金融风险在各金融机构与非金融机构中相对合理地转移。常见的结构化金融产品有资产支持证券、住房抵押贷款支持证券、抵押担保债务凭证、担保债务凭证等。在我国现行金融监管体制下,结构化金融产品的业务规则由各相关监管部门制定,如信贷资产证券化的业务规则主要由银行业监管部门制定,而企业资产证券化的业务规则主要由证券监管部门制定。

思考题

1. 随着混合型信托模式的不断发展,受托人的信义义务将发生哪些变化?
2. 资产管理语境中的资金池模式对金融业态创新发展的利弊各有哪些?
3. 如何构建符合现代金融治理要求的结构化产品跨市场监管机制?

拓展阅读

1. 陈敦:《我国集合投资信托的法律性质分析》,法律出版社 2012 年版。
2. 陈雪萍:《国有股权有效行使的信托路径及其法律制度研究》,法律出版社 2013 年版。
3. 季奎明:《组织法视角下的商事信托法律问题研究》,法律出版社 2014 年版。
4. 刘韶华:《信托原理在民商事法律实务中的应用》,法律出版社 2012 年版。
5. 刘正峰:《美国商业信托法研究》,中国政法大学出版社 2009 年版。
6. 罗志华:《信托在我国金融分业体制下的定位研究》,西南财经大学出版社 2012 年版。
7. [澳]孙宜府:《离岸信托资料处理的法律分析与建构》,中国政法大学出版社 2000 年版。

8. 王连洲、王巍主编:《金融信托与资产管理》,经济管理出版社 2013 年版。

9. 吴弘、许淑红、张斌:《不动产信托与证券化法律研究》,上海交通大学出版社 2005 年版。

10. 席月民:《中国信托业法研究》,中国社会科学出版社 2016 年版。

第六编

金融科技法

金融科技法律制度

金融基础设施法律制度

第十六章　金融科技法律制度

学习目标

1. 低阶学习目标

(1)理解金融科技的内涵与外延

(2)理解金融科技的不同业务类型

(3)理解金融科技监管的必要性

2. 高阶学习目标

(1)阐述金融科技对金融监管体制的影响与变革

(2)解释监管沙盒的运行机制

(3)阐述数字人民币的基本法理

案例研讨

刘某于2017年12月注册"××"平台投资外汇与黄金,开立投资账户并绑定其某个中国建设银行储蓄卡账户。刘某通过前述平台持续投资数月,入金涉及的第三方支付平台包括乙支付公司等。2018年2月26日,刘某的前述储蓄卡产生了两笔交易,交易终端为PC端,支付类型为"网银支付",支付渠道为"网银",对方户名为丙公司。在甲银行卡清算公司银联系统中的交易记录显示,前述两笔交易的订单收单机构为乙支付公司;在乙支付公司相关系统中的交易明细显示,交易收款商户为丙公司,交易模式为即时到账。前述两笔转账前后间隔很短,均为网银支付并在同一商户/网点号完成,乙支付公司将两笔款项结算至丙公司开立在自己处的备付金账户名下,并根据丙公司指令将资金划至其指定的非同名银行结算账户。

刘某称其在操作过程中,始终未在操作界面看见过乙支付公司名称,亦未看见过特约商户名称,且在支付过程中未签订任何协议或注册为会员,并称前述两笔交易的发生事由为一家建筑公司为刘某出金。后刘某通过查询资金流水得出资金进入案外人而非交易平台。

刘某认为,自己与甲银行卡清算公司、乙支付公司之间虽未签署书面协议,但前述交易属于被动交易,相关损失系两家公司运用专业技术手段实施非法行为所致,自其资金从储蓄卡账户被划转后自己即与两家公司产生了事实上的委托合同关系。两家公司并未按刘某当初的存款入金本意将钱款结算至“××”投资平台而将涉案款项结算至其他收款单位,这一行为未经授权,超越了委托代付权限。刘某遂以两家公司在接受网络支付委托过程中存在不履行义务或履行义务不符合约定的情形为由将其诉诸法院,要求两家公司赔偿损失。

请研讨:

1. 刘某与两家公司之间是否直接或视为构成委托合同关系?
2. 两家公司是否需要对刘某的损失承担赔偿责任?

第一节　金融科技的概念与类型

一、金融科技的概念

随着金融创新与技术变革的融合程度不断加深,数字化转型成为金融行业发展的主流趋势。金融科技作为技术驱动的金融创新,是深化金融供给侧结构性改革、增强金融服务实体经济能力的重要引擎。为实现我国金融科技高质量发展,近年来,中国人民银行先后印发《金融科技(Fin Tech)发展规划(2019—2021年)》《金融科技发展规划(2022—2025年)》,在顶层设计与制度建构、科技创新与风险防范、监管科技与保障措施等方面深入规划,旨在创设我国金融科技有序发展的良好制度环境。

根据《金融科技(Fin Tech)发展规划(2019—2021年)》,金融科技被定义为“技术驱动的金融创新,旨在运用现代科技成果改造或创新金融产品、经营模式、业务流程等,推动金融发展提质增效”。金融科技在本质上属于一种数字化、智能化的金融解决方案,其核心在于将数字技术广泛应用于金融产品与服务,利用数字技术提升金融效率。金融科技是金融领域一场影响深远的“破坏性创新”,是未来金融市场发展的核心驱动力量,它具有如下特点:

第一,数字驱动性。金融科技高度重视数据要素的关键性作用,将数字元素融入金融产品与服务的各项流程,加快金融机构的数字化转型,运用数字化手段不断增强风险识别监测、分析预警能力,切实防范算法、数据、网络安全风险,构建金融科技的数字安全生态。

第二，公平普惠性。金融科技不仅重视技术创新与效率的提高，从最终目的观察，金融科技创新还旨在提升金融产品与服务的社会性效益。金融科技以公平为准则、以普惠为目标，合理运用金融科技手段丰富金融市场层次、优化金融产品供给、拓展金融服务射程，弥合因地域性、群体性或机构性差异产生的市场信息与技术鸿沟，让金融科技发展成果更广泛、更深入、更公平地惠及人民群众，助力实现共同富裕，增强人民群众的金融获得感与幸福感。

第三，开放共赢性。金融科技以促进金融开放共赢为基调，加强跨地区、跨部门、跨层级的金融与数据资源的融合应用，推动金融与民生服务系统互联互通，将金融服务融入实体经济的各个领域，从而降低金融服务门槛、拓宽金融生态边界，形成包容开放、互利共赢的发展格局。

第四，安全可控性。金融科技将安全作为金融科技创新不可逾越的红线，以创新促发展、以安全保发展。金融科技借助数字科技提升防控金融风险的能力，相对应地，监管科技的有效运用则有利于提升金融监管效能，从而完善金融安全防线与风险应急处置机制，提高金融体系抵御风险的能力，守住不发生系统性金融风险的底线。

二、金融科技的类型

金融科技的应用领域十分广泛，主要包括金融机构的科技应用与科技公司的金融业务。前述应用还突破了传统金融机构类型，催生了高度融合金融业务与科技开发的金融科技公司。金融科技的类型包括但不限于互联网支付、网络借贷、股权众筹融资、互联网基金销售、互联网保险、互联网信托、互联网消费金融、供应链金融、数字货币与互联网银行。

互联网支付主要是指通过计算机、手机等设备，依托互联网发起支付指令、转移货币资金的服务。互联网支付的运作原理可以表述为：支付机构为客户提供互联网访问渠道，客户通过注册并向互联网支付账户转入资金后，可以向其他持有同样账户的个人或企业转移资金。互联网支付的主要表现形式为网络银行支付、第三方支付与移动支付。

网络借贷包括个体网络借贷（P2P 网络借贷）与网络小额贷款。个体网络借贷是指个体之间通过互联网平台实现的直接借贷，具体指贷款人与借款人通过 P2P 网络借贷平台订立电子借贷合同，就借贷资金的金额、利率、期限等因素进行匹配，从而实现借贷双方需求的新型小额借贷模式。其中，P2P 网络借贷平台承担信息中介作用。网络小额贷款是指互联网企业通过其控制的小额贷款公司，利用互联网向客户提供小额贷款。网络小额贷款本质上属于小额贷款公司业务的互联网化。值得注意的是，2007

年我国首家 P2P 网络借贷平台成立,随后 P2P 网络借贷行业迎来持续多年的高速发展,由于 P2P 网络借贷行业在急速扩张中出现非法自融、违规搭建资金池、暴力催收等现象,因此引发了一系列金融风险与社会问题。自 2016 年起,中国人民银行联合多部委开展持续性的互联网金融风险专项整治行动,至 2021 年年底,中国人民银行宣布 P2P 网络借贷平台在我国境内已全部清零。

股权众筹融资主要是指通过互联网形式公开进行小额股权融资的活动。具体而言,是指创新创业者或小微企业通过股权众筹融资中介机构在互联网平台进行公开募集股本的活动。在股权众筹融资中,投资者通过股权众筹平台将资金投入目标公司(一般为初创公司),取得目标公司相应股权,以直接或间接股东身份分享或承担目标公司的经营收益或风险。

互联网基金销售,是指基金公司以互联网平台为渠道销售基金产品,具体包括宣传推介基金,发售基金份额,办理基金份额申购、赎回等业务。互联网基金销售是传统金融模式采取网络技术的创新成果,其主要表现形式为基金公司自建网络平台销售或与第三方网络平台合作销售。

互联网保险,是指保险机构依托互联网与移动通信等技术,通过自营网络平台、第三方网络平台等订立保险合同与提供保险服务。互联网保险的投保人通过第三方支付平台实现保险费用的电子化支付。互联网保险开设网上投保、承保、核保、保全与理赔等保险业务流程,具有网络化、高效性与便捷性等特点。

互联网信托,是指运用互联网技术并结合信托法律工具,实现信托财产转移与信托财产管理的互联网金融服务模式。互联网信托依托互联网技术创新成果,推动信托产品创新与经营模式变革。从互联网技术对信托业的影响的维度对互联网信托进行分类,可以将其分为信托业的互联网化与互联网企业的信托金融业务。互联网企业的信托金融业务按照产品与商业模式的不同,又可以进一步分为收益权转让模式、信托小额贷款模式、金融资产增信模式与消费信托模式等。

消费金融是为满足个人、家庭对商品与服务的消费需求而提供消费贷款的金融产品与服务模式。互联网消费金融是指消费金融公司、互联网企业与商业银行等市场主体依托互联网信息技术与网络平台,提供满足个人或家庭日常生活消费需要的贷款,具有线上办理、申请手续灵活、还款方式多样等特点。

供应链金融是一种旨在降低供应链融资成本以满足供应链节点资金供给的金融资源整合模式。供应链金融具有通过整合资金、信息、物流等资源提高资金使用效率并为各方创造价值、降低风险的作用。从供应链金融市场视角观察,供应链金融属于短期货币市场,货币供求双方主要为商业银行与工商业企业,或为供应链中的上下游企业。

广义的数字货币是指所有基于区块链技术而发展出的数字资产,包括支付领域中的数字货币与融资领域中的数字代币。根据发行主体的不同,数字货币可以分为法定数字货币与私人数字货币。法定数字货币是由各国中央银行发行,采用特定数字密码技术实现且由国家信用背书的货币形态,如我国的数字人民币。私人数字货币是由非主权个体发行或不存在特定发行主体而发行的货币形态,如比特币、以太币与各类稳定币。

互联网银行是基于大数据、人工智能、云计算、人脸识别、生物探针、移动互联网等技术,不设物理营业网点,全部业务均通过互联网与移动终端实现的银行机构。互联网银行不设线下实体网点,全部业务实现在线运营,将云计算、大数据技术与人脸识别、声纹识别等生物技术相结合,进行在线开户、授信与风险控制。互联网银行的服务对象主要为中小微企业、个人消费者、“三农”群体等长尾客户群体。互联网银行贷款呈现单笔金额小、期限短、客户群体年轻化与投向区域(行业)分散化等特点。

第二节　金融科技监管原则与模式

一、金融科技监管原则

金融科技的数字化、技术化与混业化趋势对传统金融监管构成重大挑战。金融科技监管的核心在于构建一个既促进金融创新,又确保金融稳定与维护金融消费者权益的技术驱动型金融科技监管框架。监管部门应深刻洞察金融科技的本质与风险,坚持以下监管原则:

第一,依法监管。依法监管要求监管部门的监管行为必须依据法律的规定并遵守相应的程序,监管行为应受法律监督,监管者应对其违法监管行为承担法律责任。立法机关应加强立法工作,尽快制定覆盖金融科技各领域的监管规则,为监管部门的依法监管创造有法可依的前提条件。监管部门应树立依法监管的理念,提高依法行政的能力,以服务金融科技的发展与创新作为依法监管的重要目标。

第二,适度监管。适度监管要求监管机构应尊重市场的自身调节作用,尊重金融科技行业发展的客观规律,监管行为不应干涉市场主体的自主权与企业的微观经营活动。目前,我国金融科技行业处于发展初期、整体法制尚不健全的阶段,适度监管原则要求行政监管与市场约束相结合,行政监管侧重于强化金融科技的市场准入制度,市场约束应发挥市场机制对金融科技企业的优胜劣汰功能。

第三,分类监管。分类监管是指监管机构在对监管对象进行分类评价的基础上,对不同类型的监管对象,采取差异化的监管措施。其中,分类监管是手段,差异化监管是目的。分类监管的首要前提是对金融科技产品与服务设置科学化、标准化、可操作化、动态化的监管评价指标,评价指标既要符合金融科技市场的实际情况,又要有利于监管工作的开展。分类监管应以风险监管为导向,突出监管措施的差异性:对于风险较低的金融科技产品与服务,应立足于市场自治,强化监管的正向激励;对于风险较高的金融科技产品与服务,应科学评估由其衍生的技术与金融风险,坚持防控结合、综合治理。

第四,协同监管。从金融科技产品的性质观察,不同金融科技业态之间的边界流动性空前增强,金融科技业务呈现交叉发展的趋势。例如,蚂蚁科技集团股份有限公司几乎持有所有的金融牌照,类似余额宝等货币基金类产品在互联网发展与支付工具扩张的背景下,具备连结传统存、贷、结算等不同金融机构的功能。传统金融分业监管模式对存在交叉现象的金融科技创新产品的监管机构划分缺乏科学的标准,可能存在因重复监管而增加监管成本或因存在监管真空而导致不能有效监管的情况。对此,监管部门应构建国内统一的金融监管信息交换平台,强化在部级层面的监管协作,完善协同监管机制的顶层设计,从而提高金融科技监管的全面性与有效性。

第五,创新监管。金融科技的创新监管是指通过建立更加科学、有效的监管体制,使监管体制更加适应金融科技创新的发展。创新监管主要包括监管手段创新与监管思维创新。监管手段创新要求监管部门对不同性质的金融科技产品实施差异化的创新监管手段,并建立与金融科技企业之间的沟通机制,推动企业提高内部风险控制与监管规则要求的匹配性与适应性,降低企业合规成本。监管思维创新要求监管部门改变过去“被动式监管”的传统思维,树立试验性监管与包容性监管等新理念,提升行业协会与金融科技企业在金融科技行业规范治理中的主动性与积极性,注重市场约束与信息披露的力量。

二、金融科技监管模式

(一)金融科技监管的基本框架

根据不同金融科技业务的风险特征,我国确定以机构性监管为主并辅以功能性监管的监管部门职责分工。具体而言,工业和信息化部主要负责监管金融科技业务涉及的电信业务；中国人民银行主要负责监管互联网支付；国家金融监督管理总局主要负责监管网络借贷、互联网保险、互联网信托、互联网消费金融；证监会主要负责监管股权众筹融资、互联网基金销售。此外，中国人民银行、国家金融监督管理总局还着重承担金融科技业务条线中的反洗钱与金融消费者权益保护职能，公安部、地方人民政府金融监管部门与市场监管部门亦属于金融科技监管的重要参与部门，在反欺诈、地方金融监管与政策协调等方面发挥着重要作用。

针对金融科技混合营业的特征与趋势，协同监管成为金融科技监管的必然发展方向。2015年中国人民银行等联合发布的《关于促进互联网金融健康发展的指导意见》规定各监管部门要相互协作、形成合力，充分发挥金融监管协调部际联席会议制度的作用；中国人民银行（现为银保监会）、证监会应密切关注互联网金融业务发展及相关风险，对监管政策进行跟踪评估，适时提出调整建议，不断总结监管经验；财政部负责互联网金融从业机构财务监管政策；中国人民银行会同有关部门，负责建立与完善互联网金融数据统计监测体系，相关部门按照监管职责分工负责相关互联网金融数据统计与监测工作，并实现统计数据与信息共享；工业和信息化部积极推动互联网基础设施的普及应用并保障互联网金融信息安全；公安部门与其他部门密切配合，集中开展互联网金融风险专项整治工作，牵头负责打击互联网金融犯罪。业务对口监管＋部际协同监管模式正成为我国金融科技监管的基本模式。

（二）监管沙盒的应用

监管沙盒（Regulatory Sandbox）机制起源于英国，是在确保金融消费者权益得到保障的前提下，给予具有创新性的金融科技企业在一定条件、一定范围、一定时期内进行金融创新的权利，创新企业在指定的时空环境中不必担心其创新活动将引发不利的监管后果。在监管沙盒测试中，入围沙盒测试的金融科技企业可以在一个"缩小版"的真实市场环境中测试金融创新产品与服务；监管部门对处于测试中的金融科技产品与服务实施相对宽松的监管标准与政策，在沙盒中了解金融科技创新的过程、风险与收益。中国版监管沙盒——金融科技创新监管工具由中国人民银行主导设计，通过安全管理机制、创新服务机制、信息披露机制与权益保护机制等构建涵盖全流程的金融科技创新应用测试规范。

我国监管沙盒的测试流程主要包括测试声明、测试运行、测试评估与测试退出。

在测试声明阶段，申请机构应采用公示、登记、自声明、用户明示等声明形式，对创新应用的基本信息、服务信息、合法合规性评估、技术安全性评估、风险防控措施与投诉响应机制等内容作出真实准确、简洁易懂的公开声明。

在测试运行阶段,金融科技自律组织按照中国人民银行发布的《金融科技创新风险监控规范》(JR/T 0200—2020)的要求,利用金融科技创新管理服务平台持续动态监测创新应用的运行状况,并定期向测试管理部门报告风险监控情况。同时,申请机构应将创新测试期间的重要事件、操作记录、系统日记等及时报送自律组织。

在测试评估阶段,测试机构采取自测自评、外部安全评估、第三方审计、专家论证等手段对创新应用进行评估。如评定测试成功,涉及金融服务的创新应用在报测试管理部门后,由出台管理细则的金融管理部门负责日常管理;创新应用涉及的科技产品在报测试管理部门后,可以视情况在金融领域推广应用。

在测试退出阶段,申请机构在停止服务前应至少提前15个工作日提出创新应用的退出申请。金融科技自律组织从保护金融消费者合法权益与维护金融稳定等方面进行综合评估后,将评估结果报测试管理部门后反馈给申请机构。申请机构应按照测试声明中的退出方案执行退出程序。

第三节　数字人民币法律制度

一、法定数字货币及其在我国的发展概况

随着网络技术与数字经济的高速发展,社会公众对数字支付手段的便捷性、安全性、普惠性、隐私性等的需求日益提高。不少国家与地区的中央银行或货币主管当局积极探索法定货币的数字化转型,法定数字货币正从理论走向现实。在我国,中国人民银行于2014年成立法定数字货币研究小组,开始专项研究发行框架、关键技术、发行流通环境与国际相关经验;2016年,中国人民银行成立数字货币研究所,完成法定数字货币第一代原型系统搭建;2017年,中国人民银行开始组织商业机构共同开展法定数字货币研发试验,随着数字人民币研发的逐步成熟,中国人民银行陆续开始数字人民币试点测试;截至2022年12月,全国已有17个省份的26个地区开展数字人民币试点;截至2023年6月,数字人民币交易额达1.8万亿元人民币,交易总量达9.5亿笔,开通钱包1.2亿个。

二、数字人民币的定义与功能

(一)数字人民币的定义

数字人民币是中国人民银行发行的数字形式的法定货币,它由指定运营机构参与运营,以广义账户体系为基础,支持银行账户松耦合功能,采取中心化管理与双层运营

模式,与实物人民币等价,具有价值特征与法偿性。数字人民币的发行权属于国家,中国人民银行在数字人民币运营体系中处于中心地位,负责向作为指定运营机构的商业银行发行数字人民币并进行全生命周期的管理活动。指定运营机构与相关商业机构负责向社会公众提供数字人民币兑换与流通服务。

数字人民币定位于现金类支付凭证(M0),将与实物人民币长期共存,并与实物人民币具有同等法律地位与经济价值。数字人民币是一种零售型央行数字货币,主要用于满足国内零售支付需求。在未来的数字化零售支付体系中,数字人民币与指定运营机构的电子账户资金具有通用性,共同构成现金类支付工具。

数字人民币与以比特币为代表的虚拟货币(私人数字货币)存在根本区别,后者仅被定性为既非物权、亦非债权的财产性权利,不具有法定支付手段的地位。数字人民币亦非电子货币,电子货币代表着特定经营者基于货币价值的债权,不具备法偿性。数字人民币与第三方支付(如微信、支付宝等)亦存在根本区别,前者是中国人民银行发行的具有法偿性的货币,后者则属于支付货币的具体手段与渠道,社会公众在日常消费时可以直接使用数字人民币进行支付,即数字人民币属于支付工具本身,并依靠数字钱包完成支付过程,而相关第三方支付在进行支付时需要与商业银行账户进行对接才能完成支付。

(二)数字人民币的功能

数字人民币的功能主要包括以下三个方面。

第一,数字人民币可以丰富社会现金形态,满足社会对数字形态现金的需求。数字人民币可以进一步降低普惠金融服务的门槛,保持金融科技时代的足量法定货币供应。缺少银行账户的个人可以通过数字人民币钱包享受基础金融服务,境外个人短期来华可以在不开立中国内地银行账户的情况下开立数字人民币钱包,满足日常支付需求。数字人民币"支付即结算"的特性有利于企业提高资金周转效率。

第二,数字人民币可以提升零售支付的效率与安全性。数字人民币基于M0定位,主要用于零售支付。数字人民币在具有电子支付功能的同时,存在比较优势:首先,数字人民币是法定货币,具有最高安全等级;其次,数字人民币可以在不依赖银行账户的前提下进行价值转移并支持离线交易,可以实现"支付即结算";最后,数字人民币具有"可控匿名"特性,有利于保护用户隐私与个人信息安全。

第三,数字人民币可以推进人民币国际化进程。中国人民银行主要通过"双边合作"与"货币桥"两种模式探索数字人民币的跨境使用,推进人民币国际化进程。双边合作模式是在中国人民银行与境外中央银行或金融管理机构签订合作协议的框架内,开展数字人民币的跨境应用试验。货币桥模式是在国际清算银行香港创新中心的倡议下，由香港金融管理局、泰国中央银行、阿拉伯联合酋长国中央银行、中国人民银行数字货币研究所共同发起跨境清算平台，致力于以区块链与央行数字货币提升跨境支付效率。

三、数字人民币的设计特性与运营模式

（一）数字人民币的设计特性

数字人民币既具有实物人民币的“支付即结算”“可控匿名”等特点，同时具有电子支付的高效、低成本、不易伪造等特点，承继了实物人民币与电子支付工具的多重优势，主要包括以下几个方面：

第一，兼具账户与价值特征。数字人民币兼容基于账户（Account-based）、基于准账户（Quasi-account-based）与基于价值（Value-based）等三种方式，采用可变面额设计，以加密币串形式实现价值转移。

第二，不计付利息。数字人民币与实物人民币一样，不对其计付利息。

第三，支付即结算。数字人民币与银行账户松耦合，可以利用数字人民币钱包进行资金转移，实现支付即结算。

第四，可控匿名。依照“小额匿名、大额依法可溯”的原则，一方面数字人民币可以实现小额支付的匿名处理，另一方面中国人民银行内部对数字人民币相关信息设置“防火墙”，严格保护用户个人信息安全与隐私，禁止任意查询、使用，防范数字人民币被用于电信诈骗、洗钱、网络赌博等违法犯罪行为。

第五，可编程性。数字人民币使用智能合约技术，在确保安全与合规的前提下，可以根据交易双方约定的规则与条件自动支付交易，实现业务模式创新与交易自动化。

第六，高度安全性。数字人民币综合使用数字证书、数字签名、安全加密存储等技术，具有不可重复花费、不可非法复制伪造、不可篡改交易、抗抵赖等特点。

（二）数字人民币的运营模式

数字人民币运营模式可以总结为“一币、两库、三中心”模式。“一币”是指数字人民币。“两库”是指数字人民币发行库与数字人民币商业银行库。其中，数字人民币发行库是中国人民银行在数字人民币私有云上存储数字人民币发行基金的数据库；数字人民币商业银行库是商业银行存放数字人民币的数据库。“三中心”包括认证中心、登记中心与大数据分析中心。认证中心负责对数字人民币用户的身份信息进行集中管理，是保障系统安全与可控匿名设计的重要环节；登记中心用于记录数字人民币与对应用户身份，进行权属登记、记录流水，完成数字人民币产生、流通、清点核对与消亡的

全过程登记;大数据分析中心负责反洗钱、分析支付行为、分析监管调控指标等。

数字人民币采用“中国人民银行＋商业银行”的双层运营模式,中国人民银行负责数字人民币的发行、注销、跨机构联营、钱包管理等,同时优选具备一定实力的商业银行作为指定运营机构,向社会公众提供数字人民币兑换服务。在双层运营模式中,商业银行在中国人民银行的指导与额度管理下,负责数字人民币的流通服务并负责零售环节管理,包括支付产品设计创新、应用场景拓展、日常业务处理与维护等。双层运营模式的优势在于可以充分利用商业银行处理金融业务的丰富经验、人才优势与技术优势,在中国人民银行的指导下,商业银行对数字人民币的运营将提升社会各界对数字人民币的接受度。

数字人民币依托数字钱包实现与用户的连结,数字钱包是数字人民币的携带方式与存储载体。数字钱包按照开立主体分为个人钱包与对公钱包。个人钱包由自然人或个体工商户开立,根据客户身份识别强度采取分类交易与余额限额管理。对公钱包由法人或非法人机构开立,钱包功能可以根据用户需求定制。此外,数字钱包可以根据客户身份识别强度划分为不同等级的钱包,即根据实名强弱程度赋予各类钱包不同的单笔、单日交易及余额限额。用户在默认情况下开立最低权限的匿名钱包,并可以根据需要将其升级为实名制的高权限钱包。

思考题

1. 监管沙盒的测试流程包括哪些,中国版监管沙盒作出的哪些调整具有本土化的现实意义?

2. 如何理解各国央行数字货币的国际化程度与对应法律制度的适配性?

3. 如何理解金融科技语境中的“穿透式监管”?

4. 如何理解数字人民币与第三方支付的关系?

5. 如何理解金融科技与监管科技的关系?

拓展阅读

1. 张永亮:《金融科技监管法律制度构建研究》,法律出版社2020年版。

2. 徐忠、邹传伟:《金融科技:前沿与趋势》,中信出版社2021年版。

3. 李晶:《数字货币与日常生活》,上海人民出版社2021年版。

4. 武长海、涂晟:《互联网金融监管基础理论研究》,中国政法大学出版社2016

年版。

5. 许多奇主编:《互联网金融法律评论》(第1~13辑),法律出版社2015~2018年版。

6. 李爱君:《互联网金融法律与实务》,机械工业出版社2015年版。

第十七章　金融基础设施法律制度

学习目标

1. 低阶学习目标

(1) 理解金融基础设施的内涵与外延

(2) 理解金融基础设施的设立与运营

(3) 理解我国金融基础设施的法律监管

2. 高阶学习目标

(1) 解释不同金融基础设施的区别与功能特殊性

(2) 阐述金融基础设施运营的法律保障要求

(3) 阐述我国金融基础设施法律监管面临的风险

案例研讨

2023 年 2 月，上海金融法院公开宣告金融市场案例测试首案司法意见，意见明确涉金融基础设施纠纷的法律适用原则，并对测试首案相关争议焦点作出认定。测试案例由银行间市场清算所股份有限公司（以下简称上清所）与交通银行股份有限公司等四家银行共同申请启动，以测试上清所中央对手方清算业务违约处置规则的合法性与处置行为的合理性。测试案例以四家银行为申请人机构诉被申请人上清所，要求被申请人赔偿申请人因违约处置所受的保证金损失。审理庭认为，本案涉及金融基础设施的法律地位、中央对手方清算业务相关规则的效力与具体违约处置行为合理性等问题，在法律适用上应遵循以下三项原则：一是在符合《民法典》等民事法律基本原则的前提下，优先适用金融法律具体规则；二是充分尊重国内外金融市场惯例；三是全面考量金融监管与金融审判的规则协同。上海金融法院认定，上清所相关违约处置规则符合相关条件，具有法律约束力，具体违约处置行为亦无明显不合理之处。上清所作为中央对手方清算机构，制定具体的金融衍生品违约处置规则以及在具体情况下形成处置方案，涉及金融市场的稳定与交易相对方的利益。测试案例的审理结果对上清所作为金融基础设施完善其规则具有重要意义。

请研讨：

1. 上清所作为中央对手方主要承担哪些金融基础设施功能？

2. 金融基础设施的国内外管理实践对我国金融基础设施监管规则存在哪些影响？

3. 如何看待金融基础设施中金融监管与金融司法之间的联动关系？如何在涉金融基础设施的司法案例中实现二者的高效联动？

第一节 金融基础设施概念与类型

一、金融基础设施的概念

金融基础设施(Financial Market Infrastructure,FMI)是金融市场稳定运行的核心支撑,是实现宏观审慎管理与微观审慎监管的重要工具。金融基础设施具有跨机构、跨市场、跨地域的特点,为金融市场运行提供基础性服务。在相当长一段时间内,实务界与学术界并未对金融基础设施的定义达成共识。从广义角度观察,一切为金融交易提供服务的场所、机构与设施均可以称为金融基础设施;从狭义角度观察,为大规模金融交易提供集中、统一服务的机构、设施属于各国金融监管部门关注的金融基础设施。

在2008年次贷危机爆发后,国际社会日益重视金融基础设施对金融市场稳定的重要性,并开始寻求统一的监管标准。2012年,国际支付结算体系委员会(Committee on Payment and Settlement Systems,CPSS)与国际证监会组织(International Organization of Secorities Commissions,IOSCO)联合发布《金融市场基础设施原则》(*Principle for Financial Market Infrastructure*,PFMI),将金融市场基础设施定义为在各参与机构(包括系统运行机构)之间,用于清算、结算或记录支付、证券、衍生品及其他金融交易的多边系统。具体而言,PFMI将金融市场基础设施分为重要支付系统、中央证券存管、证券结算系统、中央对手方与交易数据库五种类型。PFMI强调将提供结算服务的机构与参与支付结算活动、使用结算服务的各类参与机构作为一个整体系统进行监管,要求监管部门实施全面的风险管理措施,关注不同参与机构之间的相互影响。

2022年12月,中国人民银行发布《金融基础设施监督管理办法(征求意见稿)》[以下简称《管理办法(征求意见稿)》],将金融基础设施定义为“金融资产登记存管系统、清算结算系统(含开展集中清算业务的中央对手方)、交易设施、交易报告库、重要支付系统、基础征信系统”。其中,金融基础设施运营机构是指根据法律法规、国务院相关决定及本办法规定,经批准负责建设、运营与维护金融基础设施的企业法人或事业单位法人。

二、金融基础设施的类型

(一)重要支付系统

重要支付系统是两个或多个参与者之间资金转账的一套工具、程序与规则。重要支付系统通常以参与者与运行者之间的双边或多边协议为基础,使用商定的运行基础设施实现资金转账。重要支付系统通常分为零售支付系统与大额支付系统。零售支付系统为处理大量小额支付业务的资金转账系统,小额支付业务的形式包括支票、贷记转账、直接借记与卡支付交易等。零售支付可以由公共部门或私营部门运行,采用延迟净额结算或实时全额结算。大额支付系统是处理大额与优先支付业务的资金转账系统,通常由中央银行负责运行管理。我国目前已形成以中国人民银行开发建设的中国现代化支付系统为核心,银行内支付系统、银行卡跨行支付系统、票据支付系统、银行卡跨境支付系统、互联网支付、人民币跨境支付系统等为重要组成部分的支付清算结算体系。①

(二)中央证券存管与证券结算系统

中央证券存管提供证券账户、集中保管服务与资产服务,在确保证券发行完整性方面发挥重要作用。证券结算系统通过预先设定的多边规则,支持证券通过簿记系统进行转让与结算。国际上许多经济体将中央证券存管功能与证券结算系统功能合二为一,由一个机构承担这两项职能。在我国,中央证券托管机构同时属于证券结算机构,主要以中央国债登记结算有限责任公司、中国证券登记结算有限责任公司、上清所为主,负责债券、股票等证券的集中托管。

(三)中央对手方

中央对手方自身介入一个或多个市场中已成交合约的交易双方之间,成为每个卖方的买方与每个买方的卖方。中央对手方通过合约替代、公开报价系统或具有法律约束力的类似安排成为市场参与者的交易对手,通过交易多边轧差以及为所有参与者提供更有效的风险控制手段以降低参与者承担的风险。在我国,上海期货交易所、中国金融期货交易所、郑州商品交易所、大连商品交易所等在期货市场中充当中央对手方;中国证券登记结算有限责任公司在债券市场中充当中央对手方;上海黄金交易所、上

① 田惠敏、张一浩:《我国金融基础设施建设:成就与展望》,载《金融博览》2022年第8期。

清所等在各自产品市场的集中清算中充当中央对手方。

(四)交易数据库

交易数据库是集中保存交易数据电子记录的单位,通过数据的集中、存储与传递,为单个机构与金融市场提供信息。交易数据库的核心是建立中央数据库,相关单位包括交易主体、代理人、中央对手方与提供附加服务的其他服务供应商。

第二节 金融基础设施的设立与运营

一、金融基础设施的设立

在我国境内设立金融基础设施,应遵守《中国人民银行法》《证券法》《期货和衍生品法》《期货交易管理条例》《征信业管理条例》等法律法规与国务院相关决定。

根据《管理办法(征求意见稿)》的相关规定,中国证监会负责涉及证券、期货及其相关活动的新设金融基础设施准入管理;中国人民银行负责新设支付系统、基础征信系统以及银行间市场金融基础设施的准入管理;其他新设金融基础设施由中国人民银行会同其他相关国务院金融管理部门负责准入管理。涉及或可能涉及对金融体系产生重大影响或相关国务院金融监管部门认为确有必要的金融基础设施,应报经国务院同意后批准。对于其中影响或可能影响中华人民共和国国家安全的外商投资,依法进行外商投资安全审查。

设立金融基础设施的运营机构应当具备下列条件:第一,具有在中华人民共和国境内合法成立的法人实体;第二,具有清晰、透明的组织结构和治理安排,不违反国家利益及社会公共利益;第三,具有符合规定的实缴资本;第四,具有必要的营业场所和支持业务开展的、安全且合规的系统与设施;第五,具有与拟开展业务相适应的风险管理制度、内控制度、业务规则等制度安排;第六,拟任董事(理事)、监事和高级管理人员符合规定的任职条件;第七,股东信用记录良好,无故意或重大过失犯罪记录,且3年内无重大违法违规事项或受到重大监管处罚;第八,具有国务院或国务院金融管理部门批准的从事相应业务的合法资质;第九,国务院金融管理部门规定的其他条件。

金融基础设施运营机构的董事(理事)、监事与高级管理人员,应当具有大学本科及以上学历,信用记录良好,熟悉与本领域金融基础设施相关的法律法规与国际监管准则,具有5年以上金融领域相关从业经验和履行职责所需的管理能力,最近5年无重大违法违规记录,并符合国务院金融管理部门规定的其他任职条件。

二、金融基础设施的运营

根据《管理办法（征求意见稿）》相关规定，金融基础设施运营机构应当建立健全清晰、透明的治理结构和有效的问责机制，并及时对外披露。金融基础设施运营机构应当设立风险管理委员会，建立健全稳健的风险管理框架，确保能够识别、度量、监测和管理相关风险，包括但不限于：第一，有效度量、监测和管理来自参与者的信用风险和来自在支付、清算和结算过程中产生的信用风险，并通过高信用等级、低流动性风险和低市场风险的担保品管理自身的信用风险敞口；第二，有效度量、监测和管理流动性风险；第三，有效度量、监测和管理整体市场运行风险；第四，保持不低于6个月当前运营成本的优质流动性资产，以弥补可能发生的经营性亏损，保障持续运营；第五，将用于满足6个月经营需要的自有资产和参与者资产保存在经国务院金融监管部门认可的金融机构或专业机构；第六，定期监测和评估参与者、参与者客户及其他单位可能对金融基础设施带来的风险。

金融基础设施运营机构应承担参与者管理主体责任，切实采取措施强化参与者的监督和管理。金融基础设施运营机构与金融基础设施参与者之间应当通过签订协议、公约或制定业务规则等方式，明确各方权利、义务和责任。对于违规办理业务、存在较大风险隐患的参与者，应视情况采取暂停业务、有序退出等管理措施。在采取分级参与安排的情况下，金融基础设施运营机构应当制定专门规则对金融基础设施直接参与者提出相应要求，以有效识别、监测、防范由分级安排产生的风险，同时应当建立数据信息收集机制和风险控制安排，以评估和应对金融基础设施间接参与者可能带来的风险。

金融基础设施运营机构应当按照有关规定，以保证金、一般风险准备等方式储备充足的风险准备资源，用于弥补因违约交收、技术故障、操作失误、不可抗力与其他尚未识别的风险事件造成的损失。金融基础设施的各项收益安排应当首先用于保证场所和设施的风险防范、正常运行与逐步改善，合理设置利润留成项目，做好长期资金安排。金融基础设施运营机构不得为实现商业利益而缩减风险管理方面的投入，且应当具有必要的财务资源，以保障系统效率与运维安全。

金融基础设施运营机构应当建立健全应急预案，涵盖重大疫情、自然灾害、金融市场异常波动、网络安全事件等可能影响持续稳健经营的极端情形，以及相应情形下拟采取的应急处置措施，并与建立系统连接的其他金融基础设施应急处置预案有效衔接，确保相关系统、办公场所与关键岗位人员持续在线，金融基础设施服务持续供应，维护金融市场安全平稳运行。

第三节 我国金融基础设施的分类法律监管

(一)重要支付系统

中国人民银行支付系统为中国人民银行清算总中心运营的大额支付系统。我国的现代化支付清算体系以中国人民银行支付系统为核心,其他支付系统为重要组成部分,服务于社会经济活动中的债务清偿与资金转移。中国人民银行支付结算司每季度公开支付体系运行总体情况,支付业务量可以一定程度上反映经济的活跃程度,支付越多说明经济中的资金转移越活跃。中国人民银行清算总中心是中国人民银行直属事业单位,负责建设、运行、维护、管理中国人民银行支付系统。中国人民银行支付系统以大额实时支付系统与小额批量支付系统为核心,还包括网上支付跨行清算系统与境内外币支付系统。中国人民银行支付系统是社会资金流动的"高速公路",其他支付系统充当"支路",使资金到达各种"高速公路"无法直接连通的地方。

在我国,中国人民银行是重要支付系统的主要监管者。中国人民银行坚持独立自主原则,逐步构建大额支付与零售支付协同发展、国内支付与国际支付统筹兼顾的现代化支付清算网络。一方面,大额支付系统为银行机构、企事业单位提供跨行资金汇划服务,连结各银行机构、金融市场,是我国的核心支付清算系统。小额支付系统与网上支付跨行清算系统提供7×24小时"全天候"零售支付清算服务。中央银行会计核算数据集中系统(Accounting Data Centralized System,ACS)为中央银行业务提供全面账务处理服务,为其履职提供有力保障。中国银联、网联清算、农信银资金清算中心、城银清算等清算组织为商业银行、城市与农村中小金融机构、支付机构等提供清算服务。另一方面,为提高人民币跨境支付结算效率,中国人民银行组织建设人民币跨境支付系统(Cross-border Interbank Payment System,CIPS),接入近100家直接参与者与1000余家间接参与者,连接近200个国家与地区,实现对全球各时区金融市场的全覆盖,满足各类跨境贸易、投融资业务等结算需求。

此外,中国人民银行深入贯彻党中央关于推动平台经济规范健康持续发展重大决策部署,推动平台企业支付业务逐步回归本源:第一,坚持规范与发展并重,探索建立包括支付机构准入许可、许可续展、执法检查、市场退出等在内的全生命周期监管机制,强化支付机构监管。第二,落实互联网金融整治工作部署,组织建设网联清算平台,完成支付机构客户备付金全额集中存管,将社会资金纳入央行清算体系,有效维护公平竞争秩序。第三,强化支付服务市场供给侧结构性改革,坚持市场化、法治化原则,累计推动数十家支付机构有序退出市场,不断优化支付服务市场结构。

(二)中央证券存管与证券结算系统

针对清算结算系统,《证券法》明确规定结算系统的法定职能,即证券登记结算机构应履行的职能主要包括:证券账户、结算账户的设立;证券的存管和过户;证券持有人名册登记;证券交易的清算和交收。同时,《证券法》还明确规定证券登记结算机构的对应职责:不得挪用客户的证券;向证券发行人提供证券持有人名册及有关资料;根据证券登记结算的结果,确认证券持有人持有证券的事实,提供证券持有人登记资料;保证证券持有人名册和登记过户记录真实、准确、完整,不得隐匿、伪造、篡改或者毁损;采取必要措施保证业务正常进行;妥善保存登记、存管和结算的原始凭证及有关文件和资料。

(三)中央对手方

与传统双边清算机制相比,中央对手方清算机制自身结构特点与风险防范机制使其在管理系统性风险、保障金融市场平稳运行方面更具优势。第一,通过合约降低市场参与者的关联性。相较于双边清算机制,中央对手方通过法律意义上的合约替代,成为所有市场参与者的对手方,在违约发生时形成全市场的风险防火墙,切断风险传导链条,防止风险共振。第二,通过多边净额轧差降低市场总风险敞口。中央对手方将任一交易对手的所有合约进行净额轧差,在提高效率的同时显著降低风险敞口的总体规模。第三,通过多防线违约管理机制防范风险。中央对手方具备的多防线违约处置机制,可以掌握会员的风险状况,在会员发生违约甚至系统性风险爆发时迅速吸收损失。第四,通过违约处置流程缓解违约影响。中央对手方建立包括违约判定、流动性支持、风险对冲、移仓、拍卖、平仓等违约处置程序,并通过定期违约处置演练便利市场参与者事前了解处置流程,有助于保护未违约的市场参与者。

我国中央对手方机构的发展以2008年次贷危机爆发为界分为两个阶段。2008年次贷危机爆发前,中央对手方清算机制已在我国场内市场建立,如中国证券登记结算有限责任公司在交易所债券质押式回购中充当中央对手方。2008年次贷危机爆发后,我国进一步完善中央对手方清算机制,如中国人民银行于2009年11月推动成立上清所,已初步建立本外币、多产品、跨市场的中央对手清算业务体系,先后在债券现券、外汇、航运衍生品与利率互换等产品领域建立集中清算机制。目前,我国中央对手方的风险管理制度成效显著。自上清所于2009年成立以来,以其为代表的我国中央对手方严格按照国际最新、最严标准建设风险管理体系,不断提高我国金融市场的透明度与抗风险能力,推动我国场外市场中央对手方风险管理制度完善。

（四）交易报告库

《期货和衍生品法》首次明确交易报告库的法律地位与主要职责,规定“应当建立衍生品交易报告库,对衍生品交易标的、规模、对手方等信息进行集中收集、保存、分析和管理,并按照规定及时向市场披露有关信息”。交易报告库并非技术意义上的数据库系统,而是指交易信息集中报告机构,即承担接收交易信息的数据系统的运营机构。

交易报告制度是防范衍生品业务风险的重要手段。交易报告制度通过要求交易主体向交易报告库报送交易数据,整合分散、非公开的衍生品业务数据,分析衍生品市场整体情况,实时监测业务风险并进行有效防控。实践表明,交易报告库在掌握场外交易数据、提升市场透明度、降低系统性风险等方面的积极作用。2009 年,G20 匹兹堡峰会明确,所有场外衍生品应向交易报告库报告。2012 年,PFMI 发布,交易报告库被纳入五类金融基础设施。

交易报告库的诞生旨在强化市场数据信息管理,防范金融风险。我国现有交易报告库两个,类交易报告库两个。在证券市场,中国期货市场监控中心交易报告库于 2020 年 8 月被中国证监会授权承担建设运营期货及衍生品交易报告库的职能,负责监督商品与股权的场外衍生品数据报告。中证报价于 2021 年被认可为交易报告库,监督商品和股权的场外衍生品数据报告。① 中证报价场外业务交易报告库、中国期货市场监测中心交易报告库相继被金融稳定理事会认证为正式交易报告库,表明我国交易报告库建设已初步达到国际标准。在银行间市场,外汇交易中心、银行间市场交易商协会分别于 2015 年和 2019 年作为类交易报告库运行。外汇交易中心负责信用、外汇与利率的场外衍生品数据报告,银行间市场交易商协会负责信用的场外衍生品数据报告。②

针对场外衍生品业务非标准化、分散化、非公开化等特征,交易报告库实现场外衍生品市场基础数据信息的汇集,实现“看得清”“管得住”“行得稳”的良性循环,是资本市场场外衍生品业务行稳致远的基础性保障。交易报告库汇集的海量权威数据与数据标准体系,有利于完善行业数据生态与数据治理水平,对提高市场透明度与投资者保护,防范系统性风险亦有重要作用。此外,参与交易报告库的国际认证对提升我国在国际场外衍生品监管领域的话语权与影响力,推动我国资本市场的进一步对外开

---

① 程丹:《中证报价成金融稳定委员会认可的交易报告库》,载《证券时报》2021 年 12 月 6 日,A02 版。

② 孙翔峰、谭楚丹:《提升债市基础设施亟需强化交易报告库功能》,载《证券时报》2023 年 3 月 24 日,A03 版。

放，提高我国证券行业场外业务的科技监管水平具有积极意义。

（五）其他金融基础设施

除 PFMI 中明确的五类金融基础设施外，证券、期货、黄金等交易场所、保险行业平台等亦被我国监管规则纳入金融基础设施的范畴。

以黄金市场为例，我国黄金市场金融基础设施的行政监管机构是中国人民银行，其依据是《中国人民银行法》规定中国人民银行的职责包括监督管理黄金市场，持有、管理、经营国家外汇储备、黄金储备。中国人民银行还有权对金融机构以及其他单位与个人执行有关黄金管理规定的行为进行检查监督。相较之下，中国证监会则负责监管上海期货交易所的黄金期货业务与上海证券交易所、深圳证券交易所上市的黄金 ETF 业务，国家金融监督管理总局负责监管国内商业银行开展的黄金业务。

为保证黄金市场的健康发展，中国人民银行与上海黄金交易所对商业银行与其他综合类会员开办黄金代理经纪业务活动均制定相应监管措施，发布《上海黄金交易所异常交易监控制度的暂行规定》《上海黄金交易所会员监督管理实施细则》《上海黄金交易所风险控制管理办法》等规范性文件。从内容上看，目前我国黄金市场基础设施的监管措施主要包括：第一，规定黄金代理经纪业务的机构与场所，即经批准后可以从事黄金代理业务的金融机构与其他会员，具备办理黄金代理经纪业务的资质，且经纪业务的开展应在指定场所进行；第二，要求充分的信息披露，主要是商业银行与其他综合类会员对有关经营情况的定期披露与介绍，对财务会计资料与重大经营情况的发生或变更应真实、完整及时地予以披露；第三，规定禁止交易的行为，禁止内幕交易、哄抬价格、操纵市场等黄金交易欺诈行为，保证黄金代理经纪业务健康有序开展。

思考题

1. 我国目前金融基础设施的分类法律监管是否足以应对金融基础设施的内外部风险？

2. 在金融科技时代，金融科技对金融基础设施的影响主要包括哪些方面？是否会造成金融基础设施的风险异化？金融基础设施的风险异化是否需要金融监管规则的转变？

3. 金融基础设施的国际惯例对我国金融基础设施监管规则的影响主要表现在何处？国际与国内的相关监管规则主要存在哪些差异？

拓展阅读

1. 杨涛、程炼主编:《中国支付清算发展报告(2022)》,社会科学文献出版社 2022 年版。

2. 郑彧、季奎明、曾大鹏:《金融市场基础设施的法律保护:现状、冲突与改进》,上海人民出版社 2018 年版。

3. 支付结算体系委员会、国际清算银行、国际证监会组织技术委员会编:《金融市场基础设施原则》,中国人民银行支付结算司译,中国金融出版社 2013 年版。

4. 岳彩申主编:《金融市场基础设施监管的实践与挑战:互联网时代金融风险防范的新框架》,法律出版社 2020 年版。

5. 焦瑾璞:《中国金融基础设施功能与建设研究》,社会科学文献出版社 2019 年版。

6. 郑彧:《金融市场基础设施的历史进路及其监管应对》,载《国家检察官学院学报》2022 年第 4 期。

7. 袁康、唐峰:《金融科技背景下金融基础设施的系统性风险及其监管因应》,载《财经法学》2021 年第 6 期。

8. 张永亮:《金融科技视阈下金融基础设施域外适用的法治保障》,载《法治研究》2021 年第 5 期。

9. 叶林:《金融基础设施的金融法解读》,载《社会科学》2019 年第 11 期。

10. 季奎明:《金融市场基础设施自律管理规范的效力形成机制》,载《中外法学》2019 年第 2 期。

第七编

国际金融法

涉外金融法律制度

第十八章　涉外金融法律制度

学习目标

1. 低阶学习目标

(1)理解主要的国际金融组织概况及其历史沿革

(2)理解国际金融监管组织的功能与组织架构

(3)理解全球金融监管协调合作的类型与其主要内容

2. 高阶学习目标

(1)阐述国际金融组织的业务活动及其作用

(2)阐述国际金融监管组织的监管政策发展与主要监管重点

(3)阐述全球金融监管协调合作的发展趋势与我国角色

案例研讨

2016年年初,上海证券交易所监控发现,沪股通标的股票“小商品城”成交明显放大,股价涨势明显高于上证综指涨势。大数据分析显示,来自我国香港特区的证券账户与开立在内地的某些证券账户相互配合,频繁自买自卖、高买低卖,连续拉抬后反向卖出,有操纵市场的重大嫌疑,沪港通开通以来首例跨境操纵线索浮出水面。经过对历史资料进行关联匹配映射分析,操纵市场行为与唐某等人密切相关,唐某团伙的操纵行为具有明显的共同特征。此后,中国证监会查获唐某伙同多名家族成员同时在香港和内地以本人和他人名义开立证券账户、内外配合,实施跨境操纵的违法事实。此次执法合作成功系基于中国证监会与香港证券及期货事务监察委员会于2014年10月共同签署《内地与香港股票市场交易互联互通机制下中国证监会与香港证监会加强监管执法合作备忘录》,建立涵盖线索与调查信息通报、协助调查、联合调查、文书送达、协助执行、投资者权益损害赔偿、执法信息发布等各个执法环节的全方位合作关系,以更有效打击跨境违法违规行为,进一步加强跨境执法合作,共同维护市场秩序,平等保护投资者合法权益。

请研讨：

1.《内地与香港股票市场交易互联互通机制下中国证监会与香港证监会加强监管执法合作备忘录》在本案中的主要作用有哪些？

2. 我国香港与内地的双边证券监管合作与我国对外同主权国家订立的双边跨境证券监管合作有何差异？

第一节 国际金融组织

作为参与国际金融活动的当事人，国际金融组织是涉外金融法律关系中的重要主体。根据国际金融组织的功能，可以将其分为以下类别。

一、国际金融监管组织

1. 巴塞尔银行监管委员会

巴塞尔银行监管委员会于 1974 年 9 月由国际清算银行发起成立，银行监管机构的高级代表以及美国、英国、法国、德国等国的中央银行监督官员通常在巴塞尔开会，讨论跨国银行的国际监督与管理问题，形成了一系列跨国银行监管协议，旨在交换各国监管安排方面的信息、改善国际银行业务监管技术的有效性、建立资本充足率的最低标准与研究在其他领域确立标准的有效性。巴塞尔银行监管委员会并不具备任何凌驾于主权国家之上的正式监管特权，其文件从不具备亦从未试图具备任何法律效力，其制定多项监管标准与指导原则，提倡最佳监管做法，期望各国根据本国情况通过具体立法或其他安排予以实施，鼓励采用共同的方法与标准，并不强求成员国在监管技术上的一致。

在巴塞尔银行监管委员会发布的文件中，监管资本标准与流动性标准的影响最大。自 20 世纪 80 年代以来，巴塞尔银行监管委员会始终致力于协调各国银行业金融机构的资本充足率，监管资本标准最早规定在巴塞尔委员会 1988 年 7 月发布的《关于统一国际银行资本衡量和资本标准的协议》（巴塞尔协议Ⅰ）中，后被巴塞尔委员会于 2004 年 6 月发布的《统一资本计量和资本标准的国际协议：修订框架》（巴塞尔协议Ⅱ）以及 2010 年 12 月发布的《更具稳健性的银行和银行体系的全球监管框架》、2017 年 12 月批准的《后危机改革的最终方案》（巴塞尔协议Ⅲ）修订。

巴塞尔银行监管委员会的成员包括各国银行业监管部门与中央银行组织。委员会主席与委员会协商后，可以邀请其他组织成为观察员。委员会对前述成员会员资格与观察员身份定期进行审查。委员会在接纳新成员时会适当考虑其国家银行业对国际金融稳定的重要性,向其监督机构(理事与监督负责人小组)提出有关成员变更的建议,委员会秘书处会在委员会网站更新发布委员会成员与观察员名单。委员会成员的主要职责包括:第一,共同努力实现委员会的任务;第二,促进不限于本国金融利益的全球金融稳定;第三,持续提高全球银行监管质量;第四,积极为委员会的标准、指南与最佳实践的制定贡献力量;第五,在委员会规定的时间范围内,在国内司法管辖区实施委员会制定的标准;第六,接受并参与审查,以评估与标准相关的国内规则与监管实践的一致性及其有效性。

2. 国际证监会组织

国际证监会组织是全球证券市场监管最为重要的国际组织。国际证监会组织成立于1983年,最初由北美与南美的证券监管部门基于美洲地区的证券协会而成立跨域合作组织;1984年,法国、印度尼西亚、韩国与英国的证券监管部门陆续加入;1986年,国际证监会组织在巴黎举行年度会议,其成员同意建立常设总秘书处;1998年,国际证监会组织通过的《证券监管目标和原则》(*Objectives and Principles of Securities Regulation*),现已被公认为所有证券市场的国际监管基准,根据《证券监管目标和原则》的规定,国际证监会组织确立证券监管的三大目标(保护投资者利益,保证市场公平、高效与透明,减少系统性风险)与相关原则;国际证监会组织于2003年批准《证券监管目标和原则的实施状况评估方法》(*Methodology for Assessing Implementation of the IOSCO Objectives and Principles of Securities Regulation*),对会员所在辖区的《证券监管目标和原则》执行水平作客观评估,并帮助制定切实可行的行动计划以纠正缺陷。

国际证监会组织现有200余个会员机构,分为正式会员(Ordinary Member)、联系会员(Associate Member)、附属会员(Affiliate Member)三类。国际证监会组织的内设机构主要包括主席委员会、理事会、增长与新兴市场委员会、地区委员会、附属会员咨询委员会以及秘书处,其中秘书处负责日常事务,由秘书长直接领导,秘书长由理事会任命。国际证监会组织的宗旨是:第一,合作制定、实施与促进国际公认的一致证券监管标准,保护投资者,维护公平、高效与透明的市场,并寻求应对系统性风险;第二,通过加强信息交流以及在打击不当行为、市场与市场中介机构监管方面的合作,加强投资者保护,增强投资者对证券市场信心;第三,在全球与区域层面交流监管信息,协助跨境证券市场发展,加强全球证券市场的基础设施监管。

3. 国际保险监督官协会

国际保险监督官协会成立于1994年,是全球性的保险监管机构,总部设在瑞士的巴塞尔。国际保险监督官协会的宗旨是促进全球保险监管的协调与合作,提高保险业的稳健性与可持续性发展。国际保险监督官协会的委员会系统由一个执行委员会领导,其成员来自世界不同地区,代表发达经济体、新兴市场与发展中经济体。执行委员会由章程中设立的5个委员会支持,分别是审计与风险委员会、预算委员会、执行与评估委员会、宏观审慎委员会以及政策制定委员会,在各委员会内部还可以设立小组委员会帮助履行其职责。

国际保险监督官协会的监管体系主要由若干个保险监督管理文件构成,主要包括保险监管指导文件、保险监管原则与监管标准。在以保险机构风险控制为核心的监管体系中,前述监管文件从保险监管的总体指导方针至监管保险公司的经营管理风险,从监管保险主体的市场准入至监管保险公司的偿付能力,从单一的传统保险业务至金融一体化形势下的综合监管,均提供尽可能清晰的指导思想与基本操作原则、标准。最为重要的保险监督管理文件是国际保险监督官协会于2019年11月发布的《保险业系统性风险整体框架》(*Holistic Framework for Systemic Risk in the Insurance Sector*),其基于保险监管核心原则与国际活跃保险集团监管共同框架提出全球保险业系统性风险的具体监管要求,并从单个机构与行业整体两个维度监测评估全球保险业系统性风险,旨在增强全球监管一致性,监测全球保险市场发展趋势并防范系统性风险。

国际保险监督官协会成立以来,在制定全球保险监管标准、改善跨行业的监管、推动保险监管国际规则的执行等方面取得显著成效:一是研究制定偿付能力与会计核算标准;二是加强监管信息交流,在国际论坛发挥积极作用;三是推动并监控保险监管国际规则的执行;四是加强与其他国际金融和监管机构的联系与交流。

二、国际货币事务组织

国际货币基金组织是全球负责国际货币事务的多边国际组织,由国际货币与贸易组织与国际银行重建与发展组织两个机构合并而成,根据1944年7月在布雷顿森林会议签订的《国际货币基金协定》于1945年12月在美国华盛顿成立。根据前述协定,国际货币基金组织负责维护国际货币稳定,调节成员间的货币关系。在20世纪70年代,国际货币体系发生重大变革,国际货币基金组织的作用逐渐扩大,成为全球最重要的国际金融组织之一。

国际货币基金组织的主要职能包括:第一,制定成员间的汇率政策与经常项目的支付以及货币兑换性方面的规则,并进行监督;第二,对发生国际收支困难的成员在必要时提供紧急资金融通,避免其他国家(地区)受其影响;第三,为成员提供有关国际货币合作与协商等会议场所;第四,促进国际间的金融与货币领域的合作;第五,促进国际经济一体化的步伐;第六,维护国际间的汇率秩序;第七,协助成员之间建立经常性多边支付体系等。

在国际货币基金组织的组织架构中,最高权力机构是理事会,每位成员有正、副理事代表,通常是其财政部部长或中央银行行长。理事会于每年 9 月举行一次会议,各成员的投票权按其缴纳基金份额决定。执行董事会由理事会委托,行使理事会的权力,处理日常事务。临时委员会被看作国际货币基金组织的决策与指导机构,主要工作是协调全球货币政策的合作,特别是制订中长期的货币政策战略。

国际货币基金组织的议事规则执行加权投票表决制。投票权由两部分组成,每个成员持有等额基本投票权与根据各成员所缴基金份额得到的加权投票权。由于基本票数各成员一样,因此在实际决策中起决定作用的是加权投票权。加权投票权与各成员所缴基金份额成正比,相关份额根据其国民收入总值、经济开放度、经济波动性与国际储备等多种因素确定。

三、国际融资业务组织

世界银行集团(World Bank Group)是最具典型代表意义的国际融资业务组织。世界银行与国际开发协会、国际金融公司、多边投资担保机构、国际投资争端解决中心五部分共同组成世界银行集团。狭义的世界银行是指国际复兴开发银行,是联合国的一个专门机构。世界银行的第一笔贷款用于法国的战后重建,其他机构开始接手战后重建的支持工作后,世界银行将其注意力转移至亚洲、非洲、拉丁美洲的成员国的需求方面。20 世纪 50 ~ 60 年代,电网、水利系统与道路等大型基础设施项目的资金是世界银行关注的重点。20 世纪 70 年代,世界银行的注意力转移至消灭贫穷。20 世纪 80 年代,世界银行将其关注点继续扩宽至社会发展问题,包括教育、通信、文化底蕴与良好治理等社会生活方面。

世界银行集团目前有 189 个会员,每个会员可以派一个代表,由这些代表组成董事会,董事会每年开会一次。在董事会之下设置执行理事会,执行理事会掌管政策的决定与日常的操作,并选出世界银行的总裁。

第二节　国际金融监管的协调与合作

一、综合性全球金融监管协调与合作

1. 国际货币基金组织框架下的监管合作

国际货币基金组织主要负责国际货币金融事务,对金融的国际干预主要体现在某一成员发生重大的货币汇率动荡时，给予有条件的紧急贷款，以舒缓乃至消除成员的金融风险或危机。国际货币基金组织的监管合作主要包括相关风险预警机制及其处理金融风险的措施工具。

风险预警机制的基础是《国际货币基金协定》第4条第3款(b)项，各会员应定期将其履行金融业监管的情况汇报予国际货币基金组织。国际货币基金组织根据各会员提交的金融风险报告与自己对世界经济体系中各自发展情况的监督，作出定期报告。除对国际经济与金融的整体评估外，国际货币基金组织还充当各会员政府的顾问，定期向会员提交总结报告，深入评估各会员的经济政策及其效果，鼓励或批评相应的政府措施，根据其设定的预警指标体系作出预警。同时，国际货币基金组织亦促使会员健全其金融制度体系，督促会员进行金融市场机制等经济改革，从制度层面防范金融风险。例如，国际货币基金组织鼓励支持会员引进与推广巴塞尔银行监管委员会的行业监管标准，积极敦促会员履行国际金融监管协定。

由于会员之间的金融风险或危机(尤其是货币与汇率危机)具有相互传染性，国际货币基金组织对会员的货币与汇率风险给予密切关注。为此，国际货币基金组织创立“借款总安排”制度，而后增补“借款新安排计划”与“应急信贷额度贷款”，向有借款需要并符合规定条件的会员国提供贷款以遏制金融危机扩散。此外，国际货币基金组织的一项重要职能是防止各国货币竞争性贬值，在一定程度上充当最后货款人的监管角色。按照《国际货币基金协定》的规定，当会员出现金融危机向国际货币基金组织申请贷款援助时，后者将依据“紧缩改革”的理论制定恢复宏观经济的一系列具体措施，并与会员政府协商形成经济计划，国际货币基金组织董事会根据会员是否同意实施改革计划，决定是否给予贷款援助。除贷款援助外，国际货币基金组织还向会员提供普通提款权与特别提款权援助。普通提款权是国际货币基金组织在成立时各会员缴纳的份额，是会员在国际货币基金组织的自动提款权。特别提款权是国际货币基金组织创设的一种储备资产与记账单位，是基金组织分配予会员的一种使用资金的权利。

2. 金融稳定理事会框架下的监管合作

受1997年亚洲金融危机影响，金融稳定论坛(Financial Stability Forum，FSF)于1999年成立，是以七国集团为基础而派生出的一种非正式的制度安排，在构建金融稳定机制方面作出有益尝试，为构建全球性的金融稳定机制打下良好基础。由于金融稳定论坛组织机构与执行机制的非正式性以及成员代表的缺失性，这种松散的国际协作方式在维护国际金融体系安全与稳定方面的局限性显而易见。在2008年次贷危机爆发后，国际社会对如何增强全球金融体系的稳定性进行深刻反思，并逐步对构建全球性的金融稳定长效治理机制达成广泛共识。2009 年 4 月，在 G20 伦敦峰会上，金融稳定论坛通过《金融稳定理事会章程》，决定创立全球金融监管体系，作为承继金融稳定论坛的常设机构，将金融稳定论坛升级为金融稳定理事会来协调全球金融监管改革，加强对全球金融体系的监管与风险预测。2009 年 6 月，金融稳定理事会在瑞士巴塞尔举行成立大会，来自成员经济体中央银行、监管部门与财政部的 52 位高层代表与国际组织、国际监管机构的 17 位代表出席会议，成立大会标志着应对金融危机、识别、评估与监管全球金融风险的统一性金融监管机构正式诞生。

金融稳定理事会内设机构包括全体会议（以下简称大会）、指导委员会、主席与秘书处。大会是金融稳定理事会的决策机构，其决议以协商一致方式通过，大会为履行职能可以设立常设委员会与必要的工作小组。指导委员会在大会闭会期间为金融稳定理事会提供业务指导，其组成应保证地域与机构功能方面代表性的均衡，以实现指导委员会行动有效性的最大化。金融稳定理事会主席由大会从其成员中任命，3 年为一个任期，可以连任一次。秘书处设在位于巴塞尔的国际清算银行，由秘书长领导。秘书长由主席提名、大会任命，秘书长与秘书处的工作人员在履行其职能时应保证完全的独立性。此外，为推动跨境金融风险监督管理的落实，金融稳定理事会成立相应的职能工作组或委员会。我国财政部、中国人民银行、原中国银保监会与香港金融管理局均为相关工作组或委员会的成员机构。

二、专业性全球金融监管协调与合作

1. 国际银行监管合作

20 世纪 70 年代以来，跨国银行全面发展并迅速扩张，随着金融自由化在世界范围的日益深化，跨国银行海外机构的广泛设立使其形成日益密集的跨国经营网络。跨国银行业务的不断创新与发展，不同国家银行之间的相互渗透与竞争，均使一国监管部门对跨国银行业务的单独监管力不从心，跨国银行监管的国际合作成为各国关注的重要议题。因跨国银行监管中的监管标准不统一，不同国家的跨国银行在经营国际业务过程中执行不同标准，导致既可能因某些国家监管标准偏低而出现安全隐患，又可能因监管标准宽严不一形成不公平的竞争环境，因此国际社会开始呼吁跨国银行监管责任的划分与监管标准的国际统一。

在跨国银行监管责任的划分上，巴塞尔银行监管委员会于 1975 年 9 月发布《国外银行机构监督报告》（*Report on the Supervision of Banks' Foreign Establishments*），明确提出“任何银行的国外机构都不能逃避监督”的总体监管思路，同时，对母国与东道国的监管责任作出初步划分，并要求监管当局之间应加强合作。随后，巴塞尔银行监管委员会于1983年修订发布《国外银行机构监督原则》(*Principles for the Supervision of Banks' Foreign Establishments*),在继续强调任何海外银行机构均不得逃避监管的基础上,吸收1978年《合并负债表原则》(*Consolidation of Banks' Balance Sheets: Aggregation of Risk-bearing Assets as A Method of Supervising Bank Solvency*)中的"并表监督法",强调各国监管当局之间应进行积极、全面合作,并对母国与东道国监管权力与责任作出进一步划分,即要求有关国家在分行、子行与合资银行的清偿能力、流动性与外汇头寸等方面进行合作监管与分工。在1997年发布的《有效银行监管的核心原则》(*Core Principles for Effective Banking Supervision*)中,巴塞尔银行监管委员会特别强调母国统一监管原则、东道国与母国的信息交流原则以及在跨国银行海外分支机构设立过程中的东道国与母国的双重审批原则,明确母国与东道国的监管责任范围,确保跨国银行的全球经营能完全纳入母国的统一监管网络。

此外,巴塞尔协议Ⅲ是国际社会对银行资本与流动性监管标准规制的最新成果。巴塞尔协议Ⅲ的主要内容包括:第一,对银行的资本充足率提出更严格要求,涉及公允价值准备金、公允价值准备金加权、限制性权益准备金与普通权益准备金等。第二,建立两项新的流动性要求,即流动性质保量要求与最大可获流动性资产比率。前者要求银行在30日内持有足够的流动资产,以应对可能出现的流动性需求;后者要求银行持有足够的流动性资产与负债,以维持其长期流动性。第三,强化银行对信用风险的测量与管理,包括对衍生品的更严格测算要求、对所有高风险资产的更高保证金要求以及对银行资产负债表的更严格要求。第四,加强对全球系统性重要银行的监管,涉及资本加权监管、负债加权监管与负债加权流动性监管等。第五,要求银行评估关联实体与控制人的风险,并要求银行持有足够的资本抵消风险。

2. 国际证券监管合作

国际证券监管合作主要包括双边监管合作与多边证券监管合作两种形式。双边证券监管合作的形式包括双边司法协助协定与双边谅解备忘录。

双边司法协助协定是指两个主权国家的中央政府或其授权的行政机构为相互提供民商事、刑事等司法协助,签订的具有国际法律约束效力的双边性协议。双边司法协助协定具有法律约束力,所以当一缔约方依据协定规定的要求提出协助请求时,另一缔约方有义务在协定约定的范围内提供必要的协助。主要协助方式包括送达司法文书,取得证据或证供,提供可供公众查阅的文件与官方文件,查询、搜查、冻结、扣押证据材料与物品,移送在押人员以便作证或协助调查,协助查处、没收证券犯罪收益等。

双边谅解备忘录是主权国家或经济体的证券监管机构之间针对相互之间证券监管的事项，签订的通常不具有法律约束力的监管合作文件。根据国际证监会组织 1991 年 9 月发布的《谅解备忘录的准则》（*Principles for Memoranda of Understanding*），完备的谅解备忘录主要包括以下内容：主题事项；保密责任；执行程序；被调查者的权利；磋商；公共秩序保留；协助种类；信息的使用；请求机构的参与；费用的承担。通过谅解合作备忘录进行国际证券监管合作与协调的主要方式包括相互提供信息、协助调查与联合视察。截至 2023 年 5 月，我国已与 67 个国家或地区的证券期货监管机构签署双边监管合作谅解备忘录，建立监管合作机制并不断深化跨境监管合作。

在全球证券市场的多边监管协调层面，2002 年，国际证监会组织通过《关于磋商与合作和信息交流的多边谅解备忘录》（*Multilateral Memorandum of Understanding Concerning Consultation and Cooperation and the Exchange of Information*，以下简称《多边备忘录》），主要目标在于加强侦查、阻止与打击跨境证券欺诈违法犯罪活动，并促使国际证监会组织的成员更好地遵守与执行国内法律。《多边备忘录》主要包括以下内容：关于互相协助与信息交流的一般原则；互相协助的范围；协助请求以及请求的执行；信息利用及保密规定；关于互相协助与信息交流的磋商。

2005 年，国际证监会组织批准《多边备忘录》作为证券监管机构之间国际合作的基准，并制定明确的战略与目标，以扩大《多边备忘录》的签署方网络。尽管《多边备忘录》被称为证券与衍生品市场国际监管合作的基准，可近 10 年来科技的进步正改变市场的运作方式，金融违法手段层出不穷，《多边备忘录》规定的措施逐渐捉襟见肘。结合 2008 年美国金融危机留下的教训，国际证监会组织于 2016 年发布《关于磋商、合作与信息交换加强版多边谅解备忘录》（*Enhanced Multilateral Memorandum of Understanding*，以下简称《增强版多边备忘录》），旨在进一步加强成员国之间的信息共享与合作。《增强版多边备忘录》在《多边备忘录》的基础上，提高跨境执法协作的标准，并规定新的跨境监管执法权力，涉及审计、强制、冻结、网络协助、电话协助等。这些权力在维护国际证券市场的诚信与稳定、保护投资者合法利益、阻止不当行为与欺诈等方面具有重要作用。截至 2023 年 8 月，已有 23 个主权国家或地区的证券监管部门正式签署并加入《增强版多边备忘录》，以融入创新性的多边跨境证券监管体系中，实现更有效的跨境证券监管。

思考题

1. 在全球化进程不断加速的国际金融市场，我国监管部门应如何融入国际金融监管协调机制之中？我国应如何在国际金融监管机制中更好地发挥作用？

2. 2023 年，我国成立国家金融监督管理总局，统合金融消费者保护与证券投资者保护，此机构调整对我国参与国际金融监管协调合作有何影响？

3. 在全球金融科技市场中，跨境金融监管组织如何应对数字金融服务的新风险？在跨境金融监管协调层面，多边与双边协议是否应作出相应变革？

拓展阅读

1. 李国安主编：《全球金融治理困境及其破解》，北京大学出版社 2022 年版。

2. 朱崇实、刘志云主编：《金融法教程》（第 5 版），法律出版社 2022 年版。

3. 唐应茂：《国际金融法：跨境融资和法律规制》（第 2 版），北京大学出版社 2021 年版。

4. 韩龙：《国际金融法》，高等教育出版社 2020 年版。

5. 刘远志：《跨境证券交易法律监管研究》，法律出版社 2019 年版。

6. 韩龙：《金融法与国际金融法前沿问题》，清华大学出版社 2018 年版。

7. 廖凡：《国际金融法学的新发展》，中国社会科学出版社 2013 年版。

8. John Armour et al., *Principles of Financial Regulation*, Oxford University Press, 2016.

9. John A. Tatom, *Financial Market Regulation: Legislation and Implications*, Springer, 2011.

10. Howard Davies & David Green, *Global Financial Regulation: The Essential Guide*, Polity Press, 2008.